KB193909

삶터를 책임지는 사회

프레드 블록은 소비·생산·혁신·투자에 대한 기존의 경제적 사고에 도전하는 시의적절하고도 깊이 있는 시각을 제시한다. 그는 사람들이 자신의 환경과 공동체를 주체적으로 형성해서 '삶터 사회'로 나아가는 설득력 있는 로드맵을 만들었다. 경제가 단순히 성장 속도뿐만 아니라 방향도 가진다는 점을 인식하며, 블록은 공동의 목표를 향한 의미 있는 변화를 실현할 수 있는 기회를 밝혀낸다. 『삶터를 책임지는 사회』는 현대 경제 시스템의 문제를 이해하고, 정의롭고 지속 가능한 미래를 구상하고자 하는 모든 이에게 필수적인 책이다.

마리아나 마추카토Mariana Mazzucato,
『경제의 임무: 자본주의의 변화를 위한 대담한 가이드Mission Economy: A Moonshot Guide to Changing Capitalism』 저자

자본주의적 세계화의 위기를 기회로 활용하는, 민주적이며 탈산업화된 탈자본주의 정치경제를 위한 인상적인 프로젝트다. 이 책은 평범한 사람들의 생활 조건을 중심으로 공공기관과 가계가 협력해서 생산과 투자를 수행하며 네트워크로 연결된 공동체에 통합되는 진보적 번영 모델의 윤곽을 제시한다. 이는 이윤 추구의 논리를 벗어나 사람을 위한 경제로 전환하는 야심 차고 낙관적인 청사진이며, 위계에서 협력으로 나아가는 민주적 조직 형태를 기반으로 한 경제 모델을 제안한다.

볼프강 슈트렉Wolfgang Streeck,
독일 막스플랑크사회연구소 전 소장

미국 경제는 대체로 엉망이며, 거의 모든 경제학자가 이를 더 악화시키고 있다. 프레드 블록은 사회학적 통찰과 실질적인 변화 방안을 결합해 그 이유를 설명한다. 기존 투자 개념에 대한 그의 비판은 월스트리트에 당혹감을 안겨주는 동시에 인간 역량과 사회적 역량에 대한 공공 지출 확대를 지지하는 이들에게 많은 영감을 줄 것이다.

낸시 폴브르Nancy Folbre,
매사추세츠대학교 애머스트캠퍼스 경제학 명예교수

『삶터를 책임지는 사회』에서 프레드 블록은 현대 경제 문제에 대한 설득력 있는 비판을 제시하는 동시에 더욱 민주적인 방식으로 일상생활의 인프라를 운영하는 비전을 제시한다. 이를 통해 우리는 더 혁신적이고, 살기 좋으며, 정의로운 사회를 만들 수 있다. 이 책은 민주주의를 회복하고, 모두를 위한 경제를 새롭게 구상하고자 하는 모든 사람이 반드시 읽어야 할 책이다.

엘리자베스 앤더슨Elizabeth Anderson,
미시간대학교 애너버캠퍼스 맥스 셰이 공공철학 교수

이 탁월한 신작에서 프레드 블록은 경제와 사회에 대해 우리가 오랫동안 가져왔던 가정을 다시 생각하도록 강력히 촉구한다. 경제 전문가들은 이제는 존재하지 않는 산업 경제를 설명하는 데 머물러 있으며, 공공 투자에서 가족 돌봄에 이르기까지 모두가 공유하는 사회 기반 위에 구축된 새로운 '삶터 경제'를 제대로 인식하지 못하고 있다. 무엇보다 이 책은 금융을 민주화하고 시민 참여를 가속화하는 것이 필수적이며, 그렇지 않으면 권위주의가 강화될 위험이 있음을 경고한다. 이를 통해 우리는 좀 더 공정한 삶터 사회를 만들어갈 수 있을 것이다.

마거릿 R. 소머스Margaret R. Somers,
미시간대학교 애너버캠퍼스 사회학·역사학 명예교수

인간의 번영을 증진하는 방법에 대해 탁월한 통찰을 제공하는 흥미로운 책이다. 프레드 블록은 지역 공동체의 사회경제적·생물물리적 인프라를 조성하고 유지하며 개선하는 과정이 단순한 상품처럼 사고팔 수 없는 것임을 보여준다. 그는 신자유주의적 세계화가 상호 인정과 상호성의 규범을 어떻게 약화시켰는지를 분석하는 동시에 삶터 민주화가 주택·에너지·돌봄·식량에 대한 필요를 충족하면서도 동식물과 기타 생명체를 위한 서식지를 조성할 수 있는 가능성을 제시한다.

안드레아스 노비Andreas Novy,
비엔나경제대학교 교수, 국제 칼폴라니학회 회장

『삶터를 책임지는 사회』는 우리가 직면한 심오한 경제적·정치적·사회적 변화를 이해하는 데 있어 기존 패러다임을 뒤흔드는 코페르니쿠스적 전환을 제시한다. 지난 200년의 역사적 맥락을 깊이 있게 반영한 프레드 블록의 '삶터 사회' 비전은 과거의 정치경제와 미래의 가능성을 설득력 있게 연결한다. 또한 이 책은 독자 친화적인 서술을 통해 더 나은 세상으로 나아가는 다리를 놓는 데 꼭 필요한 실용적 지침을 제공한다.

캐서린 키시 스칼라Kathryn Kish Sklar,
뉴욕주립대학교 빙엄턴캠퍼스 명예석좌교수

『삶터를 책임지는 사회』는 경제적 우선순위를 재구성하고 민주적 지배 구조를 재건하기 위한 간결하면서도 논리적인 주장을 펼친다. 프레드 블록은 기존 경제학의 통념을 재고하고, 지역사회에 필요한 물질적·사회적 인프라를 구축하기 위한 전략을 제시함으로써 앞으로 나아갈 길을 보여준다. 활동가와 이론가를 막론하고 미래를 걱정하는 모든 사람이 반드시 읽어야 할 책이다.

피터 에번스Peter Evans,
캘리포니아대학교 버클리캠퍼스 사회학과 명예교수

삶터를 책임지는 사회
지속 가능한 번영을 창조하는 방법

2025년 4월 25일 초판 1쇄 발행

지은이 | 프레드 블록
옮긴이 | 이동구
펴낸곳 | 여문책
펴낸이 | 소은주
등록 | 제406-251002014000042호
주소 | (10911) 경기도 파주시 운정역길 116-3, 101동 401호
전화 | (070) 8808-0750
팩스 | (031) 946-0750
전자우편 | yeomoonchaek@gmail.com
페이스북 | www.facebook.com/yeomoonchaek

ISBN 979-11-87700-94-4 (03300)

여문책은 잘 익은 가을벼처럼 속이 알찬 책을 만듭니다.

지속 가능한 번영을 창조하는 방법

삶터를
책임지는
사회

프레드 블록 지음 | **이동구** 옮김

여문책

일러두기

- 원서의 미주는 본문 해당 위치에 번호로 된 각주로 넣었으며, 역주는 *로 구분했다.
- 본문 중 대괄호 속 설명은 모두 옮긴이가 단 것이다.
- '삶터'는 'habitation'을 옮긴 말이다. 이와 관련한 구체적인 내용은 '한국 독자들에게'의 각주(9쪽)나 '옮긴이의 말'(273쪽) 참조.

차례

한국 독자들에게

이 책의 한국어 번역본이 영어판 초판이 출간된 후 얼마 지나지 않아 나오게 된 것은 놀랍다기보다는 자연스러운 일이다. 단 반 세기 만에 세계에서 가장 발전한 여러 경제대국과 어깨를 나란히 하게 만든 '압축적 근대화compressed modernity'에 성공한 한국에서 일어난 일이니 말이다. 하지만 한국의 압축적 근대화는 내가 이 책에서 설명한 근대화의 부정적인 결과가 한국에서 특히 심각하게 나타난 이유이기도 했다.

2013년 경희대학교에서 강연을 하기 위해 서울을 방문했던 기억은 매우 인상적인 경험으로 남아 있지만, 나는 한국 사회에 대해 전문적으로 이야기를 할 수 있는 입장은 아니다. 그럼에도 이 책에서 이야기하는 핵심 논지가 현재 한국이 직면한 여러 문제를 이해하는 데 도움이 된다고 믿는다. 나는 한국을 포함한 선진국이 산업 경제에서 삶터habitation* 경제로 전환했다고 주장한다. 내가 삶터 경제라고 부르는 이유는 오늘날 대부분의 노동이 우리가 살아가는 공동체의 유·무형 인프라를 구축하고 유지하는 데 집중되어 있기 때문이다. 무형 인프라에는 교육, 의료, 돌봄 서비스, 소매업, 금융 서비스, 정보 서비스, 지방정부 등이 있다. 유형 인프라는 주택과 건물, 우리가 생활하는 공간으로 물자를 전달하는 도로·파이프·전선·통신탑 등을 건설하고 유지하는 일이 포함된다.

그러나 우리는 모두 삶터에서 살아가고, 대부분의 사람이 삶터를 만드는 데 기여하고 있음에도 우리의 필요를 충족하는 삶터를 제공받지 못하고 있다. 기술 발전이 우리의 삶터를 개선해줄 것이라는 약속은 실현되지 않았다. 예를 들어 인터넷은 정보 제공보다는 오히려 허위 정보와 심리적 스트레스의 원천이 되었다. 건축 기술은 계속 발전하고 있지만 저렴한 주택의 부족 문제는 오히려 심해졌다. 그리고 기후변화에 대응하는 데 실패하면서 가뭄·홍수·산불·태풍 같은 극단적 기상 현상이 나날이 늘어나 우리의 공동체를 더욱 불안정하게 만들고 있다.

이러한 부정적인 결과가 발생하는 이유는 우리가 삶터 경제를

---

* '삶터'는 'habitation'을 옮긴 말이다. 접미사 '~터'에는 낚시터, 빨래터, 나루터 등에서 보듯 '~을 하는 장소'라는 의미가 담겨 있다. 여기에는 해당하는 행위를 할 수 있는 기반이 마련되어 있을 뿐 아니라, 그러한 행위를 보장하고 기대한다는 의미도 들어 있다. '삶터' 역시 '살아갈 수 있는 기반이 마련되어 있는 곳'이라는 의미와 함께 '삶'이 보장되는 곳이 되어야 한다는 당위를 포함하고 있다.

여전히 산업 시대의 제도와 정책으로 운영하고 있기 때문이다. 사실 경제가 생산하는 것과 생산방식 모두 엄청나게 바뀌었지만, 대부분의 경제학자는 산업 시대에 효과적이었던 시장 중심의 접근법이 여전히 유효하다고 믿고 있다. 하지만 이러한 믿음은 근본적으로 잘못되었다. 농업 사회에서 산업 사회로 전환할 때 새로운 정책과 제도가 필요했던 것처럼, 삶터 경제의 잠재력을 실현하기 위해서는 새로운 정책과 제도가 필요하다. 실제로 현재 **민주주의에 기반을 둔 질서가 겪고 있는 위기**는 우리가 새로운 사회로 전환하는 것을 사실상 막고 있기 때문에 발생한 것이라고 나는 주장한다.

이 책에서는 네 가지 사례 연구를 통해 산업 시대에 형성된 기존의 사고방식과 제도가 만들어낸 부정적인 경제적 결과와 사회적 불만이 심화하는 방식을 보여준다. 그리고 마지막 장에서는 이 전환을 완성해 삶터를 책임지는 사회를 구축하는 것이 앞으로 나아갈 길이라고 주장한다. 이를 위해서는 삶터 민주화를 통해 대도시, 대도시 외곽 지역, 소도시, 농촌 지역이 자신의 유·무형 인프라를 통제할 수 있도록 자원과 권한을 부여해야 한다. 또한 공공 의사결정에 대한 시민들의 참여를 확대하기 위해 새로운 참여민주주의participatory democracy 제도가 필요하다. 물론 중앙정부 역시 이러한 전환을 촉진함으로써 경제와 사회 전반에 민주적인 질서가 자리잡을 수 있도록 개혁이 필요하다.

끝으로 이 책을 한국어로 번역해 출판해준 번역가와 출판사에
감사드린다. 한국 독자들에게 이 책이 의미 있게 다가가주기를
바란다.

프레드 블록

서문

내가 이 책을 쓰기까지 매우 지난한 역사를 거쳐왔다. 내 정치적
신념과 세계관은 아주 예전인 1960년대에 형성되었다. 나는 미
국 신좌파New Left 운동에 참여하며 학부 시절(1964~1968년)과 대
학원 시절(1968~1974년)을 보냈다. 내 가치관과 정치적 이해는 인
종 차별에 맞서 싸우고, 베트남 전쟁에 반대하고, 기업 권력에 도
전했던 운동에 참여하는 과정에서 형성되었다. 이 시기에 심어진
내 신념은 변하지 않았지만, 오늘날의 현실은 1960년대와는 많은
면에서 다르다. 나는 내가 오랫동안 신봉해온 가치를 21세기 들어
이미 20년이 지난 지금의 현실에 맞게 재구성하기 위해 새로운
언어와 개념을 개발하려고 노력했다.

1960년대 학생 운동에 참여하면서 우리는 '참여민주주의'라는
개념을 믿었다. 이는 사람들이 주기적으로 반복되는 선거에서 투
표하는 것만으로는 불가능한, 자신의 삶을 형성하는 결정에 대해

더욱 깊이 영향을 미쳐야 한다는 생각이었다. 우리가 젊은 시절에 꿈꾸었던 급진적인 변화는 실현되지 않았고, 이후 몇십 년 동안 미국은 꾸준히 우경화되었지만, 나는 평범한 사람이 권한을 부여받는 사회라는 이상을 계속 간직하고 있었다. 이 책은 새롭게 대두되고 있는 시대적 긴급성과 현대 사회의 변화된 상황에 맞춰 참여민주주의에 대한 생각을 실현하기 위한 노력이다.

　60년 이상 곱씹어왔던 내 생각은 나 혼자만의 것이 아니다. 지적인 측면에서, 나는 여기서 다 언급할 수 없을 정도로 많은 빚을 지고 있다. 가장 먼저, 수십 년 동안 지속적인 대화와 논쟁을 통해 나를 지탱해준 친구들과 가까운 동료들이 있다. 여기에는 피터 에반스Peter Evans, 래리 허쉬혼Larry Hirschhorn, 캐롤 조프Carole Joffe, 칼 클레어Karl Klare, 마갈리 사르파티 라슨Magali Sarfatti Larson, 마거릿 멘델Marguerite Mendell, 프랜시스 폭스 피븐Frances Fox Piven, 마이클 라이히Michael Reich, 마거릿 소머스Margaret Somers, 하워드 위넌트Howard Winant, 이미 고인이 된 에릭 올린 라이트Erik Olin Wright가 있다. 매튜 R. 켈러Matthew R. Keller와 마리안 네고이타Marian Negoita는 지난 20년 동안 나와 함께 미국과 다른 국가에서 복잡한 정부 주도 혁신 과정을 탐구하며 작업해왔다. 나와 함께 『금융의 민주화Democratizing Finance』를 쓴 로버트 호켓Robert Hockett은 내가 금융과 신용에 대해 깊이 이해할 수 있도록 많은 도움을 주었다.

나는 캘리포니아대학교 데이비스캠퍼스의 사회학과 동료 교수들과 대학원생들에게 큰 빚을 지고 있다. 1978년부터 『정치와 사회Politics & Society』의 편집위원회에서 활동하며 원고를 읽고 다른 위원들과 토론하면서 많은 것을 배웠다. 미국 사회학회American Sociological Association의 경제 사회학Economic Sociology 분과 또한 내가 학문적으로 발전하는 데 중요한 역할을 했다. 너무나 많은 소중한 동료들이 있어서 모두 열거할 수 없다. 또한 캐서린 스클라Kathryn Sklar와 토머스 더블린Thomas Dublin이 조직한 정치경제와 역사 독서 모임에 오랫동안 참여하면서 많은 것을 얻었다. 2014년부터는 참여학문센터Center for Engaged Scholarship를 설립하기 위해 노력했고, 공동 창립자 므리둘라 우다야기리Mridula Udayagiri와, 논문 워크숍에 참여해서 학술적으로 날카로운 식견을 제시해준 여러 교수와 동료에게 많은 빚을 졌다. 또한 이 책의 초고를 검토해준 미시건대학교의 정치경제 독서 모임에도 심심한 사의를 표한다.

마지막으로 이 책의 편집을 담당해준 어젠다Agenda 출판사의 앨리슨 하우슨Alison Howson에게 특별히 감사를 표한다. 그녀는 처음으로 삶터라는 개념이 책으로 발전시킬 가치가 있다고 제안해주었으며, 내가 이 책을 쓰게 된 계기를 만들어주었다. 캐롤조프와 우리 딸들은 수십 년 동안 도전과 실망, 깨달음을 겪으며 나를 지탱해주었다. 그들에게 진 빚은 말로 표현할 수 없다.

이 책의 3장은 "상품을 넘어서: 경제적 현대성에 대한 새로운 이해를 향해Beyond the Commodity: Toward a New Understanding of Economic Modernity"라는 제목으로 『아메리칸 어페어스*American Affairs*』 4: 3(2020)에 발표된 내용을 바탕으로 한다. 이 프로젝트를 지원한 휴렛 재단Hewlett Foundation의 경제와 사회 프로그램에 감사하며, 해당 논문에 의견을 제시해준 분들에게도 감사를 전한다. 5장은 "무엇을 투자로 볼 것인가: 생산적인 지출과 비생산적인 지출What Counts as Investment: Productive and Unproductive Expenditures"이라는 제목으로 『이론과 사회*Theory and Society*』 53(2024)에 발표한 내용을 포함하고 있다.

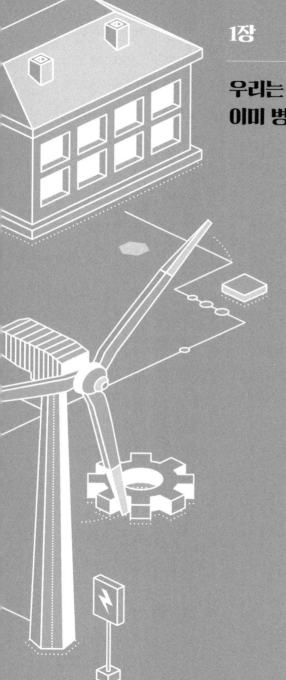

1장

우리는
이미 병들어 있다

"위기는 낡은 것이 죽어가고 새로운 것이 태어나지 못하는 데서 정확히 발생한다. 이 중간 단계에서 다양한 병적 징후가 나타난다."

—안토니오 그람시Antonio Gramsci,

『옥중수고Prison Notebooks』, 1930[1]

안토니오 그람시가 1930년 『옥중수고』에 남긴 문장은 역사 속에서 현재 우리가 처해 있는 순간과 놀랍도록 유사하다. 그가 염두에 둔 '병적 징후'에는 그를 투옥한 무솔리니의 파시스트 정권과 독일에서 세력을 키워가던 히틀러의 국가사회주의당National Socialist Party이 포함되어 있다. 오늘날 병적 징후는 국가의 울타리를 넘어선 우익 운동과 민주적 통치를 위협하는 지도자들이 점점 더 강력해지는 모습으로 나타나고 있다. 블라디미르 푸틴Vladimir Putin, 빅토르 오르반Victor Orbán[헝가리 총리], 자이르 보우소나루Jair Bolsonaro[전 브라질 대통령], 도널드 트럼프Donald Trump를 파시스트로 분류하는 것은 논란의 여지가 있다. 이들이 아직 체계적으로 조직된 준군사 조직을 결성하지는 않았기 때문이다. 그럼에도 이들이 자유민주주의적 규범과 제도에 대해 보이는 끊임없는 적대감은 논란의 여지가 없다.

---

1 Hoare & Nowell Smith, *Selections from the Prison Notebooks of Antonio Gramsci*, p. 276.

그렇다면 1930년대 이후 지금 시점에 민주적 통치가 가장 심각한 도전에 직면해 있는 이유는 무엇일까? 아마도 1970년대 후반부터 현재까지 이어져온 신자유주의적neoliberal 또는 시장 근본주의적 경제market fundamentalist economic 사상이 전 세계를 지배하고 있기 때문이라고 보는 견해가 가장 타당할 것이다.[2] 이러한 사상은 기업과 초부유층에 대한 과세를 축소하고, 정부가 시장 변동으로부터 시민을 보호할 수 있는 능력을 축소하는 결과를 낳았다. 더 나아가 이러한 사상은 세계 경제의 기본 규칙을 바꾸어 각 나라의 정부가 자국민에게 제공할 수 있는 것을 더욱 옥죄는 방식으로 작용했다. 그 결과, 소득과 부의 불평등이 극적으로 증가했으며 평균 가계소득의 성장률은 상대적으로 둔화했다. 이에 좌절한 유권자들은 과거의 '좋았던 시절'을 회복하겠다고 약속하는 외부 인물, 때로는 극우 정치인에게 눈을 돌리게 되었다.

이와 관련한 또 다른 논지는 선진국 경제에서 교육 수준이 높아짐에 따라 정치적으로 재편된 부분에 초점을 맞춘다. 토마 피케티Thomas Piketty는 이를 "좌파 정당의 브라만화Brahminization"라고 이야기했다.[3] 과거에는 대학교육을 받은 유권자 대부분이 우파 정당에 투표했지만, 최근 몇십 년 동안 이들 중 상당수가 좌파 정당

---

[2] 이러한 논지는 칼 폴라니Karl Polanyi가 『거대한 전환*The Great Transformation*』에서 제시한 파시즘의 부상에 대한 진단을 바탕으로 전개된다. 다음을 참고할 것, Rabinowitz, *Defensive Nationalism*; Block & Somers, *The Power of Market Fundamentalism*.

[3] Piketty, *Capital and Ideology*; 다음도 참고할 것. Kitschelt & Rehm, "Polarity reversal."

       삶터를 책임지는 사회

으로 지지층을 옮겼다. 이에 따라 좌파 정당 역시 교육 수준이 낮은 유권자의 경제 상황을 개선하는 데 대한 관심이 줄어들었다. 최악의 경우, 일부 좌파 정당은 신자유주의적 의제를 받아들여 교육 수준이 낮은 유권자의 경제적 안정을 더욱 악화시키는 결과를 초래했다.[4] 과거 좌파 정당이 대변하던 계층의 이해관계가 더는 반영되지 않으면서, 이들 유권자 상당수는 반자유주의적 정당과 운동가의 선동에 가까운 호소에 끌리게 되었다.

그러나 이러한 설명 중 어느 것도 그람시가 은유적으로 '태어난다'라는 표현을 통해 전달하고자 한 개념과 완전히 부합하지는 않는다. 그람시는 1930년대 사회가 기존의 경제적·사회적 체제에서 다른 체제로 전환해야 했으나, 그 전환이 이루어지지 못하고 있다고 주장했다. 그러나 사회의 발전 과정에서는 위험할 정도로 늦어지는 출산을 앞당기기 위한 응급 제왕절개 수술 같은 해결책은 존재하지 않는다. 요컨대 병적 징후란 출산 과정이 지나치게 길어져서 산모와 아기 모두가 죽을 수도 있는 가능성을 상징한다.

그람시의 병적 징후는 전환이 가로막힌 시기에 발생하는 혼란을 떠올리게 한다. 사람들은 기존의 낡고 소멸해가는 사회적 체계의 틀 안에서 현재 벌어지는 일을 이해하려 하지만, 이러한 사고방식은 새로운 현실을 파악하기엔 전혀 적합하지 않다. 그러나

---

4 Mudge, *Leftism Reinvented*.

전환이 정체된 상태에서는 현재 상황을 이해할 수 있는 보편적인 개념도 아직 등장하지 않았다. 요컨대 또 다른 병적 징후는 합리적 논의의 붕괴이며, 그 결과 정치적 공간이 음모론과 허위 정보로 채워지는 것이다.

그람시는 이탈리아 공산당의 지도자였으며, 1930년에는 사회주의가 새로운 사회적 체제를 이루게 될 테지만 탄생이 가로막히고 있다고 믿었다. 그의 주장은 당시 다른 좌파 이론가들의 주장과 유사했는데, 그들은 사회가 사회주의로 나아가거나 아니면 파시즘이라는 야만으로 퇴보할 것이라고 주장했다. 그러나 90년이 지난 지금의 역사적 지식을 바탕으로 보면, 그람시의 추측은 틀린 것으로 보인다. 나는 19세기 자본주의 모델에서 2차 세계대전 이후 광범위하게 구현된 사회민주주의 모델로 전환하는 데 실패하면서 대공황과 파시즘을 초래했던 전간기[1·2차 세계대전 중간의 기간, 1918~1939년]의 위기가 비롯되었다고 주장하고 싶다. 그람시의 시대에 태어나려고 몸부림쳤던 것은 산업 노동자와 농민 모두의 생활 수준을 높이는 대중 소비 사회였다.

전환의 필요성을 분명히 이해한 사람도 있었다. 그 가운데 가장 두드러진 인물은 존 메이너드 케인스John Maynard Keynes로, 그는 1919년부터 1946년 사망할 때까지 일관되게 국가가 적극적으로 개입해 소득을 하향 재분배하고 높은 수준의 공공 투자를 보장함으로써 완전고용을 실현하는 자본주의 개혁을 주장했다.[5] 그러나 케인스만 이러한 통찰을 가진 것은 아니었다. 다른 이들도 대중 소비 사회의 등장을 예견했다. 더 나아가 1930년대 프랭클린 루스벨트Franklin Roosevelt의 뉴딜New Deal 정책과 스웨덴 사회민주당의 개혁은 다른 나라들도 이 전환이 가능함을 보여주었다.

그람시의 인용구를 현재 상황에 맞게 적용하려면, 지금 탄생을 가로막고 있는 사회가 어떤 형태로 조직되어 있는지 파악해야 한다. 이에 대한 답은 지난 50~60년 동안 일어난 경제적 변화를 자세히 살펴보면 드러난다. 이 기간에 건물·기계·소비재·농산물 같은 유형의 물건을 실제로 생산하는 노동자 수가 급격히 감소했다. 예를 들어 미국에서는 이제 80퍼센트 이상의 사람들이 '서비스 부문'에 종사하고 있다. 이 모호한 범주의 공통점은 생산하는 것이 금융 서비스처럼 무형이거나 콘서트·식사·야구경기처럼 일시적이라는 점이다. 게다가 하루 중 일부 혹은 전부를 어떤 형태로든 컴퓨터 화면 앞에서 일하는 사람들의 수가 급증했다.[6]

수십 년 동안 분석가들은 이러한 현상에 대해 우리가 탈산업 사회postindustrial society로 전환하고 있음을 상징한다고 주장해왔다. 그러나 '탈산업'이라는 용어는 이 새로운 사회조직 형태에 대해, 그것이 산업주의industrialism 이후에 온다는 것 외에는 아무것도

---

5 Crotty, *Keynes Against Capitalism.*
6 브루킹스Brookings 연구소의 한 연구에 따르면, 2020년 기준 미국 내 일자리의 77퍼센트가 높은 수준 또는 중간 수준의 디지털화를 특징으로 하고 있었다. 다음을 볼 것. Muro and Liu, "As the digitalization of work expands, place-based solutions can bridge the gaps."

말해주지 않는다. 내가 주장하는 바는, 우리가 현재 '삶터' 경제 환경에서 살고 있다는 것이다. 이는 대부분의 사람이 우리가 사는 공동체의 소프트웨어와 하드웨어적인 기반을 창조하고, 유지하며, 개선하는 일에 종사하고 있다는 뜻이다. 문제는, 우리의 경제가 여전히 산업 경제의 구조·제도·개념으로 조직되고 있기 때문에 '삶터' 사회로 전환하지 못하고 있다는 점이다. 대부분의 사람이 삶터를 만들고, 모두가 삶터를 기반으로 살아가고 있음에도 실제로 원하는 삶터의 형태를 갖는 것은 가로막혀 있다.

요약하자면, 오래된 산업 경제는 소멸해가고 있지만 새로운 삶터 사회는 아직 태어나지 못하고 있다. 이 불완전한 전환 탓에 그람시가 염두에 둔 병적 징후가 나타나고 있다. 그중 가장 두드러진 것은 민주주의의 위기이며, 이는 많은 사회가 우익 권위주의 집단의 위협을 받고 있다는 점이다. 또한 그람시가 지적했던 광범위한 혼란도 존재한다. 이는 기존 사고의 틀이 더는 작동하지 않지만, 새로운 사고 체계가 아직 채택되지 않았기 때문이다.

구체적으로 말하자면, 사람들이 자신과 상위 범주의 경제나 사회와의 관계를 이해하는 것이 극도로 어려워졌다는 것이다. 역사적으로 대부분의 사람은 도랑을 파거나, 소에서 우유를 짜거나, 도자기를 빚으면서 자신의 노동이 즉각적으로 어떤 결과를 가져오는지 확인할 수 있었다. 심지어 20세기 자동차 공장에서도 조립 라인에서 일한 시간은 생산된 자동차의 수로 곧바로 연결되었다.

그러나 오늘날에는 개별 노동이 추상적이거나 복잡한 시스템의 일부가 되어, 개인이 기울인 노력의 결과가 거의 보이지 않게 되었다. 공장에서는 로봇이 과거에 인간이 하던 많은 작업을 수행하고 있다. 자동화 시스템을 감독하는 노동자의 활동은 간헐적으로 이루어지지만, 끊임없이 주의를 기울여야 하고 정상적인 근무시간을 넘어서까지 이어지는 경우가 많다. 그 결과, 노동의 양이나 강도와 경제적 산출물 사이의 명확한 관계가 더는 존재하지 않게 되었다.

그러나 많은 직장 조직은 여전히 노동자의 생산성을 최대화하는 데 집착하고 있다. 새로운 기술 덕분에 각 직원이 한 시간에 몇 글자나 입력하는지, 배송 트럭이 움직이고 멈추는 시간을 실시간으로 관리자가 확인할 수 있게 되었다. 일부 의사는 환자의 문제를 근본적으로 해결하기 위해서는 상담에 많은 시간이 필요한 상황이지만, 환자와의 상담시간을 15분 이내로 끝내도록 강요당하는 경우도 있다. 하지만 이런 방식으로 노동자를 통제하는 것이 실제로 산출량을 증가시킨다는 주장에 대해 의구심을 가질 이유는 충분하다.

노동시간과 산출량 사이의 선형적 관계가 사라지면서, 개인이 광범위한 경제 구조에서 어떤 역할을 하는지 이해하는 것이 훨씬 어려워졌다. 가수 테네시 어니 포드Tennessee Ernie Ford는 광산에서 매일 '16톤'의 석탄을 캐내는 일을 노래했다. 그러나 오늘날 평균적인 노동자의 하루 업무는 수십 톤의 석탄 대신, 이메일 20개, 메모 네 개, 화상회의 두 번, 전화 통화 여섯 번, 회의 세 번, 장비 수리 30분 등으로 구성된다. 요컨대 자신의 하루 업무가 거대한 경제 구조에 어떻게 맞물려 있는지는 이제 많은 사람에게 신비로운 일이 되었다.

미지의 상황에 직면하면, 사람들은 종종 불확실성을 다루기 위해 민간 신앙이나 미신에 의존한다. 일부는 추상적이고 형태가 사라진 자신의 경제 현실에 대응해서 19세기의 상상 속 경제, 즉 자율적이고 독립적인 노동자·농부·장인으로 구성된 경제를 받아들인다. 비록 그들의 일이 과거의 현실과 거의 닮지 않았더라도, 그들은 여전히 자신의 급여가 "땀 흘려 얻은 대가"라고 주장한다. 이들 중 일부는 "일상적 자유지상주의libertarianism"를 받아들이며, "내 것은 내 것"이고 아무도 그것에 대한 권리를 주장할 수 없다고 생각한다. 이런 논리로 그들은 자신의 급여 일부를 가져가는 과세 정책에 불만을 품는다. 결국 이들은 다수의 노동을 조율하는 시장의 마법 같은 힘을 믿게 된다.[7]

물론 같은 상황에 정반대로 반응하는 사람도 있다. 무형의 산출물과 노동의 결과 사이의 불확실한 관계에서 출발해 현재의 극도로 불평등한 경제적 보상이 정당하지 않으며, 더 평등한 경제적

7　Block, "Read their lips: taxation and the right wing agenda."

분배를 실현할 수 있을 뿐 아니라 이러한 노력이 정의롭다고 결론 내린다. 다시 말해 작동방식이 불분명한 경제는 세금·분배·재분배를 두고 극도로 상반된 서사를 만들어낸다. 이러한 상반된 출발점에서, 치열하고 극복하기 어려운 정치적 분열로 이어지는 것은 고작 한 걸음 차이에 불과하다.

전환을 차단하고 있는 경제학

현재의 민주주의 위기를 수십 년간의 신자유주의와 좌파 정당이 노동 계급 지지층을 외면한 결과로 보는 사람들의 주장은 틀리지 않았다. 그러나 그들은 신자유주의 정책이 다른 형태의 사회로 전환하는 것을 막기 위해 고안된 방편이었다는 점도 인식해야 한다. 1960년대 초반부터 다니엘 벨Daniel Bell을 중심으로 한 여러 저술가가 서비스 경제로의 전환과 컴퓨터 사용 증가가 근본적인 사회 변화를 이끌고 있다고 주장했다.[8] 이 새로운 탈산업 사회의 잠재력을 실현하려면 기업과 국가 간 관계에서 상당한 전환이 필요했다. 노동 분업이 더욱 복잡해지고 기술 발전에 대한 의존도가 높

---

8 Bell, *The Coming of Postindustrial Society*. 이러한 생각을 발전시킨 사람들로는 다음을 들 수 있다. Brzezinski, *Between two Ages*; Touraine, *The Post-Industrial Society*; Toffler, *Future Shock*; Calvert and Neiman, *A Disrupted History*.

아지면서 정부의 역할이 확장되어야 했다.

그러나 자유시장 경제학자 밀턴 프리드먼Milton Friedman과 그의 동료들은 정반대의 주장을 펼쳤다. 그들은 노동이 복잡하게 분업화될수록 경제를 효과적으로 작동시키는 유일한 방법은 정부의 역할을 축소하는 것이라고 주장했다. 시장 의존도를 높이고 정부의 역할을 축소하면 어떠한 경제적 문제도 해결할 수 있다는 입장이었다. 이미 정부의 규제 강화 움직임에 위협을 느끼고 있던 많은 기업은 이러한 주장에 매력을 느끼게 되었다. 요컨대 점점 더 복잡해지는 경제를 효과적으로 작동하게 하려면 전적으로 시장에 의존해야 한다는 주장이 본질적으로 비현실성을 내포하고 있음에도 기업이 자유시장주의를 열정적으로 지지함으로써 자유시장주의가 정치적 싸움에서 승리를 거둘 수 있었다.

신자유주의가 부상하게 된 결정적 이유는 경제학이라는 학문의 이론적 뒷받침이다. 많은 경제학자가 프리드먼의 극단적 보수주의 관점에 회의적이었지만, 경제학은 신자유주의적 신념에 필요 이상으로 그럴듯한 정당성을 부여한 이론적 기반을 제공했다. 대부분의 경제학자는 자신의 기본 도구와 분석이 농산물, 공산품, 서비스 등 경제가 무엇을 생산하든 상관없이 유효하다고 주장한다. 이 관점에서 경제학은 자본 투자, 노동, 원자재, 에너지 같은 투입물을 최적화해서 산출물을 생산하는 것에 관한 학문이다. 미국 대통령 경제자문을 지낸 한 경제학자가 농담처럼 말했다고 전해지는 말이 있다. "감자칩이든 반도체칩이든, 무슨 차이가 있나? 100달러어치 감자칩이나 100달러어치 반도체칩이나 여전히 100달러일 뿐이다." 이 발언의 배경에는 경제학자들 사이에서 경제가 무엇을 생산하고 어떻게 생산하느냐에 대한 변화는 대체로 중요하지 않다는 공통된 믿음이 자리 잡고 있다. 대부분의 경제적 산출물은 특정한 금전적 가치를 가지며, 경제학은 투입물을 산출물로 변환하는 효율성을 최대화하고 이를 국내총생산gross domestic product: GDP 같은 지표로 집계하는 데 초점을 맞춘다는 것이다.

주류 경제학자들은 이러한 정당성을 바탕으로, 지난 60년 동안 경제에 극적인 변화가 일어났음에도 이론적 틀에 아주 작은 조정만 가해왔다. 경제학자들 사이에서는 항상 새로운 아이디어가 등장하고 그중 일부는 널리 받아들여지기도 한다. 그러나 지난 60년 동안의 변화를 보면서도, 경제적으로 생산적인 것이 무엇인지에 대한 기존 가정을 근본적으로 재고할 필요는 없다는 것이 여전히 합의된 견해다. 이러한 경제학의 특징 덕분에, 시장 근본주의자들이 경제학의 위신과 영향력을 장악하고 활용할 수 있었으며, 이들은 시장이 경제 활동을 조율하는 능력에 대해 끊임없이 극단적이고 비현실적인 주장을 펼쳐왔다.

이 책이 제시하는 것

이 책은 이에 반해 현존하는 경제의 실질적인 모습을 분석의 출발점으로 삼고, 현실의 경제를 더 효과적으로 작동하게 할 방안을 모색한다. 목표는 경제 현상을 덮고 있는 신기루를 걷어내고, 사람들의 활동이 거대한 경제 구조 속에서 어떤 역할을 하는지 좀 더 쉽게 이해할 수 있도록 하는 것이다. 이를 통해 개개인이 자신과 가족, 이웃, 지역사회를 위해 경제를 어떻게 변화시킬 수 있는지 인식할 수 있도록 힘을 실어주기를 희망한다. 이 과정에서 주류 경제학의 주장들을 살펴보며, 경제가 크게 변화한 상황에서 그들의 주장이 어디에서 잘못되었는지를 보여주는 것이 필수적이다. 또한 주류 경제학자들에게 감자칩을 생산하든 반도체칩을 생산하든 상관없다는 잘못된 견해를 버릴 때가 되었음을 설득할 수 있기를 바란다.

이 책은 또 다른 목표도 가지고 있다. 19세기 초 현대 산업 사회가 부상한 이후로, 공장 생산의 놀라운 생산성에 힘입어 소득, 부, 정치적 권력 등 모든 분야에 만연해 있는 거대한 불평등이 사라진 사회를 만들 수 있다는 꿈을 꾼 사람들이 존재해왔다. 19세기 초, 영국의 산업가 로버트 오언Robert Owen은 스코틀랜드 뉴라나크New Lanark에 모범적인 방직 공장을 세웠으며, 이 꿈을 처음으로 구체화한 인물 중 하나였다.* 그러나 200년간 사회주의자를

삶터를 책임지는 사회

비롯한 다른 급진주의자들이 많은 노력을 기울였지만 이 꿈을 현실로 이루는 데는 성공하지 못했다. 쿠바와 중국 같은 공산주의 정권은 빈곤층의 생활 수준을 향상시키는 데 성공했지만, 부와 정치적 권력의 분배를 평등하게 만드는 데는 실패했다. 북유럽 사회는 20세기 후반에 중산층과 노동 계층 간의 불평등을 줄이는 데 큰 진전을 이루었지만, 그 이후로는 점점 더 불평등이 심해지는 방향으로 후퇴하는 모습을 보이고 있다.

요컨대 현재보다 평등하고 민주적인 사회로 나아가는 길은 사실상 가로막혀 있다. 전 세계적으로 억만장자 계층은 숫자와 정치적 영향력을 동시에 늘려가고 있으며, 많은 지역에서 권위주의 지도자가 극우 사회 운동과 얽혀 있는 모습이 나타난다. 곳곳에서 이러한 과두 정치 세력과 우익 운동이 연합해서 민주적 제도의 생존을 위협하고 있다. 게다가 세계 경제를 금융이 지배하면서 투기성 투자자들이 비정통적 경제 정책을 도입하는 정부의 채권이나 통화를 대상으로 위기를 촉발할 수 있는 여지를 제공한다. 이는 평등하고 포용적인 정책을 추구하려는 정치 지도자들을 강력하게 제약하고 있으며, 이러한 시도를 좌절하게 만드는 효과적인 억제 장치로 작동하고 있다.

하지만 나는 현재 선진 경제를 상당히 평등하게 변화시킬 수

---

* 오언은 노동시간 단축, 아동노동 철폐, 노동자 복지 개선 등 혁신적인 개혁을 도입했다.

있는 실현 가능한 경로가 존재한다고 주장한다. 이 경로는 단순하지 않으며, 이를 추구한다고 해서 반드시 효과적이거나 성공적일 것이라는 보장은 없다. 하지만 이 책은 그러한 변화를 추구하는 사회 운동이 다수의 정치적 연합을 구축하기 위한 비전과 조직력을 갖추고자 할 때 활용할 수 있는 수단을 제공하는 것을 목표로 한다.

이 책의 주장은 주로 선진 시장 경제를 운영하는 국가들, 특히 경제협력개발기구Organisation for Economic Cooperation and Development: OECD에 속한 38개국에 가장 적절하게 적용할 수 있다. 경제협력개발기구에 따르면, 회원국의 고용 중 서비스 부문이 70퍼센트를 차지한다. 이러한 국가들은 삶터 사회로의 전환에 가장 가까운 위치에 있다. 그러나 중국을 포함한 여러 중위소득 국가 역시 상당히 중요한 의미를 얻을 수 있다. 이들 국가가 개발 계획을 고민하는 과정에서 후발 주자의 이점을 활용할 가능성이 있기 때문이다. 즉, 대량 소비 경제와 관련된 가장 낭비적인 정책을 피하면서 한 단계 도약할 수 있는 잠재력을 확보할 수 있다.

그러나 이 책에서 언급한 대부분의 사례와 수치 자료는 미국에서 가져온 것이다. 내가 미국에 대해 가장 잘 알고 있으며, 다른 나라의 사례와 데이터를 포함하는 데 너무 많은 시간이 필요하기 때문이다. 미국은 대량 소비 경제를 창출하는 데 세계적으로 선도적인 역할을 해왔으며, 미국의 발전 과정에서 나타난 많은 특징은 다른 국가에서도 비슷하게 나타나고 있다. 따라서 의료, 고등교육, 주택시장, 기타 소비 영역의 구조가 선진 시장 경제 국가 간에 상당한 차이가 있기는 하지만, 분석의 큰 틀은 다른 많은 사회에도 충분히 적용할 수 있다. 또한 일부 국가의 경우 미국보다 삶터 사회로의 전환에 약간 더 가까워진 것으로 보일 수 있지만, 아직 이러한 전환을 완성한 나라는 없다고 생각한다.

다음 절에서는 이 책의 여섯 개 장에서 다루는 주요 주제와 논점을 간략히 요약한다.

삶터란 무엇을 말하는가?

이 책에서 나는 산업 사회에서 삶터 사회로의 전환이 필요하다는 인식을 토대로 논의를 진행하고자 한다. 삶터란 인간 공동체의 사회적·물리적 기반을 창조하고, 유지하며, 개선하는 과정을 말한다. 사람들은 언제나 삶터를 구축하고 유지해야 했다. 심지어 유목민도 이동하는 동안 임시로나마 삶터를 건설하며 살아간다. 그러나 산업 시대에는 이러한 삶터 작업이 배경에 머물렀고, 사람들이 농장이나 공장에서 주된 업무를 마친 후에야 가능한 작업이었다.

현재의 서비스 경제에서는 삶터와 관련된 작업이 고용의 가장 큰 부분을 차지한다. 식량이나 제품을 생산하는 노동력의 비중이 감소함에 따라, 대부분의 고용은 우리 공동체의 사회적·물리적 기반에 초점이 맞춰지고 있다. 여기에는 건설업, 교육, 보육, 의료, 통신, 교통, 에너지, 엔터테인먼트, 지방정부, 혁신 경제의 일부로 연구·개발에 종사하는 확장된 노동력 등이 해당한다.

게다가 대부분의 사람이 유급·무급으로 삶터를 위한 생산에 종사하며, 거의 모든 사람이 삶터를 위해 소비한다. 예외는 외딴 지역에 은둔해서 살아가는 소수의 사람뿐이다. 그러나 대부분이 삶터를 위해 생산하고 소비하고 있지만, 그 삶터의 형태를 결정하는 데는 상대적으로 미약한 발언권을 가질 뿐이다. 예를 들어 고속도로, 대중교통, 고속철도 노선, 공항, 공원 같은 사회기반시설이 포괄적인 공적 논의를 통해 결정되는 경우는 일반적이라기보다 예외적이다. 또한 삶터의 중요한 요소인 저렴한 주택의 입지와 이용 가능성에 대해서도 사람들은 거의 영향을 미치지 못한다.

더 나아가 우리가 사는 거의 모든 공동체는 어느 정도까지는 두 가지 강력하고 파괴적인 양상으로 형성되거나 왜곡되었다. 첫째, 인종적·민족적 위계의 역사가 우리 생활 공간의 지리적 구조를 형성했다. 원주민이 토지를 빼앗기고, 노예제의 유산과 식민지 시대의 여파는 여전히 남아 있으며, 다양한 이민자 집단이 불균등하게 사회에 통합되는 과정에서 우리의 삶터에 흔적을 남겼다. 이는 철도 선로를 따라 중산층과 빈곤층이 갈라지는 작은 마을에서, 또

주거를 책임지는 사회

는 특권을 누리거나 방치되고 있는 서로 다른 여러 동네로 나뉘는 대도시에서도 볼 수 있다.

둘째, 우리의 정착지는 자연을 콘크리트와 아스팔트로 지배하고 제압할 수 있다는 잘못된 가정 아래 수십 년간 시행된 정책들의 산물이다. 풍부하고 저렴한 화석연료를 중심으로 삶터가 구축되었다. 그러나 기온 상승, 극단적인 기후, 홍수, 산불, 환경오염이 심해지면서, 이러한 과거의 실수를 바로잡아야 할 필요성이 점점 더 명백해지고 있다. 더구나 이러한 역사가 중첩되어 역사적으로 소외된 사람들이 주로 살아가는 동네가 가장 심각한 환경적 도전에 직면하는 경우가 많다.

하지만 삶터를 결정하는 여러 핵심 요소를 효과적으로 통제할 수 있는 민주적 절차가 없기 때문에 사람들이 이러한 역사적 유산에 대응하고 해결할 수 있는 능력은 제한적이다. 이러한 민주적 통제가 결핍된 데는 역사적으로 깊은 뿌리가 있다. 산업 시대에는 도시기반시설과 개발에 관한 문제를 의도적으로 정치적 논의에서 배제했으며, 이러한 권한은 기술 관료 같은 전문가에게 전적으로 맡겨져 있었다. 뉴욕 대도시권 개발 과정에서 공공의 참여를 배제하고 여러 공공 사업과 도시계획 조직을 이끌었던 로버트 모지스Robert Moses의 막강한 영향력은 이러한 역사의 전형적인 사례다.* 더욱이 도시와 마을은 세수나 차입을 통해 독자적으로 주요 기반시설 건설 계획에 대한 자금을 조달하기 어려운 경우가 많다. 따라서 주요 결정은 대부분 상위 정부기관에서 이루어지며, 이러한 지출을 위해 채권을 발행하는 역할을 담당한 금융 관계자들이 결정 과정에 큰 영향을 미친다. 재건에 필요한 자원을 충분히 확보할 수 없는 상황에서, 지역정치가 이웃 간의 제로섬 싸움으로 변해 정치적 마비를 초래하는 경우가 흔하다.

그와 동시에 현대의 중요한 사회 운동은 사람들이 자신의 삶터에 대해 더 많은 통제권을 행사하려는 노력으로 이해할 수 있다. 가장 명백한 예는 환경정의를 실현하려는 활동 같은 환경 운동이다. 또한 노숙자 문제 해결, 임대료 인하, 저렴한 주택 공급 확대를 요구하는 활동도 점차 활발해지고 있다. 인종 정의를 위한 운동, 경찰의 인종차별적 관행 중단, 대량 수감 종식을 위한 노력 또한 공동체가 자신의 삶터에 더 많은 영향을 미치려는 시도로 볼 수 있다. 이 외에도 의료 체계와 교육 체계를 개혁하려는 풀뿌리 운동도 눈에 띈다. 이들은 관료적인 부분을 덜어내고, 더욱 포괄적이며, 지역사회의 요구에 제대로 대응할 수 있도록 필요한 체계를 개선하려는 노력을 기울이고 있다. 이와 아울러 어린이 돌봄, 정신건강 관리, 노인 돌봄 등 돌봄 서비스의 공급과 품질을 높이기 위한 운동도 점차 확대되고 있다.

이 주장의 핵심은 이러한 다양한 운동을 전개하는 주체들로 하

---

* 주민 의견을 무시한 강제 철거, 자동차 중심의 도로 확장, 대중교통 무시, 인종·계층 차별적 개발 정책 등을 가리킨다.

삶터를 책임지는 사회

여금 자신이 '삶터 민주화democratizing habitation'라는 공동 프로젝트에 참여하는 것으로 인식하도록 함으로써 더 강력하고 효과적으로 발전할 수 있다는 것이다. 이 프로젝트는 두 가지 핵심적인 주제를 토대로 해야 한다. 첫째는 지역사회가 이용할 수 있는 재정을 확대해 시민들이 긴급한 문제에 대해 스스로의 합의로 이끌어낸 해결책을 가지고 협상할 수 있을 만큼 충분히 자금을 확보하는 것이다. 둘째는 의사결정 과정에서 시민들의 참여를 확대하는 것이다. 예를 들어 공동체가 환경 회복력을 높이는 동시에 저렴한 주택의 공급을 확대하기 위해 노력한다면, 역사적 불평등 문제를 해결하기 시작하면서도 대다수 주민의 삶의 질을 향상하는 타협안을 모색할 가능성이 생길 것이다.

전통적 상품에서 맞춤 상품으로의 전환

삶터 경제가 등장하면서 사람들의 소비가 본질적으로 엄청나게 바뀌었다. 1930~1940년대에는 식료품과 공산품이 소비의 대부분을 차지했으나, 오늘날에는 주택을 포함한 서비스가 소비의 약 80퍼센트를 차지한다. 이러한 변화로 경제에서 표준화된 상품의 역할이 대폭 줄어들었다. 이는 아주 중요한 의미를 갖는다. 상품의 생산을 분석하는 작업을 중심으로 현대 경제학이 구축되었기 때문이다. 모든 수요곡선과 공급곡선은 사람들이 거래하는 것이 표준화된 상품이며, 다수의 공급자가 생산하고, 단일 시점에 거래가 이루어진다는 전제를 바탕으로 하고 있다.

전통적 상품classical commodity이 갖는 이러한 특성 덕분에 경제학자들은 공급과 수요의 법칙에 따라 시장이 항상 균형을 이룬다는 개념을 확립할 수 있었다. 시장을 지배하는 생산자 없이 다수의 공급자가 존재했기 때문에, 소비자는 비싸다고 생각하면 간단히 다른 공급자로 거래를 옮길 수 있었다. 이 과정에서 소비자가 부담해야 하는 비용은 거의 없었다.

그러나 오늘날 소비되는 상품을 생각해보면, 이러한 전통적인 상품에 해당하는 항목은 거의 없다. 첫째, 교육·의료·금융·외식 등 우리가 소비하는 많은 서비스는 표준화된 것이 아니라 맞춤으로 제공되고 있다. 둘째, 우리가 소비하는 많은 상품은 너무 다양한 유형과 방식으로 제공되기 때문에 한두 가지 예시만으로 전체를 대표하기 어렵다. 예를 들어 단순한 우유 한 통을 생각해보자. 한 세대 전만 해도 일반 전지우유whole cow's milk가 소비의 대부분을 차지했다.[9] 그러나 오늘날에는 탈지유, 2퍼센트 지방우유, 전지우유, 저유당 우유뿐만 아니라 아몬드, 귀리, 기타 견과류와 식

---

9 1977년, 미국에서 1인당 소비하는 전지우유는 70.8리터였다. 하지만 2017년까지 이 수치는 21.6리터로 감소했다. https://www.ers.usda.gov/dataproducts/chart-gallery/gallery/chart-detail/?chartId=96991.

삶터를 책임지는 사회

물성 우유로 수요가 분산되어 있다. 더 나아가 점점 더 많은 기업이 '대량 맞춤 생산mass customization'을 도입하고 있다. 이는 의류·자동차·컴퓨터·가구 등 대부분의 상품을 각 소비자의 요구에 맞춰 생산하는 것이다.

표준화된 상품이 줄어들면서 동시에 생산자 수 또한 감소하고 있다. 오늘날 많은 기업은 특허와 저작권 같은 지식재산권으로 보호를 받으면서 특정 의약품, 영화, 텔레비전 프로그램, 음악, 책, 컴퓨터 게임, 금융상품, 또는 소프트웨어 프로그램을 독점적으로 생산하도록 보장받고 있다. 다른 시장 역시 대부분 2~4개의 주요 공급자가 지배하고 있으며, 이들은 가격이나 서비스 조건보다는 상품이 갖는 특징으로 차별화하려 한다. 미국 정부는 1981년부터 2020년 사이에 독점금지법 집행을 사실상 포기했고, 그 결과는 이러한 높은 시장 집중도로 이어졌다. 독점에 대한 규제가 느슨해지면서 산업마다 집중도가 크게 상승했다. 그 결과, 소비자는 한 이동통신 회사에서 다른 회사로 전환할 수 있지만, 요금 청구 방식은 어느 회사든 여전히 이해하기 어려운 수준일 가능성이 크다.

게다가 이러한 거래 중 한 시점에 거래가 완료되는 경우는 거의 없다. 교육, 의료, 금융 서비스, 공공 요금 등 대부분의 서비스 공급은 장기간에 걸쳐 지속된다. 이는 자동차, 가전제품, 냉난방 장비 같은 내구성 소비재에도 해당되며, 이러한 제품을 살 경우 서비스와 유지·보수 계약을 함께 맺는 경우가 늘어나고 있다. 사실, 점점 더 많은 기업이 인터넷 기반의 구독 서비스subscription service 방식을 따르고 있다. 소비자가 문서작성 소프트웨어나 보안 소프트웨어를 일회성으로 사는 대신, 매년 구독 형태로 서비스를 이용하게 되는 방식이다. 그러나 구독 계약이 장기간에 걸쳐 지속되면, 소비자가 공급자를 바꾸는 데 드는 비용이 상당히 증가한다. 계약을 조기에 해지하게 되면 위약금뿐만 아니라, 변경 과정에서 들어가는 시간과 노력이라는 비용도 추가된다.

요컨대 표준화된 상품이 줄어들면서 생산자가 소비자에게 행사하는 권력은 극적으로 증가했다. 시장 경제는 시민들이 자신의 필요를 충족하기 위해 다른 사람들에게 동기를 부여할 수 있는 훌륭한 도구라고 오랫동안 강조되어왔다. 그러나 이 방식은 제대로 작동하지 않고 있다. 현재의 삶터 경제에서는 많은 사람이 점점 더 비탄력적으로 변한 시장에서 원하는 것을 얻지 못하고 있다.

기업의 전환: 수직 통합에서 협력 네트워크 생산으로

표준화된 상품이 사라지고 있는 현상은 경제에서 또 다른 중요한 변화를 이끌고 있으며, 이는 경제학 교과서에서 가정하는 많은 것의 의미를 약화시키고 있다. 이는 많은 기업이 생산방식을 바꾸는 전환을 의미한다. 해마다 동일한 제품을 생산하던 과거의 대량 생산 시대는 사라졌다. 오늘날 대부분의 기업은 시장에 내놓는 제품을 끊임없이 개선하고 변화시키고 있다. 무엇을 생산하고, 어떻게 생산하는지에 대한 혁신이 큰 비중을 차지하고 있다.

이러한 변화는 대다수 기업이 혁신과 생산을 위해 다른 조직과 협력해야 함을 의미한다. 60년 전만 해도 자동차 회사는 작업 대부분을 자체적으로 처리했다. 그러나 오늘날에는 차량 한 대의 부가가치 중 60~70퍼센트를 다른 부품 공급업체에 의존하고 있다. 이와 더불어 전기차로 전환하는 과정에서 새로운 모델을 출시하기 위해서는 배터리 제조업체, 컴퓨터 전문 기업과 협력해야 한다.

이 변화는 특히 혁신 과정에서 가장 극적으로 나타난다. 대부분의 대기업은 자체 연구소 규모를 대폭 축소하거나 아예 폐쇄했고, 새로운 제품과 프로세스를 개발하기 위해 다른 기업이 운영하는 연구소와 공공 자금으로 운영되는 연구소와의 협력에 의존하는 경우가 늘어나고 있다. 이러한 과정을 촉진하는 것은 특정 연구 과제를 오랜 기간 다루며 습득한 고도로 전문화된 전문가의 중요성이 커지고 있기 때문이다. 이는 연구자 혹은 과학자가 갖는 유형의 전문성으로, 숙련된 장인이 수년간의 도제 과정을 통해 기술을 습득하는 것과 유사하다.

수직적으로 조직된 기업은 일상 운영에서 이러한 전문성에 대한 의존도를 줄이는 방향으로 관리해왔다. 예를 들어 자동차 회사는 체계적으로 숙련공을 반숙련 조립라인 노동자로 대체했으며,

이들은 몇 주 만에 작업을 배울 수 있었다. 그러나 이제 전문성이 점점 더 필수적인 요소가 되면서, 수직 통합에서 협력 네트워크 생산collaborative network production으로 전환되고 있다.

협력 네트워크 생산 체제에서는 중소기업이 중요해진다. 이들 기업은 이러한 전문성을 가진 사람들이 가장 매력을 느끼는 직장으로 여기기 때문이다. 동시에 두 가지 이유로 정부의 경제적 역할도 증가한다. 첫째, 정부는 혁신을 촉진하는 공공 연구기관을 설립하고 자금을 지원한다. 둘째, 협력 네트워크 생산에 필수적인 네트워크 관계를 촉진하고 지원하는 데 중요한 역할을 한다.

하지만 기존 대기업의 제도적 권력이 협력 네트워크 생산으로 완전히 전환하는 길을 가로막고 있다. 이들은 시장 지배력과 정치적 영향력을 활용해 자신의 기존 위치를 방어하고, 생산과정에서 창출된 이익에서 자신의 기여보다 훨씬 큰 몫을 계속 챙겨가고 있다.

투자 구조의 변화

삶터 민주화를 방해하는 큰 오류 중 하나는 투자를 측정하는 방법이 잘못되었다는 사실이다. 투자는 경제학의 핵심 항목 중 하나로, 일반적으로 다른 상품을 생산하는 데 필요한 상품에 대한 지출로 정의된다. 예를 들어 베이글 가게를 운영하는 사람이 새로운 오븐을 사서 베이글 생산 능력을 늘린다면, 이는 투자로 볼 수 있다.

전통적인 회계에서는 산출물을 세 가지 범주로 나눈다. 첫째는 일정 기간에 소비되는 모든 항목이다. 둘째는 투자 지출이며, 셋째는 자동차에 포함되는 금속·유리·전자부품처럼 생산과정에서 소모되는 중간재다. 총산출량은 첫 번째와 두 번째 항목을 포함하며, 중간재는 이중 계산을 피하기 위해 제외된다.

현대 경제에서 쓰는 회계방식이 1940년대에 만들어졌을 때, 투자는 사업체가 기계·차량·건물(주거용 건물 포함)을 확보하거나 제작하기 위한 지출로만 정의되었다.[10] 정부와 가계의 모든 지출은 소비 지출로 분류되었으며 투자로 인정하지 않았다. 더욱이 투자 항목은 눈에 보이고 손으로 만질 수 있는 유형의 항목으로 제한했다.

이는 대부분의 사람이 농장에서 일하거나 식량, 철강, 자동차 같은 유형의 제품을 생산하던 산업 시대의 절정기에 투자를 정의하기에는 타당한 방식이었다. 그러나 현재 제조업과 농업에서 일하는 노동력의 비율은 10퍼센트 이하로 떨어졌다. 그럼에도 경제학자들은 투자의 개념을 근본적으로 재검토하기보다는 기존 정

---

10 국민소득과 생산 계정National Income and Product Accounts에서 주택 소유자는 자신이 소유한 집을 임대하는 것으로 본다. 또한 신규 주택을 짓기 위해 가계 자금을 조달하더라도 이는 기업 부문의 투자 지출로 계산된다.

의를 약간 수정하는 데 그쳤다.

이는 천체의 움직임을 정확히 예측하는 데 어려움을 겪었던 프톨레마이오스 시대의 천문학자들이 기존 이론 체계에 주전원 epicycles*을 추가했던 것과 비슷하다. 결국 갈릴레오가 완성한 이론 체계의 도약을 추구하기보다는, 그들은 잘못된 틀을 조금 더 잘 작동하도록 수정하는 데 그쳤다. 경제학자들도 산업 시대와는 엄청나게 달라진 현대 경제에 직면하면서 투자 개념에 대해 비슷한 방식으로 접근하고 있다.

그러나 이론적으로 일관된 정의를 적용해서 투자를 측정해보면 놀라운 결과가 나타난다. 경제의 주요 동력이 기업 투자라기보다는 정부와 가계의 지출이라는 점이다. 이는 경제 정책에 중대한 함의를 가진다. 지난 수십 년간 경제 정책은 정부와 가계로 가는 자금을 제한해야 한다는 전제를 토대로 해왔다. 미래의 번영에 기여하는 중요한 투자를 하는 주체는 기업이라고 생각했기 때문이다. 그러나 미국의 자료로 측정한 결과를 보면, 기업 투자는 총투자액의 30퍼센트에도 미치지 않는다. 이는 이러한 정책 선택이 완전히 잘못된 것이었음을 분명히 보여준다.

---

* 프톨레마이오스가 천동설에서 천체 중 일반적인 움직임과 다른 움직임을 보이는 달과 태양계 행성들의 움직임을 설명하기 위해 도입했던 가상의 원궤도를 가리킨다.

삶터를 책임지는 사회

금융의 기능장애

대부분의 선진 경제에서 기존 금융 구조는 기업 투자가 경제를 이끄는 원동력이라는 잘못된 인식에 뿌리를 두고 있다. 이러한 구조는 두 가지 중요한 결과를 초래한다. 첫째, 금융이 거대한 진공청소기처럼 작동해 대다수 사람에게서 자원을 빨아들여 상위 1퍼센트 가구에 자금을 이전한다. 둘째, 가계·지역사회·정부가 해야 할 많은 생산적 투자를 체계적으로 막아버린다.

진공청소기의 예로는 퇴직연금제도의 변화를 들 수 있다. 미국과 영국에서 많은 고용주는 확정급여형 연금Defined Benefit Pension[*]을 확정기여형 연금Defined Contribution Plan^{**}으로 대체했다. 이를 통해 적립되는 퇴직연금이 기업의 주식과 채권에 투자되도록 했다. 이는 특히 퇴직 시점에 주식시장이 침체에 빠질 경우 퇴직자들은 상당한 위험을 감수해야 한다. 그뿐만 아니라 이러한 계획은 매년 2~3퍼센트에 달하는 숨겨진 수수료가 퇴직자들의 수익을 깎아먹을 수도 있다. 그럼에도 2022년 말 기준으로 이러한 401(k) 연금^{***}은 7조 달러 이상의 자산을 축적했다.

이는 매년 수억 달러에 달하는 퇴직연금 적립금이 주식시장으

---

*   퇴직할 때 받을 연금 급여액을 미리 정해놓고 사용자가 이를 마련하는 방식.

**   사용자는 사전에 결정된 기여금을 적립하고, 노동자는 적립금의 운용실적에 따라 연금을 받는 방식.

***   미국에서 운영하는 개인퇴직연금제도의 일종.

로 유입됨을 의미한다. 그러나 기업은 새로운 투자를 자사의 수익으로 충분히 충당할 수 있으며, 이러한 퇴직연금 자금이 유입된다 하더라도 실제로 생산적 투자를 지원하는 데 필요하지도 않고, 심지어 사용되지도 않는다. 대신, 최근 몇십 년 동안 고위 경영진의 보수에서 주식매수선택권stock option*과 주식 보상stock grant**이 차지하는 비중이 점점 커졌다. 이는 고위 경영진의 이해관계를 주주들과 일치시키기 위한 의도로 도입되었다.

하지만 실제로는 기업의 최고 경영진이 기업 자금을 활용해 자사주 매입을 급격히 늘리는 결과를 초래했다. 이 관행은 1982년 이전까지는 미국에서 합법적이지 않았지만, 2022년까지 자사주 매입 총액은 1조 달러를 넘어섰다. 이러한 매입은 기업의 주가를 올리고, 경영진이 주식 보상과 주식매수선택권을 통해 최대한의 보상을 받을 수 있도록 한다. 요컨대 주식시장으로 유입되는 대량의 퇴직연금 적립금 덕분에 소수 기업 엘리트의 수익 극대화가 가능해졌다.

이와 동시에 금융제도는 저렴한 주택 건설이나 소규모 사업 지원 같은 중요한 활동에 자금을 적절히 배분하지 못하고 있다. 미국 의회는 중소기업청Small Business Administration: SBA을 설립해 은

---

* 회사가 임직원에게 일정 기간 내에 특정 가격으로 자사 주식을 매수할 수 있는 권리를 부여하는 계약.
** 회사가 보유한 주식을 임직원에게 무상으로 지급하는 제도.

행 대출 비용을 줄이기 위한 대출 보증을 제공하도록 했지만, 모든 조건을 충족한 기업조차 대출 금리를 감당하기 어려운 경우가 많다. 더욱이 은행 산업의 집중도가 높아지면서 소규모 사업 대출에 관여하는 은행의 수가 줄어들었다. 이는 특히 새로운 제품과 프로세스를 개발하려는 혁신적인 중소기업에는 심각한 문제로 대두되고 있다. 이들은 종종 2~3년간 중소기업청의 지원을 받을 수 있지만, 새로운 제품을 상업화하는 데는 5~10년이 걸리기도 한다. 정부 지원이 종료된 시점과 제품 판매가 시작되는 시점 사이의 간극을 흔히 '죽음의 계곡valley of death'이라 부른다.

현재의 금융 체계는 삶터를 개선할 수 있는 활동을 지원하기보다는 소득과 부의 불평등을 체계적으로 심화하고 있다. 삶터 경제가 효과적으로 작동하기 위해서는 이러한 금융 체계의 근본적인 개혁이 필요하다.

삶터의 민주화

마지막 장에서는 사람들이 자신의 삶터를 형성하도록 하기 위해 필요한 개혁에는 어떤 것들이 있는지를 제시한다. 이러한 개혁은 지역사회, 자치단체, 국가, 초국가적 권역, 더 나아가 전 세계적 수준에서 이루어져야 한다. 그러나 모든 단계의 개혁을 실천하는 과정에서 일관된 주제는 지역 차원에서 주민들이 자신의 삶터를 주도적으로 개발할 수 있는 역량을 강화하는 것이다. 가장 중요한 요소 중 하나는 세수 배분 방식을 바꾸고 금융 체계의 운영방식을 바꿔 지역에서 이용할 수 있는 자금을 확대하는 것이다.

그러나 자금만으로는 문제를 해결할 수 없다. 지역 차원의 민주적 참여를 확대하고, 기업과 정부가 주민에게 책임을 지도록 보장하는 새로운 체계를 개발하는 것도 필수적이다. 참여예산제 participatory budgeting나 시민의회citizen's assembliy 같은 최근의 실험은 고려해야 할 새로운 제도적 가능성을 보여준다. 하지만 선거, 주민투표 같은 기존의 제도와 이러한 새로운 제도를 결합하는 가장 효과적인 방법을 찾아내기 위해서는 상당히 많은 실험이 필요하다.

이 책의 주장은 간단히 말해, 우리가 삶터 경제를 이해하는 것이 현재 심해지고 있는 민주주의 위기를 극복하는 한 가지 방법이라는 것이다. 주목할 점은, 좌우를 막론한 사상가들이 자유시장과 강력한 중앙정부라는 두 축에 의존하는 것이 경제적으로나 정치적으로 제대로 작동하고 있지 않다고 주장해왔다는 사실이다. 이는 일반 대중과 기존 정치 지도자들 사이의 깊은 단절을 초래했다. 사람들이 자신의 공동체를 형성할 수 있는 실질적인 기회를 얻지 못하면, 정치는 대중에게서 멀어지고, 정치 과정에 대한 이해는 부족해지며, 정치인에 대한 깊은 불신이 생기게 된다. 이는

삶터를 책임지는 사회

기존 정치 구조를 무너뜨리겠다고 장담하는 외부 선동가들이 성장할 수 있는 비옥한 토양이 된다.

이 교착 상태를 해결하는 방법은 지역 차원에서 주민들을 다시 참여시키는 것이다. 공동체의 규모를 막론하고 주민들이 자신이 원하는 것과 필요한 것을 이해하고, 목표를 달성하기 위한 정치적 전략을 학습하는 훈련장으로 만드는 것이다. 이러한 분권화된 참여민주주의의 이상은 역사적으로 깊이 뿌리 내리고 있지만, 산업 시대에는 실현 가능성이 거의 없었다. 거대 기업과 강력한 중앙정부가 부상하면서 사실상 주변부로 밀려났다. 그러나 오늘날 진정한 삶터 사회를 구현할 가능성과 함께, 이 이상은 새로운 힘과 현실성을 얻었다. 이는 민주적 자치democratic self-governance를 유지하고 강화할 수 있는 유일하고 확실한 길이다.

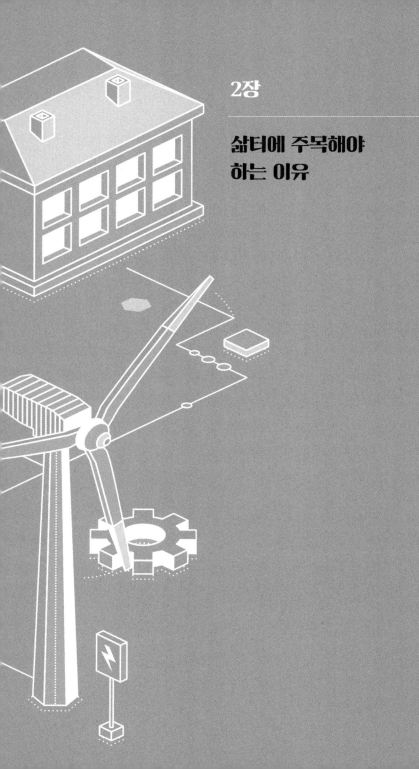

2장

삶터에 주목해야
하는 이유

익숙하지 않은 용어는 기존의 어휘와 개념으로는 인식하기 어려운 상황을 강조하는 데 유용하다. 낯선 단어인 '삶터'를 쓰는 이유다.

나는 이 용어를 우리가 살아가는 인간 정착지를 창조하고, 유지하며, 개선하는 데 관련된 모든 활동을 포괄하기 위해 쓴다.[1] 코로나19로 봉쇄를 당하면서, 우리는 나머지 사람들이 집에 머무는 동안 생존할 수 있도록 해준 '필수 노동자'의 중요성을 절실히 깨달았다. 이 필수 노동자에는 병원 노동자, 식료품점과 슈퍼마켓 노동자, 배달원, 전화·인터넷·전기 등 필수 공공 서비스가 중단되지 않도록 열심히 일해준 사람들이 포함된다. 이들은 삶터 노동력 habitation workforce의 핵심으로 볼 수 있다.

그러나 봉쇄 기간에 해고되거나 재택근무를 하던 많은 사람도 삶터 노동력의 일부였다. 여기에는 주택, 사무실, 상업 공간, 사회기반시설을 건설하는 건설 노동자들이 포함된다. 또한 교육·보육·의료(요가 교실, 헬스장, 정신건강 서비스 포함) 분야에 종사하는 사람들도 포함된다. 이와 더불어 시정부, 경찰, 교통, 예술과 엔터테인먼트, 소매업, 식당에서 일하는 사람들도 삶터를 유지하는 데 이바지한다. 마지막으로, 혁신을 도입해서 새로운 제품과 프로세

---

1 기초 경제라는 개념을 활용하는 유사한 모임이 있다. 기초경제연구회The Foundational Economy Collective, *The Foundational Economy*를 살펴볼 것. 이 단체는 다음의 웹사이트를 운영하고 있다. https://foundationaleconomy.com/.

스를 개발하는 사람들은 미래의 삶터를 개선하기 위해 노력하고 있다.

우리 대부분도 유급 노동에 종사하지 않을 때 삶터 작업을 한다. 자녀 양육, 집 청소, 집 수리, 정원일, 이웃 돕기, 시민단체 참여 등은 모두 우리 공동체를 창조하고, 유지하며, 개선하는 작업의 일부다. 또한 환경 피해를 줄이거나 경찰의 책임성을 높이기 위한 다양한 형태의 활동도 삶터 작업으로 간주할 수 있다.

삶터 개념은 페미니스트 학자들이 발전시킨 사회적 재생산 social reproduction 개념과 관련이 있다. 전통적인 경제 분석은 농산품·공산품 등 물질적 상품의 생산과정에 초점을 맞춰왔다. 이는 남성 중심적 경제관을 형성했다. 역사적으로 공장과 농장에서 대부분의 노동을 남성이 담당했기 때문이다. 이 접근방식의 결과로 여성들이 주로 담당한(종종 무급으로) 많은 작업이 배경으로 밀려나거나 무시당했다. 그러나 페미니스트들은 여성들이 해온 출산, 자녀 양육, 요리, 가정 유지, 사회적 유대 강화가 경제에 동등하게 필수적이라고 주장한다. 이는 공동체를 지속 가능하도록 유지하기 위해 필요한 사회적 재생산 작업이다.

그뿐만 아니라 현실은 더욱 복잡해졌다. 수십 년 동안 물질적 상품 생산에 투입되는 노동은 감소하고, 사회적 재생산 또는 삶터 노동의 영역은 점점 확장되고 있기 때문이다. 이러한 양상은 농업에서 수 세기 동안 이어져왔다. 예를 들어 1820년대에는 노예와 자

삶터를 책임지는 사회

유민을 포함한 대부분의 사람이 농업에 종사했다. 그러나 2020년 대에는 미국에서 농업에 종사하는 노동력은 1.5퍼센트 미만이다. 제조업 고용은 1953년 비농업 고용의 32퍼센트를 차지했으나, 오늘날에는 10퍼센트 미만으로 감소했다.

선진국에서 제조업 노동력이 축소된 데는 일부 기업이 노동 비용이 저렴한 중국, 베트남, 인도네시아, 중앙아메리카 등지로 사업을 이전했기 때문이다. 그러나 현재 세계의 공장으로 일컬어지는 중국에서도 고용된 사람들 중 제조업에 종사하는 비율은 약 18퍼센트에 불과하다. 산업화 초기와 후기 모든 국가에서 진행 중인 기술 발전은 인간을 자동화 기계로 대체하고 있다. 20세기 중반에는 대규모 공장이 교대조를 운영하며 수만 명의 노동자를 고용하는 것이 일반적이었다. 그러나 오늘날에는 그러한 규모의 공장은 드물며, 대부분의 제조시설은 수백 명의 노동자만을 고용하고 있다.

더 나아가 제조업과 농업에서 노동에 대한 수요가 감소함에 따라 서비스업에서 고용이 급격히 증가했다. 서비스업은 주식 중개인, 미용사, 간호사, 소매업 종사자 등 다양한 직군으로 구성된다. 서비스업의 공통점은 산출물이 무형이거나 일시적이라는 점이다. 예를 들어 머리를 깎거나 콘서트에 가는 것처럼 일시적인 산출물을 제공하거나, 부동산 중개인이나 소매업처럼 소유권을 한 사람에게서 다른 사람에게 이전하는 과정을 서비스의 일종으로 볼 수 있다. 미국 정부의 자료에 따르면, 미국 노동자의 약 80퍼센트가 서비스업에 종사하고 있다.

이들 서비스 노동자의 대부분은 삶터를 만들고 유지하거나 개선하는 데 기여한다고 볼 수 있다. 그러나 일부는 다른 사람의 삶의 질에 부정적인 영향을 미치는 방식으로 서비스를 제공하고 있다. 예를 들어 인종 분리를 유지하는 부동산 중개인, 높은 이자율로 급여 대출을 제공하는 기업, 군용 소총을 판매하는 총기 판매상, 약속을 지키지 못하는 영리 목적의 교육·훈련 프로그램, 시민의 요구에 응답하지 않는 지방정부 직원을 생각해볼 수 있다. 요컨대 삶터 작업이나 서비스 작업에 참여하는 사람이 늘어나더라도 도덕적으로 중립적이며, 사람들의 삶을 자동으로 개선하지는 않는다.

삶터와 개선

삶터라는 개념을 정리하는 데 영감을 준 사람은 헝가리의 이론가 칼 폴라니다. 그는 20세기 중반에 신자유주의 또는 시장 근본주의로 불리는 자유시장 사상을 비판한 인물이다. 그의 가장 유명한 저서 『거대한 전환』에서 폴라니는 앞부분 장 중 하나에 "주거 대 개선Habitation versus Improvement"이라는 제목을 붙였으며, 이는 책 전체에서 제목에 따옴표가 붙은 유일한 장이다.* 이 제목의 출처는 1607년 영국에서 농민 소요 사태**가 벌어진 후 작성된 소책자에서 비롯된다. 이러한 소요는 수 세기 동안 영국에서 진행된 농지 인클로저enclosure 운동으로 발생했다.

빈곤층을 망라한 주민들이 소·양·돼지 등을 방목하기 위해 마련되어 있던 공유지를 지주들이 빼앗아 울타리를 치고 양모 생산을 위한 목초지로 바꾼 것이 인클로저 운동이다. 보스턴 같은 일부 뉴잉글랜드 도시들은 공유지를 유지하며 궁극적으로 이를 도시공원으로 전환했다. 그러나 영국에서는 생산적인 새 농업방식이 도입되면서 지역 지주들이 공유지를 독차지하고 농작물을 심는 경우가 많아졌다. 또 다른 경우는 세입자가 경작하던 농지를 지주가 목초지로 전환해 양을 방목했다. 이 두 경우 모두 인클로저는 가난한 사람들의 삶터를 방해하며, 그들의 식량 공급원을 일부 또는 전부 앗아갔다. 그 결과, 많은 농촌 주민이 다른 곳으로 이주할 수밖에 없었다.

1607년 소책자의 저자는 이러한 인클로저의 수를 줄이기 위한 타협안을 제안했다. 그는 이 타협안에 대해 이렇게 주장했다. "가난한 사람은 자신의 목적, 즉 거주에 만족할 것이고, 지주는 자신

---

* 도서출판 길에서 홍기빈 역으로 출간된 한국어판에는 "제3장 삶의 터전이냐 경제 개발이냐"로 번역되었으며 따옴표는 없다.
** 영국 중부 지역에서 벌어진 농민 소요 사건으로 수십 명의 농민이 처형되었다.

의 열망, 즉 개선에 방해받지 않을 것이다."[2] 폴라니는 이 문장을 인용하며, **삶터**—대대로 농촌 주민들의 삶을 지탱해온 거주·생활방식—와 **개선**—경제적 산출량을 늘리려는 노력—간의 긴장을 강조했다.

폴라니는 이어 17세기와 18세기의 개발 양상이 이 소책자 저자가 제안했던 방식과 유사하다고 주장했다. 당시 영국 왕실과 의회는 인클로저의 속도를 늦추는 타협책을 시행해, 농촌 주민들이 변화에 적응할 시간을 가질 수 있었다. 그러나 폴라니의 목적은 이처럼 정부가 주도해서 변화의 속도를 늦췄던 상황을 19세기 초 영국에서 산업화가 본격적으로 시작된 시기와 대비해 살펴보는 것이었다. 새로 개발된 기계로 섬유를 생산하는 공장이 급격히 증가하는 양상으로 개선이 이루어지면서, 삶터에는 바로 재앙으로 이어졌다. 수만 명이 농촌에서 쫓겨나 불결한 도시로 밀려들었고, 이들은 열악한 주택, 부족한 위생시설, 주기적인 전염병, 공해로 찌든 공기 속에서 살아야 했다.

인클로저 시기에는 정부가 개선의 과정을 늦추기 위해 반복적으로 개입해서 사람들이 변화에 적응하고 적응할 기회를 제공했다. 그러나 산업혁명 기간에는 왕실도 의회도 변화의 속도를 늦추

---

2 폴라니는 이 소책자를 언급하지는 않았지만, 이 소책자의 제목은 "A Consideration of the Cause in Question before the Lords touching Depopulation"이었다. 게이Gay의 "The Midland Revolt of 1607"에서 인용했다.

기 위한 조치를 전혀 취하지 않았다. 정치경제학의 자유방임주의 laissez-faire 원칙에 따라, 그들은 산업 발전, 즉 개선을 가속화하는 쪽을 선택했다.[3] 그러나 이러한 변화의 속도는 농촌과 산업도시 모두에 재앙으로 다가왔다. 노동자들이 최소한의 삶터를 재구축하는 데는 수십 년이 걸렸다.

더욱이 도시 노동자들이 노동조합을 결성하고 공동체를 형성하면서 어느 정도 안정과 자원을 확보했을 때조차도, 개선의 교란에 다시 직면했다. 임금이 저렴하고 노동자들이 조직되지 않은 지역으로 생산이 이동하면서 노동자들의 삶터가 또다시 위태로워졌다. 일자리가 사라지고 지방정부의 세수가 감소하면서 삶터는 더욱 악화되었다. 예를 들어 맨체스터는 역사적으로 섬유 생산 중심지 중 하나였으나, 1914년에 생산이 정점에 달한 이후, 10년마다 문닫는 공장이 늘어났다. 미국 자동차 산업의 중심지였던 디트로이트도 반세기 후 비슷한 탈산업화 과정을 겪었다. 디트로이트의 인구는 1950년 180만 명이었으나, 2021년에는 63만 2,000명으로 줄어들었다.

삶터와 개선의 갈등은 유럽인들이 다른 대륙의 사람들에게 권력을 행사하기 시작하면서 전 세계적으로 번져나갔다. 유럽인들

---

3 의회는 결국 윌리엄 블레이크William Blake가 초기 산업화의 "어두운 사탄의 제분소dark Satanic Mills"라고 묘사한 상황에 대한 항의와 대중의 반발에 대응해 아동노동과 노동시간에 대한 제한을 법으로 제정했다.

은 원주민의 땅을 빼앗고, 노예무역을 위해 사람들을 납치하고, 광산 개발과 플랜테이션 농업을 통해 원자재를 강제로 수탈하면서 아프리카·아시아·아메리카·호주·뉴질랜드의 삶터를 교란하거나 파괴했다. 폴라니는 특히 영국이 아프리카 식민지에서 원주민들에게 인두세head tax를 부과한 사례를 강조한다. 화폐로 세금을 내라는 요구는 자급농업에 뿌리를 두고 삶터를 유지하던 사람들로 하여금 이전에 거부했던 유급 노동을 찾을 수밖에 없게 만들었다. 이러한 인두세 덕분에 농장과 광산에서 노동자가 필요했던 식민지 개척자들은 그들이 원하던 개선을 이룰 수 있었다.

삶터와 개선 간의 갈등에 대한 폴라니의 분석을 살펴보면, 또 다른 중부 유럽 출신 정치경제학자인 요제프 슘페터Joseph Schumpeter의 사상과 유사한 부분이 있다. 슘페터는 자본주의의 특징을 창조적 파괴creative destruction가 계속되는 과정으로 꼽았다.[4] 개선은 한편으로 창조적이다. 그것은 적어도 일부에게는 경제적 산출을 늘려주기 때문이다. 그러나 동시에 기존의 노동과 생활 방식을 심각하게 교란한다. 많은 경우, 파괴되는 주요 대상은 노동 계층의 삶터다.

4　Schumpeter, *Capitalism, Socialism and Democracy*.

오늘날의 삶터와 개선 간의 충돌 양상

폴라니가 제시한 인클로저 사례가 보여주듯이, 삶터와 개선 간의 갈등은 항상 관리하고 최소화할 수 있는 방법이 존재해왔다. 그러나 오늘날 대부분의 사람이 삶터를 만들고, 모두가 삶터를 기반으로 살아가는 상황에서, 이 갈등을 완전히 극복하는 것도 가능하다. 이는 사회가 모든 사람에게 더 나은 삶터를 제공하는 개선에 투자할 경우 실현될 수 있다. 이 가능성은 청정 에너지로 전환하는 과정에서 가장 명확히 드러난다. 태양광과 풍력 등 재생 가능 에너지원에 대한 의존을 높이는 방향으로 개선이 이루어진다면, 대기오염을 유발하는 석탄 화력발전소를 폐쇄할 수 있다. 이는 천식과 호흡기 질환을 줄여 의료제도 전반에 가해지는 부담을 줄인다. 또한 탄소 배출 감소는 기후변화를 늦추고, 극단적 기상 현상의 빈도를 줄이는 데 기여한다. 요컨대 경제적 개선이 우리의 삶터도 동시에 개선할 수 있는 것이다.

마찬가지로 새로운 기술이 깨끗한 재생 가능 에너지로 작동하는 더 효율적이고 편리한 도시 교통 체계를 구축할 수 있다면, 이는 더 나은 삶터를 만드는 개선이 될 것이다. 통근시간이 줄어들어 사람들이 직장과 일상생활 모두에서 더 생산적이 될 수 있다. 또한 기술 발전이 건설 분야의 혁신을 촉진해 저렴하고 매력적인 주택을 현재보다 훨씬 낮은 비용으로 건설할 수 있게 한다면,

이는 출퇴근에 많은 시간을 소모하거나 소득의 절반 이상을 주택 비용으로 지출하는 사람들이 누릴 수 있는 삶터의 수준을 크게 향상시킬 것이다.

많은 신기술이 우리의 삶을 더 나아지게 할 것이라고 주장하며 대중 앞에 등장했다. 그러나 현실은 최근 수십 년 동안 삶터와 개선 간의 갈등이 오히려 심해졌다는 것이다. 건설 기술은 발전했지만, 주택 비용 상승에 따른 주거 위기는 더욱 심각해지고 있으며, 노숙자는 나날이 늘어나고, 많은 가정이 만족스럽지 못한 주택에 과도한 비용을 지출하고 있다. 인터넷은 방대한 정보를 즉시 이용할 수 있게 하며 새로운 계몽 시대를 열 것이라는 기대를 받았으나, 실제로는 허위 정보의 급증, 정치적 양극화, 악화된 정신건강으로 이어졌을 뿐이다. 의학 분야의 혁신으로 수명이 연장되리라 기대했지만, 최근 몇 년간 미국과 영국에서 기대수명은 오히려 감소하고 있다.

인터넷은 아마존 같은 기업이 엄청난 규모의 경제를 실현하게 만들었지만, 그 결과 수십만 개의 소매점이 문을 닫았고, 도심의 많은 상업지구가 쇠퇴했다. 기술 발전은 기업으로 하여금 사무직과 생산직 노동자를 모두 줄이게 했으며, 이는 한때 활기찼던 많은 공동체를 심각한 쇠퇴로 몰아넣었다. 가장 중요한 것은, 화석 연료를 빠르게 단계적으로 중단할 수 있는 기술이 이미 존재하는데도, 우리는 여전히 매년 수십억 달러를 들여 석탄을 채굴하고 석유를 퍼내고 있다는 것이다. 이는 가뭄, 예측할 수 없고 극단적인 기상 현상, 한계에 다다른 지구온난화, 해수면 상승 등 기후변화의 비용이 점점 증가하는 가운데 계속되고 있다.

왜 삶터와 개선 간의 갈등을 극복할 가능성이 실현되지 못했을까? 왜 이 갈등은 완화되기보다는 점점 심해지고 있는가? 이것이 이 책이 답하려는 가장 큰 질문이다. 문제의 핵심은 우리가 여전히 산업 시대에 개발된 지적 도구로 삶터 경제를 이해하고, 관리하며, 통치하고 있다는 것이다. 더 구체적으로 말하자면, 여전히 산업 시대의 경제학으로 산업화와는 거리가 멀어진 경제를 조직하고 있다는 점이다. 삶터와 개선 간 갈등의 심화는 바로 이러한 잘못된 접근방식이 만들어낸 직접적인 결과다.

삶터 개념의 또 다른 장점

우리는 삶터와 개선 간의 갈등이 심해지는 이유를 살피기 위해 다시 돌아오겠지만, 삶터 개념의 가치를 강조하기 위해 짚어야 할 몇 가지 추가 사항이 있다. 경제를 삶터의 관점에서 바라보는 것은 대부분의 경제 분석이 가진 문제를 드러내는 데 유용하다. 이는 폴라니가 발전시킨 또 다른 중요한 관점에서 논리적으로 이어진다. 그는 경제를 이해하는 두 가지 뚜렷하게 구분되는 방식이 있다고 주장했다. 그것은 형식적formal 접근과 실체적substantive 접근이다.[5] 형식적 접근은 주류 경제학자들의 방식으로, 희소한 자원을 최적으로 활용할 수 있도록 만드는 규칙과 절차에 초점을 맞춘다. 반면, 실체적 접근은 사회가 생존하고 번영하기 위해 필요한 재화와 서비스를 확보하는 다양한 방법을 전체적으로 탐구한다.

형식적 접근은 상품과 경제 주체들을 공급과 소비로 연결하는 시장의 작동에 초점을 맞춘다. 반면, 실체적 접근은 더욱 광범위하며, 경제적 가치를 가진 것들이 생산되는 모든 다양한 방식에 포괄적으로 관심을 기울인다. 폴라니의 핵심 주장 중 하나는 19세기 시장 사회가 등장하기 전에는 형식적 접근에 기반을 둔 경제학의 개념적 틀로 사람들이 물질적 필요를 충족하는 방식을 이해할 수 없었다는 점이다. 일부 개인이 자신의 효용을 극대화하려고 했을 수는 있지만, 그러한 계산이 경제의 작동방식을 결정짓는 요인은 아니었다. 실체적인 경제는 기존의 문화적 신념과 정치적 권력에 기반을 두고 있었으며, 그러한 신념과 정치가 경제 구조를 만들어냈다. 예를 들어 산업화 이전 사회에서는 종종 시장이 존재했지만,

---

5 폴라니는 "제도화된 과정으로서의 경제The Economy as Instituted Process"에서 이 구분을 가장 명확히 설명한다. 이 구분을 만들면서 폴라니는 막스 베버Max Weber의 형식적 합리성과 실질적 합리성 분석에 의존했다. 형식적 합리성은 특정한 규칙이나 절차를 따르는 결과로 나타나는 반면, 실질적 합리성은 가능한 결과에 대한 전체적인 평가를 포함한다. 베버의 통찰은 형식적 합리성이 실질적 비합리성을 초래할 수 있다는 점에 있었다.

가격은 공급과 수요의 변동에 따라 결정되기보다는 관습이나 명령으로 정해지는 경우가 많았다.

폴라니는 19세기에 등장한 시장 경제를 이해하려면 형식적 접근이 유용했음을 인정했다. 농장과 공장에서 생산량이 급격히 증가한 많은 부분은 희소한 자원으로 최대한의 수익을 추구하는 틀을 가지고 설명할 수 있었다. 그러나 폴라니는 또한 형식적 접근으로는 시장 경제의 한계를 충분히 이해할 수 없다고 강조했다. 시장 경제는 가계, 자연환경, 국가, 특정한 대인관계 양상에 여전히 의존하고 있었으나, 형식적 접근은 이를 간과했다는 것이다.[6]

삶터 개념을 도입하면 현대 경제의 실체적 성격을 이해하는 데 유용하다. 이는 표준화된 상품의 형태로 거래되지 않는 것들이 우리 삶의 질에 얼마나 중요한지를 강조한다. 예를 들어 가계 예산에서 가장 큰 지출 항목 중 일부는 표준화된 상품과 매우 거리가 먼 것들이다. 여기에는 임차인과 주택 소유자 모두를 위한 주거 비용, 보육비, 노인 돌봄 비용, 고등교육비가 포함된다. 미국의 경우 여기에 상당한 비용이 드는 건강보험, 처방약, 보험이 보장하지 않는 의료비 지출도 포함해야 한다. 이러한 모든 지출은 사람들의 삶의 질에 핵심적인 영향을 미친다.

---

6 정치철학자 낸시 프레이저Nancy Fraser는 이러한 폴라니의 통찰을 활용해 마르크스주의적 자본주의 비판을 수정하고 심화시켰다. 관련 논의는 프레이저의 "Can society be commodities all the way down?"과 "Crisis of care?"를 참조할 것.

주택 문제는 단순히 길바닥으로 내몰리거나 제한된 실내외 공간으로 만족해야 하느냐의 문제가 아니다. 삶터 안정성의 문제도 있다. 가족 소득의 변화, 임대료나 대출 상환액의 증가, 예상치 못한 수리 비용 등으로 어쩔 수 없이 다시 이사를 해야 할 가능성은 없는가? 또한 내가 살고 있는 주변의 환경이 얼마나 살기 좋으냐의 문제도 있다. 범죄나 환경 면에서 얼마나 안전한지, 근처에 어떤 서비스와 편의시설이 있는지, 아니면 이런 것을 이용하기 위해 장시간 이동해야 하는지, 직장까지의 거리가 얼마나 되는지 등이 포함된다. 주택 가격이 오르면서 상당수의 사람이 출퇴근에 많은 시간을 들여야 하는 상황에 놓이게 되었다.

양질의 의료 서비스에 대한 접근성이 중요하다는 점은 굳이 설명할 필요도 없다. 미국에는 처방약이나 치료받아야 하는 진료를 감당할 수 없는 사람이 수백만 명이나 된다. 마찬가지로 양질의 보육에 대한 접근성 부족도 큰 문제다. 가족 구성원, 대개 어머니가 근무시간을 줄여야 하며, 유아와 어린아이들은 인지 기능과 정서 발달에 반드시 필요한 보살핌을 받지 못한 채 텔레비전 앞에 방치될 수 있다. 또한 치매나 장애를 겪는 노인 가족 구성원을 위한 저렴한 돌봄의 부재는 가족의 예산, 특히 시간과 금전적으로 막대한 부담을 안긴다.

마지막으로, 고등교육에 대한 접근성은 사회적 상승을 이루는 데 중요하다. 그러나 2023년 기준으로 미국의 누적 학자금 대출은 1.77조 달러에 이르며, 이는 많은 이에게 큰 부담을 주고 있다. 더구나 대출을 통해 교육비를 충당해야 하는 상황 때문에 소득 분포 하위 50퍼센트 가구 출신의 많은 젊은이가 고등교육을 선택하지 않는다. 학위를 따봤자 고소득 직업을 얻을 수 있다는 보장이 없기 때문이다. 심지어 학위를 받더라도, 학자금 대출 원리금을 갚은 후 손에 들어오는 실질소득이 대학을 나오지 않아도 벌수 있었던 소득에 미치지 못할 가능성마저 있다. 만약 대학을 졸업하지 못한다면, 누적된 부채는 오히려 대학을 가지 않았을 때보다 더 큰 부담이 될 수도 있다.

그리고 삶의 질에 있어 가장 중요한 요소 중 일부는 소득 통계에 반영되지 않는다. 우선, 경제적 안정성이라는 중요한 문제를 생각해보자. 질병, 사고, 실직, 가족 해체 등의 이유로 가계소득이 한 해 전에 비해 50퍼센트 이상 줄어들 위험은 얼마나 되는가?[7] 또한 직업의 비금전적 혜택과 보이지 않는 결함도 중요하다. 고용 안정성, 업무가 즐겁거나 지적으로 흥미로운지 여부, 긍정적이고 보람 있는 대인관계를 제공하는지 여부 등이 이에 해당한다. 더나아가 개인의 안전 문제, 차별이나 부당한 대우의 위험, 자신이 마시는 물과 숨쉬는 공기의 질 같은 환경적 요인도 있다.

요약하자면, 전통적 또는 형식적 경제 틀은 가계가 벌어들이는

---

7 제이콥 해커Jacob Hacker는 *The Great Risk Shift*에서 이 변수에 초점을 맞춘다.

소득 수준이라는 단일 변수에 주의를 집중하게 만든다. 그러나 삶터 개념은 소득 수준이 삶의 질을 결정하는 많은 변수 중 하나에 불과하다는 사실을 상기시킨다. 그리고 이러한 다른 변수들은 개인의 선택 문제가 아니라, 집합적 소비와 공공 정책의 문제인 경우가 많다.

총체적으로 바라보는 삶터

삶터 개념은 경제적 근대성에 대한 네 가지 중요한 비판적 관점, 즉 페미니스트 관점, 환경적 관점, 원주민의 관점, 도덕적 관점을 통합하고 연결하는 데 유용하다. **페미니스트 관점**은 시장 경제가 가계에서 이루어지는 활동(출산, 자녀 양육, 가사노동, 돌봄노동care work)에 의존하고 있다는 점을 경제학자들이 간과한 것에 초점을 맞추고 있다. 경제학은 이러한 노동을 대부분 무시했으며, 가족 구성원이 수행하는 무급 노동은 여전히 국내총생산에 포함되지 않는다. 영국 경제학자 아서 피구Arthur Pigou는 예전에 한 남자가 가정부와 결혼하면 그녀의 노동이 더는 임금으로 보상되지 않기 때문에 국민소득이 줄어들 것이라고 농담한 적이 있다.

삶터 개념은 경제를 이해하는 데 있어 유급이든 무급이든 재생산노동reproductive labor을 이해의 중심으로 끌어들인다. 기혼 여성의 경제 활동 참가율이 증가함에 따라, 경제에서 돌봄노동 일자리의 수도 늘어났다. 그러나 이러한 돌봄노동, 특히 보육과 노인 돌봄은 노동 집약적이기 때문에 이용하는 비용은 비싸지만, 동시에 유색인종 여성과 이민자들이 주로 수행하기 때문에 이들이 받는 보수는 낮다. 그 결과, 많은 사람이 필요한 돌봄 서비스를 감당할 수 없게 되고, 돌봄노동 종사자들은 여전히 착취당하는 돌봄 위기care crisis가 계속되고 있다.

환경적 관점은 생산의 부산물을 토지·대기·수로에 그냥 버리면 된다고 여겼던 산업 시대의 잘못된 믿음을 강조한다. 인간이 오염되지 않은 공기·물·토지에 의존한다는 점은 경제적 개선이나 물질적 산출량 증가의 경쟁 속에서 간과되었다. 반면, 삶터 개념은 우리가 자신을 포함해 다양한 식물과 동물, 다른 생명체의 서식지가 되는 특정한 장소에서 살아가고 있다는 점을 인식한다. 급격한 기후변화로 생긴 재난이 빈번하게 일어나는 시대에, 우리의 생존은 과거와 현재 세대가 자연환경에 가한 피해를 되돌리는 것에 달려 있다는 점은 명백하다.

원주민의 관점은 환경적 관점과 맥락을 같이하며, 그보다 훨씬 이전부터 존재해왔다. 미대륙 원주민과 기타 지역의 원주민들은 자연환경과 조화를 이루며 살아가는 것의 필요성을 중요하게 생각해왔다. 이들은 자연에 의존하고 있으며 자신이 거주하는 장소의 관리자라는 의무를 이해하고 있었다. 스페인어 표현인 '비비르

비엔vivir bien'(잘 살아가기)은 남미 안데스 지역 원주민들이 자연과 조화롭게 살아가는 삶의 개념을 표현하기 위해 쓴 말을 대략적으로 번역한 것이다. 이 개념은 경제적 산출 극대화에만 초점을 맞추는 정치 엘리트들에 대항하는 원주민 단체들이 정치적으로 대중을 동원하는 데 중요한 요소가 되었다.

마지막으로, **도덕적 관점**은 이익 극대화와 같이 개인의 이익을 추구하는 노력을 미화하는 경제적 교리가 공동체를 결속하는 도덕관념을 훼손할 위험이 있다고 주장한다. 모두가 자신의 이익만을 위해 행동할 때 상호주의의 규범이나 황금률은 어떻게 되는가? 이 논쟁은 애덤 스미스Adam Smith의 『도덕감정론The Theory of Moral Sentiments』으로 거슬러 올라간다. 스미스는 심지어 달리기 경주에서도 경쟁자가 고의로 상대방을 방해하지 못하도록 하는 규칙이 필요하다고 주장했다. 따라서 『국부론The Wealth of Nations』에서 언급된 정육점 주인, 양조업자, 제빵사의 이익 추구 역시 규칙과 법 집행 체계 내에서 이루어져야 하며, 규칙을 어기는 사람은 처벌받아야 한다고 주장했다.[8]

삶터 개념은 현대의 매우 복잡한 분업이 우리의 상호 의존을 극대화한다는 점을 인식하도록 돕는다. 우리는 이를 코로나19 팬데

---

8 Smith, *The Theory of Moral Sentiments*와 *The Wealth of Nations*. 최근 애덤 스미스가 시장 근본주의 사상가가 아니었다는 주장에 대해서는 다음을 참조할 것. Anderson, *Hijacked*, ch. 5. 도덕적 비판에 대한 추가 논의는 Block, *Capitalism*, ch. 4를 참조할 것.

믹이 한창일 때 병원, 식료품점, 배달차량에서 일하는 필수 노동자들을 향해 사람들 모두가 박수를 보낸 모습에서 극적으로 확인할 수 있었다. 그러나 현시대를 특징짓는 소득과 부의 불평등이 심해지면서 이러한 상호 의존을 유지하는 것은 점점 더 어려워지고 있다. 실제로 일부 어마어마하게 부유한 사람들은 개인이 소유한 섬이나 소형 전투함 크기의 요트에 자신을 고립시켜 이 상호 의존에서 벗어나려 하고 있다. 경제를 삶터의 관점에서 생각하면, 우리는 상호 인정과 상호주의의 규범을 중심으로 형성된 포괄적인 공동체의 가치를 더 높이 평가하게 된다.

사람들은 무엇을 원하는가?

내 주장은 선진 시장 사회에 사는 대부분의 사람이 원하거나 필요로 하는 삶터를 제대로 누리지 못하고 있다는 점을 전제로 한다. 이러한 주장을 뒷받침하는 근거는 무엇인가? 삶터는 생소한 용어이자 다차원적 개념이기 때문에 사람들이 현재의 삶터에 얼마나 만족하는지를 간단히 평가할 방법은 없다. 그럼에도 삶터의 주요 요소들에 대한 대중의 태도를 살펴보면, 대다수가 현재 자신이 가지고 있는 것과는 다른 무언가를 선호한다는 점이 명확하다.

주택 문제부터 살펴보자. 2022년 자유지상주의를 표방하는 미국 케이토 연구소Cato Institute의 조사에 따르면, 응답자의 34퍼센트는 주택 비용에 대해 매우 심각한 우려, 27퍼센트는 매우 우려, 26퍼센트는 다소 우려한다고 응답했다.[9] 전체적으로 73퍼센트의 응답자는 자신의 지역에서 평범한 사람이 집을 살 여유가 없을 것이라고 답했다. 또한 자녀가 있는 응답자의 69퍼센트는 자녀나 손주가 주택을 장만한 형편이 안 될 것이라고 걱정했다. 더 나아가 응답자의 63퍼센트는 저소득층이 자신의 지역에서 살기가 좀 더 쉬워진다면 더 많은 주택을 건설하는 데 찬성한다고 답했다.

돌봄 경제 문제도 만연해 있다. 2023년 초 해리스Harris 설문조사에 따르면, 2,519명의 응답자 중 60퍼센트가 미국 의료 시스템에 C 이하의 성적을 주었고, 61퍼센트는 비용이 필요한 의료 서비스를 받는 데 장벽이 있다고 응답했으며, 66퍼센트는 의료 종사자가 과거보다 더 바빠 보인다고 불만을 제기했다.[10] 2022년 카이저 패밀리 재단Kaiser Family Foundation 조사에서는 1,573명의 성인을 대상으로 장기요양시설을 이용하거나 가족을 위해 시설을 알아보았던 경험을 조사했는데, 응답자의 62퍼센트가 적절한 시설을 찾는 것이 어렵거나 매우 어렵다고 답했으며, 같은 비율로 비용을 감당하기 어렵다고 응답했다.[11] 또한 2023년 6월 모닝 컨설

9   Cato Institute, 2022 Housing Affordability National Survey; https://www.cato.org/survey-reports/poll-87-americans-worry-about-cost-housing69-worry-their-kids-grandkids-wont-be.

10 AAPA/The Harris Poll, *The Patient Experience*.

트Morning Consult에서 2,200명의 성인을 대상으로 한 설문조사에서는 자녀가 있는 응답자의 56퍼센트가 저렴하고 질 높은 보육이나 방과 후 돌봄 서비스를 찾는 것이 어렵다고 답했다. 78퍼센트의 부모는 선거에서 저렴한 보육 프로그램을 늘리겠다고 약속하는 후보를 지지할 것이라고 밝혔다.[12]

다른 측면의 삶터에 대해서도 많은 사람이 우려를 표하고 있다. 2023년 6월 퓨 리서치 센터Pew Research Center 설문조사에서 5,115명의 응답자 중 59~61퍼센트는 총기 폭력, 범죄, 약물중독을 미국의 큰 문제로 여긴다고 답했다.[13] 2021년 아메리칸 엔터프라이즈 연구소American Enterprise Institute가 미국의 공동체 생활에 관해 5,058명을 대상으로 설문조사를 진행한 결과, 응답자의 36퍼센트만이 상점, 식당, 공원 또는 기타 여가시설 같은 편의시설이 많거나 매우 많은 지역에 거주한다고 답했다. 놀랍게도, 거주하는 지역이 대도시, 소도시, 대도시 교외, 소도시 교외, 혹은 작은 마을 어디든 상관없이 대다수의 응답자가 다른 곳으로 이사하고 싶다고 답했다. 유일한 예외는 농촌 거주자들로, 이들의 72퍼센트는 농촌에 사는 것을 선호한다고 밝혔다. 또한 이 설문조사에서 응답자의 9퍼센트만이 자신이 거주 지역의 의사결정 과정에서 충

---

11 KFF, "KFF survey on affordability of long-term care and support service."
12 Morning Consult, "State of childcare in the United States."
13 Pew Research Center, "Inflation, health costs, partisan cooperation among the nation's top problems."

분히 발언권을 가지고 있다고 느꼈다.[14]

2023년 중반 1만 329명을 대상으로 실시한 퓨 리서치 센터의 환경 태도 설문조사에서는 기후변화 문제에 대해 지지 정당별로 상당히 차이가 있기는 했지만, 응답자의 3분의 2는 화석 연료 생산을 확대하기보다는 대체 에너지 개발을 우선해야 한다고 답했다. 같은 조사에서 응답자의 63퍼센트는 정부가 호수·강·하천의 수질을 보호하는 데에 충분히 노력하고 있지 않다고 느꼈으며, 58퍼센트는 깨끗한 공기를 위한 정부의 노력이 부족하다고 답했다. 75퍼센트는 연방정부가 지역 간 환경에 따른 보건 안전의 차이를 해결하는 데 일정한 역할을 해야 한다고 말했다.[15]

2023년 초 2,001명을 대상으로 실시한 스마트 그로스 아메리카 Smart Growth America 설문조사에서는 응답자의 63퍼센트가 자신이 사는 지역에서 교통 체계에 문제가 있다고 답했다. 53퍼센트는 거의 매일 직장·학교·쇼핑을 위해 다른 지역에 가야 한다고 응답했다. 또한 71퍼센트는 정부가 고속도로 건설에 우선순위를 둔 결과, 기차·버스와 자전거 도로, 인도 같은 대안을 소홀히 했다는 점에 다소 동의하거나 강하게 동의한다고 답했다.[16]

요약하자면, 주택, 지역 편의시설, 돌봄, 환경, 사회기반시설에

14 Cox, D. et al. "Public places and commercial spaces". 이 아메리칸 커뮤니티 라이프American Community Life 설문조사는 코로나19가 절정이던 시기에 이루어졌기 때문에, 일부 불만이 팬데믹으로 더욱 심해졌을 가능성이 있다.

15 Tyson, Funk & Kennedy, "What the data says about Americans' views ofclimate change."

삶터를 책임지는 사회

이르기까지 많은 사람의 삶터는 자신들이 원하는 수준에 미치지
못하고 있다.

삶터와 개선, 심해지는 갈등

내 주장은 사람들이 원하는 삶터를 얻지 못하는 이유가 우리 사
회가 여전히 산업 시대의 도구와 제도적 구조로 삶터 경제를 관
리하고 있기 때문이라는 것이다. 그러나 나는 이러한 지속적인 실
수가 단순히 지적 관성이나 게으름의 산물이라고 주장하는 것은
아니다. 오히려 이는 기존 경제적 이해관계가 사회와 경제를 이해
하는 데 사용하는 개념적 틀의 전환을 막기 위해 격렬히 싸운 현
실의 정치적 갈등의 결과였다. 이 싸움이 결정적으로 불거진 시기
는 1970년대였다. 그 당시, 미국과 유럽의 여러 주요 지식인은 우
리 사회가 산업주의에서 벗어나 다른 무언가로 전환되고 있다고
주장했다. 일부는 이를 탈산업 사회라고 불렀고, 일부는 지식 경
제knowledge economy 또는 정보 경제information economy라고 불렀
다.[17] 그러나 대부분의 분석가는 과학의 발전이 경제에서 중심 역

---

16 Smarth Growth America/Hattaway Communications, *American Attitudes on
Transportation Spending*. 이 설문조사는 고속도로 건설에 대한 지지 여론을 전환하기 위해 설
계된 것이다.

할을 하게 되는 것, 고등교육이 소수 엘리트에서 젊은 세대의 대다수로 확장되는 것, 서비스업의 역할이 커지는 것, 컴퓨터 기술의 발전에 초점을 맞췄다.

이러한 사상가들은 흔히 1960년대와 1970년대 초반의 사회 운동과 정치적 혼란을 탈산업 사회로 전환하는 과정에서 나타난 증상으로 이해할 수 있다고 주장했다. 또한 그들은 자신들이 분석한 사회조직의 변화가 기존의 경제적 사고를 재고할 필요가 있다는 근본적인 통찰을 공유했다. 그들 중 많은 사람은 불가피하게 정부가 경제에서 더 큰 역할을 해야 한다고 주장했다.

불행하게도, 이러한 탈산업 사상가들을 기억하는 사람은 거의 없다. 이는 그 시기에 벌어진 정치적 싸움에서 다른 집단의 지식인들이 승리했기 때문이다. 승자는 프리드리히 하이에크Friedrich Hayek와 밀턴 프리드먼이 이끄는 자유시장 이론가들이었다. 그들 주장의 핵심은 1970년대 서구 경제가 겪는 어려움이 점점 더 심해지는 현상이 수십 년간 정부가 시장에 과도하게 개입했기 때문이라는 것이다.

로널드 레이건Ronald Reagan과 마거릿 대처Margaret Thatcher가 그들의 해결책을 채택했으며, 세금 인하, 공공 지출 축소, 기업에 대한 정부 규제 완화 등의 정책이 여기에 해당한다.[18]

---

17 1장의 각주(25쪽)를 참고할 것.

삶터를 책임지는 사회

탈산업 사상가들과 자유시장 이론가들 간에는 그들의 진단과 분석이 근본적으로 상충하는데도 직접적인 대립이나 논쟁은 거의 없었다. 탈산업 사상가들은 경제가 근본적으로 변화했으며 정부 개입을 늘려야 한다고 주장했다. 반면, 자유시장 사상가들은 경제 산출물의 구성이 바뀌었는지는 중요하지 않으며, 문제는 정부가 불필요하게 비대해져 사회가 경제적 결정을 조율하는 시장의 힘에 의존하지 않게 된 점이라고 주장했다.[19]

사실, 자유시장 이론가들은 탈산업 사상가들을 무시했다. 이는 그들 간에 연구비 처럼 제도적으로 받을 수 있는 지원에 엄청난 격차가 있었기 때문이다. 탈산업 사상가들은 제도적 기반이 없는 개별 학자들이었다. 기존의 일부 진보적 연구기관이 가끔 그들에게 생각을 발표할 기회를 제공하기도 했지만, 탈산업 사상을 전파하는 데 전념하는 연구기관은 존재하지 않았다.

반면, 자유시장 측에는 자유시장 이념을 널리 확산시키기 위해 밤낮으로 활동하는 연구기관 네트워크가 있었다.[20] 더 중요한 것

---

18 자유시장 이론가들의 사상과 영향은 다음 문헌을 포함한 방대한 문헌에서 다루고 있다. Mirowski & Plehwe (eds), *The Road from Mont Pelerin*; Burgin, *The Great Persuasion*; and Slobodian, *Globalists*.
19 그러나 현실에서 '자유시장' 정책은 종종 정부의 강제력을 증가시키는 결과를 초래했다. 예를 들어 복지 프로그램은 근로 요건을 충족해야 지원받을 수 있도록 설정되었으며, 이를 집행하는 공공 부문 노동자들은 지원을 중단할 권한을 부여받았다. 즉, 자유시장 이론가들이 상대를 정부에 의존한다고 비판하면서도, 자신들의 정책 의제를 실현하려면 정부 권력의 도움 없이는 불가능하다는 점을 보여준다. Block & Somers, *The Power of Market Fundamentalism*.
20 Rich, *Think Tanks, Public Policy and the Politics of Expertise*.

은, 영국과 미국의 많은 기업이 1970년대에 하이에크-프리드먼의 이론적 의제를 수용하는 것이 정부의 기업 규제 강화 위협에 대처하는 최선의 방법이라고 받아들였다는 점이다.[21] 레이건과 대처 같은 정치인들이 자유시장 의제를 정책에 반영해서 기업가들의 헌신적인 지지를 받을 수 있었다. 이러한 사상 전쟁에서 거둔 승리는 이례적으로 매우 오래 지속되었다. 자유시장 사상의 헤게모니는 2008~2009년 세계 금융위기까지 극복하며 유지되었다. 이 위기는 금융 규제에 대한 자유시장 사상의 잘못된 생각에서 직접 비롯된 것이었다. 한편, 일부 사상가들은 이 기간에 탈산업 사상을 계속해서 발전시키고 확장해나갔지만, 탈산업 사상은 정치나 정치적 논쟁에 거의 영향을 미치지 못했다.

역설적인 부분은, 1990년대에는 인터넷이 등장해 근본적으로 새로운 경제가 나타났으며, 이에 따라 공공 정책을 재고해야 한다는 생각을 많은 사람이 수용한 짧은 시기가 있었다는 점이다. 1990년대 후반 인터넷 주식의 붐은 신기술이 가져올 변혁이 지닌 잠재력에 대한 열정으로 촉진되었다. 그러나 탈산업 이론과는 달리, 이 '신경제new economy' 개념은 기술이 정부를 본질적으로 무의미하고 불필요하게 만들었다고 주장하는 자유지상주의 정치와 연결되어 있었다.

---

21   Mizruchi, *The Fracturing of the American Corporate Elite*.

탈산업의 진실

반세기가 지난 지금, 탈산업 사상가들이 얼마나 많은 부분에서 정확했는지, 그리고 그들이 선진 시장 사회를 변혁시킨 몇 가지 주요 변화를 얼마나 제대로 예견했는지를 이해할 필요가 있다. 그들은 200년에 걸쳐 농업 노동력이 축소되었던 현상이 더 짧은 기간에 제조업에서도 반복될 것임을 알아차렸다. 이 사상가들은 1940~1950년대에 제조업이 선진국에서 가장 큰 고용 비중을 차지했지만, 점점 더 정교해지는 자동화의 영향으로 인간 노동에 대한 수요가 줄어들면서 제조업 고용이 급격히 감소할 것이라고 예견했다.

그들은 디트로이트와 전 세계 유사한 산업 도시에서 자동차 산업 노동력이 급격히 줄어드는 탈산업화 과정을 정확히 예상했다. 그러나 이 분석가들은 제조업이 완전히 사라지리라고 예상한 것은 아니었다. 그들의 주장은 오히려 산업 시대에 들어 농업이 점점 제조업과 비슷해졌다는 것이다. 농업은 더욱 규모를 키웠고, 더 많은 기계화와 표준화를 이루게 되었다. 탈산업 시대에는 제조업이 서비스 산업과 유사해질 것이라고 주장했다. 제조업은 고도로 숙련된 노동자에 의존하게 되고, 그 산출물은 유연하고 덜 표준화될 것이라고 예상했다.

다니엘 벨은 이러한 탈산업 사상가들 중 가장 체계적인 분석을 제시했으며, 세 가지 구체적인 발전 양상을 정확히 예견했다. 첫째, 경제는 과학과 기술의 진보에 크게 의존하게 될 것이며, 특히 컴퓨터와 컴퓨터화가 이 과정을 이끄는 중요한 동력이 될 것이라고 예상했다. 둘째, 기술 혁신을 촉진하기 위해 정부의 역할이 확대되어야 할 것이라고 주장했다. 이는 원천기술 연구에 들어가는 막대한 비용을 기업이 감당할 수 없기 때문이다. 셋째, 경제 전반에 교육받은 노동력이 더 많이 필요해질 것이라고 예견했다. 이는 단지 많은 수의 과학자와 석박사 학위를 가진 엔지니어가 필요하다는 의미에 머무는 것이 아니었다. 평균적인 노동자 역시 자기 일을 효과적으로 수행하기 위해 높은 수준의 문해력과 수학적 능력이 필요하게 될 것이라고 보았다. 체력과 초등학교 수준의 교육에 의존하는 단순한 일자리는 계속해서 감소할 것이라는 예상이었다. 이 세 가지 예측 모두 정확히 입증되었다. 이제 각 예측을 좀 더 자세히 살펴보자.

기술적 복잡성의 증가

과학과 기술에 대한 경제의 의존도가 높아졌을 뿐만 아니라, 전면적인 컴퓨터의 도입과 기타 기술 혁신은 산업 시대의 핵심이자 특징이었던 제품의 표준화로부터 극적인 전환을 만들어냈다. 이는 여러 요인으로 촉발된 복잡한 과정이었다. 중요한 부분은 일부 소비자가 표준화된 제품에 대한 선호를 잃어버렸다는 점이다. 이는 빵·맥주·커피 같은 기본적인 제품 시장의 변화에서 분명히 확인할 수 있다. 1950~1960년대에는 소수의 대규모 생산 업체가 시장을 지배했다. 이들 각각은 몇 가지 주요 제품을 중심으로 대대적인 광고를 진행했다. 그러나 이후 수십 년 동안 소비자 수요는 훨씬 더 다양한 선택을 요구하는 방향으로 변화했다.

예를 들어 커피를 생각해보자. 1960년대까지만 해도 미국과 영국에서는 사람들이 캔에 들어 있는 맥스웰 하우스Maxwell House나 리옹스Lyon's 같은 브랜드의 분쇄 커피를 사서 퍼콜레이터percolator*로 끓여 마시는 경우가 많았다. 오늘날은 사람들이 집에서 고급 원두를 갈아 마시거나, 수많은 커피숍 중 한 곳에 가서 에스프레소·라테·카푸치노 등을 주문하는 것이 훨씬 일반적이다. 맥주의 경우, 시장은 여전히 소수의 대형 양조업체가 지배하고 있지만, 이들 업체는 다양한 라벨로 제품을 내놓고 있다. 이들 중 일부는 소량으로 맥주를 생산하는 스타트업 업체의 제품으로 위장하기도 한다.

이와 비슷한 양상은 모든 유형의 상품에서 나타난다. 2023년 1월 기준, 아마존Amazon은 1,200만 개의 개별 상품을 판매하고 있다. 환풍기, 당구대, 전동 스크루드라이버 등 무엇을 찾든, 소비자는 다양한 가격대와 기능을 가진 방대한 선택지와 마주하게

---

* 증기로 커피를 추출하는 주전자 형태의 장치.

된다. 또한 엔터테인먼트 상품 시장에서도 비슷한 경향이 나타난다. 책, 영화, 텔레비전 프로그램, 음악, 게임 등 새로운 것과 독특한 것에 대한 수요는 끊임없이 이어지고 있다. 이와 동시에 '전통적인' 특정 제품의 시장 역시 여전히 강세를 보인다.

변화를 가져온 또 다른 이유는 기업이 넉넉한 재고를 보유하고 있는 효율적인 중고품 시장과 경쟁하고 있기 때문이다. 새 상품이 중고품에 비해 뚜렷한 우위를 갖지 않는 한, 많은 소비자는 중고품 매장이나 인터넷 사이트에서 해당 상품을 찾으려는 유혹을 느낀다. 즉, 제품을 변경하지 않는 생산자는 이전 연도에 만든 자사제품과 경쟁하게 되는 상황이다.

그러나 가장 중요한 요인은 컴퓨터로 제어되는 생산 기술을 도입함으로써 차별화된 제품을 생산하는 데 드는 비용 등의 불리함이 크게 줄었다는 점이다. 과거에는 동일한 품목 10만 개를 생산하는 것과 10가지 변형 제품을 각각 1만 개씩 생산하는 것 사이의 비용 차이가 매우 커서, 차별화된 제품은 표준화된 제품보다 훨씬 높은 가격에 판매할 수밖에 없었다. 하지만 이제 컴퓨터가 도입되면서 기업이 생산라인을 더욱 유연하게 조직할 수 있게 되었고, 차별화된 제품이 수익성을 유지하는 데 필요한 가격 차이가 줄어들었다.

결과적으로 많은 기업이 혁신에 몰두하고 있다. 이들은 제품 생산라인을 수정하거나 비용을 낮추고 이익을 늘릴 수 있는 공정 개선 방안을 꾸준히 모색하고 있다. 이는 플랫폼을 제어하거나 지식재산권을 활용해 특정 시장을 독점함으로써 경쟁에서 보호받는 기업조차도 마찬가지다. 예를 들어 대형 기술기업과 대형 제약회사는 끊임없이 혁신을 추구하고 있다. 기술기업은 신생 경쟁자가 우위를 무너뜨릴 수 있다는 두려움에 직면해 있고, 대형 제약회사는 베스트셀러 약품에 대한 특허 보호가 만료되기 전에 새로운 블록버스터 약품을 개발해야 한다는 압박을 받고 있다.

　이러한 혁신 추구는 서비스 부문에서도 확장되고 있다. 금융기업은 투자자에게 매력을 끌 수 있는 새로운 금융상품을 찾고 있으며, 많은 병원은 새로운 영상기법이나 진료방식을 활용하려 하고, 통신 서비스를 제공하는 기업은 경쟁사에 뒤처지지 않기 위해 꾸준히 노력하고 있다.

증가하는 정부의 역할

20세기 중반에는 혁신을 이루기 위해 자체 연구소를 설립하고 과학자와 엔지니어를 고용해 새로운 제품과 공정을 개발하는 방식이 주된 경로였다. 특히 벨 연구소Bell Labs는 전자·통신의 발전에 크게 기여한 중요한 혁신을 만들어내며 놀라운 성과를 거두었다. 다른 기업 연구소들 또한 기존 제품의 개선과 일련의 혁신 성과를 자랑할 수 있었다. 하지만 21세기에는 독립적인 기업 연구소를 기업 혁신의 요람으로 생각하지 않는다.

주된 이유는 혁신을 만들어내는 데 필요한 기술적 복잡성이 점점 더 커지고 있기 때문이다. 산업 전반에서 혁신을 이루기 위해서는 여러 과학·공학 분야의 전문성을 통합하는 것이 점점 더 중요해지고 있다. 극단적인 예로, 애플과 삼성이 차세대 스마트폰을 개발하기 위해 동원해야 하는 다양한 전문가들을 생각해보자. 심지어 훨씬 단순한 제품조차도 전문가 집단의 협력이 필수적이다. 예를 들어 전미미식축구연맹National Football League: NFL은 반복적인 머리 부상으로 만성 외상성 뇌병증chronic traumatic encephalopathy: CTE을 앓는 선수들을 제대로 보호할 헬멧을 개발하기 위해 관련 업계와 협력하고 있다. 이 과정에는 신경과학자, 소재 전문가, 충격을 분석하는 물리학자, 다양한 컴퓨터 기반 기술의 숙련자들이 참여한다.[22]

기업이 이러한 조직을 내부 연구소에서 구성하는 것은 비현실적이다. 우선, 5~10개가 넘는 다양한 분야의 기술자들에게 각자의 경력을 유지할 수 있도록 경력 개발 경로를 제공하려면 비용이 너무 많이 든다. 또 한 가지 이유는, 더 창의적인 기술자들은 자신이 맡을 프로젝트에 대한 통제권이 거의 없는 환경을 제공하는 기업에서 오랜 시간을 보내는 것에 그다지 매력을 느끼지 않는다는 점이다. 반면, 기업에 오랫동안 다니고 싶어 하는 창의력

---

22   Block, Keller & Negoita, "Revisiting the hidden developmental state."

이 떨어지는 기술자들을 데리고는 혁신을 이루기가 어렵다.

게다가 이러한 복잡성 문제는 제품 개발의 전 과정에 걸쳐 불거지는 경우가 많다. 복잡한 제품일수록 합리적인 가격으로 생산하기가 어려워, 기업이 혁신적인 제품 개발을 완료하고 대량 생산 단계로 넘어간 이후에도 다양한 기술 전문 분야의 협력이 필요할 가능성이 크다. 많은 연구에 따르면, 혁신적인 기업이 연구·개발과 실제 생산을 같은 장소에 배치하는 경향이 전 세계적으로 나타나고 있다. 이는 서로 다른 역할을 맡은 사람들 간에 끊임없는 지적 교류가 필요하기 때문이다.

기업은 이러한 복잡성을 해결하기 위해 20세기 대기업을 만들어낸 수직적 통합 방향을 역전시켜 협력 네트워크 생산방식으로 전환하고 있다. 이러한 경향은 산업 전반에서 나타난다. 협력 네트워크 생산은 다양한 형태를 취하지만, 핵심적인 특징은 대기업이 특정한 전문성을 가지고 있는 소규모 생산 네트워크에 의존한다는 점이다. 자동차 산업에서는 도요타Toyota가 차량의 주요 부품을 적시just-in-time에 공급받기 위해 하청업체의 생산시설을 자동차 조립 공장 주변에 배치하는 방식을 개척했다. 할리우드에서는 영화 제작 과정에서 여러 소규모 기업 간의 협력이 이루어지는데, 이들 기업은 대본 개발, 출연자 계약, 편집, 음향 작업을 맡고, 대형 스튜디오가 마케팅과 극장이나 텔레비전을 통해 소비자에게 전달하는 과정을 관리한다.

제약 산업에서는 소규모 전문 기업들이 다양한 신약을 개발하며, 기존 대형 제약회사와 계약을 맺어 임상시험 자금을 조달하고 의사와 소비자를 대상으로 마케팅을 진행한다. 컴퓨터 산업에서는 최첨단 소프트웨어의 상당 부분이 오픈소스 형태로 개발되며, 비영리 재단이 여러 프로그래머의 활동을 조정한다. 이 프로그래머들 중 일부는 대기업, 일부는 소규모 기업에서 일하거나 독립적인 기업가로 활동한다. 제조업에서도 한 기업이 제품을 설계하고, 전문적인 제조 역량을 가진 다른 기업과 계약해 생산을 맡기는 방식이 일반화되고 있다. 이는 애플이 아이폰 생산을 중국 폭스콘에 맡긴 사례에서 볼 수 있는 방식이다.

협력 네트워크 생산은 상당한 위험과 비용을 수반한다. 전문적인 역량이 전 세계에 분산되어 있어서 적합한 네트워크 파트너를 찾는 것이 쉽지 않다. 또한 잠재적인 파트너가 내세우는 역량을 실제로 갖추지 못했거나 신뢰할 수 없는 경우, 혹은 이 두 가지 모두가 문제일 수 있다. 혁신적인 제품은 대개 지식재산권을 포함하고 있기 때문에, 네트워크 파트너가 중요한 아이디어를 훔쳐 이를 자신의 것으로 주장할 위험이 존재한다. 계약서를 제대로 작성한다고 해서 충분히 보호받을 수 있는 것도 아니다. 제품 출시를 서두르는 상황에서 소송은 시간낭비일 수밖에 없기 때문이다. 더 강력한 기업이 협력에서 착취로 전환해 네트워크 파트너에게 서비스 비용을 훨씬 적게 주는 경우도 생길 수 있다.

삶터를 책임지는 사회

결과적으로, 신뢰할 수 있고 유능한 파트너를 찾지 못하면 협력 네트워크는 실패할 가능성이 크다.[23] 그러나 실패를 줄이는 한 가지 방법은 심판 역할을 하는 **중립적인 제삼자**를 두는 것이다. 이 심판들은 효과적인 네트워크 연결을 촉진하는 것을 목표로 하면서 어느 쪽과도 이해관계가 없는 주체여야 한다.

이들은 네트워크 실패network failure를 줄이기 위해 세 가지 중요한 역할을 맡는다. 첫째, 자신들의 지식과 네트워크를 활용해 적합한 파트너 간의 연결을 돕는다. 둘째, 잠재 파트너의 역량을 보증하며, 적절한 역량을 가진 인력 공급을 늘리기 위한 교육 프로그램 개발을 지원한다. 셋째, 이 심판들은 다양한 파트너 간의 공정한 중재자 역할을 하며, 부정행위나 착취적 행동을 방지한다. 때로는 이 심판들이 주요 오픈소스 소프트웨어 프로젝트를 감독하는 비영리 재단과 같이 비영리 기관에서 일하기도 한다.

그러나 가장 효과적인 심판은 정부기관의 지원을 받는 경우가 많다. 이들은 교육 프로그램을 위한 자금을 제공할 수 있는 자원을 갖추고 있으며, 네트워크 파트너 관계에서 착취적 행동을 막을 수 있는 강력한 영향력을 행사할 가능성이 크기 때문이다.

예를 들어 1992년 미국 에너지부가 여러 기업과 협력해서 천연가스를 훨씬 높은 온도로 연소시켜 효율을 올리는 차세대 가스터

---

23 Schrank & Whitford, "The anatomy of network failure" and Whitford & Schrank, "The paradox of the weak state revisited."

빈 개발에 착수했을 때, 클렘슨대학교와 협력해 연구·교육 프로그램을 설립했다. 이 프로그램에는 다른 대학의 연구자들도 참여했다.[24] 이는 좀 더 효과적인 네트워크 협력을 촉진하기 위해 연구와 교육을 동시에 지원하는 것을 목표로 한 사례였다.

마찬가지로 정부의 소기업 혁신 연구Small Business Innovation Research: SBIR 프로그램 담당자들도 중소기업과 대형 방위산업체를 포함한 다른 파트너들 간의 효과적인 협력을 구축하기 위해 노력한다. 군사 분야의 몇몇 SBIR 프로그램은 방위산업체와 SBIR 선정 기업 간의 즉석 회동을 후원함으로써 중소기업이 자신들의 혁신을 발표할 기회를 제공한다. 만약 SBIR 기업이 자신의 아이디어를 방위산업체가 보상 없이 도용했다고 주장하면, 국방부는 해당 중소기업의 SBIR 신청서를 개념 증명 자료로 검토한 후 부적절한 행위가 확인되면 방위산업체에 제재를 가한다.[25]

기술 혁신에서 정부의 역할은 대다수 분석가가 인정하려 했던 것보다 훨씬 더 크다는 것이 오래전부터 현실이었다. 컴퓨터 혁명은 2차 세계대전 동안 정부가 컴퓨터 개발에 투자하고, 초기 메인프레임 컴퓨터를 대량으로 사들였으며, 1960년대 방위고등연구계획국Defense Advanced Research Projects Agency: DARPA이 컴퓨터과학 관련 학과를 설립하고 개인용 컴퓨터 개발을 가능하게 한 제

24　Block, "Swimming against the current," p. 188.

25　Keller & Block, "Explaining the transformation in the U.S. innovation system."

록스 팰로앨토 연구소Xerox Palo Alto Research Center: PARC의 노력을 지원했던 역할 없이는 이루어질 수 없었다.[26]

19세기로 거슬러 올라가면, 정부는 주요 교통·통신 기술 발전을 가능하게 한 기반 투자에 직접 자금을 지원하거나 보조금을 지급했다. 그리고 2차 세계대전 이후, 정부는 미국 내 상당수의 박사학위를 가진 과학자와 엔지니어를 교육하고 지원하기 위한 자금을 대부분 제공해왔다. 이 거대한 인재풀이 없었다면 현재와 같은 혁신의 흐름도 존재하지 않았을 것이다.

그럼에도 최근 수십 년 동안 두 가지 주요 구조적 변화가 확고하게 이루어졌다는 점이 명백해졌다. 첫째, 혁신은 거의 모든 산업에서 중심적인 요소가 되었으며, 생산방식과 제품을 개선하지 않는 기업은 점점 더 도태될 운명에 처해 있다. 둘째, 중요한 혁신의 상당 부분이 정부가 자금을 지원하는 연구소나 연구기관에서 개발·육성되고 있다. 이러한 환경에서는 민간 기업의 기술자들이 공공 자금으로 지원받는 연구자들과 함께 협력하며 일하는 경우가 많다. 또한 이러한 연구소의 직원들은 기업이 새로운 제품을 시장에 출시할 수 있도록 효과적인 네트워크 연결을 구축하는 데 점점 더 중요한 역할을 하고 있다.

---

26 Block & Keller, *State of Innovation*.

고등교육을 받은 노동자의 역할 증대

다니엘 벨의 예측 중 이 마지막 부분은 논란의 여지가 거의 없다. 모든 선진 시장 사회에서 대학 이상의 교육을 받은 인구 비율이 급격히 증가했다는 사실을 누구나 인정하고 있기 때문이다. 예를 들어 독일은 제조업 고용 비율을 높게 유지하는 데 있어 특히 성공적이었다. 2022년 기준으로 제조업은 전체 고용의 23.6퍼센트를 차지하고 있다. 그럼에도 독일 제조업체들은 도제식 직업훈련 프로그램apprenticeship program을 통해 기술을 배운 사람들보다 대학 졸업자를 고용하는 쪽으로 바꾸고 있다. 반면, 미국은 이제 많은 다른 선진국에 뒤처지고 있다. 2022년 기준, 미국의 25~34세 인구 중 51.3퍼센트가 고등교육을 마쳤다. 이에 비해 한국·일본·캐나다의 동일 연령대 비율은 65퍼센트 이상이다.[27]

대다수 국가에서 고등교육이 확대되었지만, 그 내용이나 비용 부담 방식이 적절한지에 대한 합의는 부족하다. 미국에서는 인종과 성적 정체성에 관한 교육 내용이 문화 전쟁의 주요 쟁점이 되었다. 영국에서는 학생들이 과학적 또는 직업적 학위를 추구하도록 장려하는 인센티브가 있다. 또한 영국은 연구 우수성 평가제도 Research Excellence Framework로 잘 알려져 있는데, 이는 교수들의 학문적 성과를 극대화하기 위한 제도다. 하지만 이 제도는 학자들

---

27 OECD, "Population with tertiary education"; https://data.oecd.org/eduatt/population-with-tertiary-education.htm.

이 승진 기회를 늘리기 위해 같은 연구 결과를 여러 논문에 중복 발표하게 만든다는 비판을 자주 받고 있다.

국가별로 고등교육에 재정을 지원하는 방식에는 차이가 크지만, 재정 지원 문제는 종종 논쟁의 대상이 되고 있다. 미국에서는 학비에 의존하는 구조 때문에 학자금 대출로 생긴 부채가 1.7조 달러를 넘어섰다. 이와 더불어 공립대학의 학비가 오르면서 저소득 가정 출신의 젊은이들이 고등교육에 접근하기가 갈수록 어려워지고 있다. 영국의 경우, 제한된 정부 지원과 외국인 유학생 감소 탓에 재정적으로 안정되고 국제적으로 저명한 몇 곳을 제외한 대부분의 대학이 심각한 예산 압박에 시달리고 있다.

잘못된 개념이 삶터를 해치는 방식

자유시장 경제 사상이 계속 관심을 받고 있다는 사실은 우리가 삶터 경제를 관리할 새로운 정책 틀을 마련하지 못한 이유를 설명해준다. 그러나 잘못된 또는 시대에 뒤떨어진 개념에서 유래한 사회·경제 정책은 삶터와 개선 간의 갈등을 오히려 증폭시킨다. 다음은 그 한 가지 사례다. 우리는 주택을 단순히 가격 메커니즘을 통해 수요와 공급의 균형을 맞출 수 있는 또 다른 상품으로 취급하게 되었다. 더 나아가 주택을 거주 공간이자 금융자산의 일종

으로 개념화했다.[28]

그러나 주택은 삼겹살이나 밀처럼 일정 단위로 거래되는 상품과는 분명히 다르다. 단독주택이든 아파트든 부동산 개발업자들은 초기 계획 단계에서 준공까지 오랜 기간이 걸리기 때문에 상당한 불확실성에 직면한다. 날씨와 경기침체 같은 변수는 이러한 위험을 더욱 크게 만든다. 이러한 불확실성을 해결하는 명백한 방법은 예기치 못한 비용을 더 높은 이윤으로 상쇄할 수 있는 고급 부동산 시장을 겨냥해 개발하는 것이다. 이론적으로는 부유층이 새로 지어진 고급 주택으로 이주하면 그들의 기존 주택은 다른 사람들에게 이전될 것이라 기대한다. 그러나 현실적으로 고급 주택가의 집값은 여전히 비싸고, 부유층은 다수의 부동산을 소유하거나 일부는 관광객을 위한 단기 임대 상품으로 전환한다. 결과적으로 저렴한 주택이 부족한 상황은 더욱 심해진다.

이와 동시에 주택 보유자를 새로운 자산 계급으로 보는 관점 때문에 여러 나라에서 주택 담보 대출이 급격하게 늘어났다. 이 결과 주택 가격 상승이 갑자기 멈추면서 엄청난 재앙으로 이어졌다. 실제로 2008~2009년에 세계 금융위기를 촉발한 직접적인 원인은 미국의 서브프라임 모기지subprime mortgage*가 폭발적으로 성

---

28 Gemici, "Beyond the Minsky and Polanyi moments."

* 부동산 가격이 급격하게 높아지면서 신용도가 높지 않은(서브프라임) 고객에게도 주택 담보 대출(모기지)을 제공했다.

장한 탓이었다. 게다가 이러한 위기로 미국에서는 대규모 압류 사태까지 발생했다. 이는 주택을 거주 수단이 아니라 자산으로 간주하는 사고방식이 얼마나 위험한 결과를 불러올 수 있는지를 강력히 보여주었다.

이러한 사례는 잘못된 사고방식이 초래할 수 있는 현실적인 결과 중 하나일 뿐이다. 이제 우리는 삶터와 개선 사이의 역사적 갈등을 극복할 기회를 갖고 있는데도 오히려 삶터의 질이 계속 나빠지고 있으며, 그 결과 정치적 불만이 늘어나고 양극화도 심해지고 있다. 새로운 정치적·경제적 가능성을 열기 위해 더 나은 질문을 던져야 할 시점이다. 이를 위해 우리는 아무런 비판 없이 과거부터 이어진 낡은 개념의 덤불을 걷어내야 한다. 이것이 앞으로 이어지는 네 장에서 다룰 과제다.

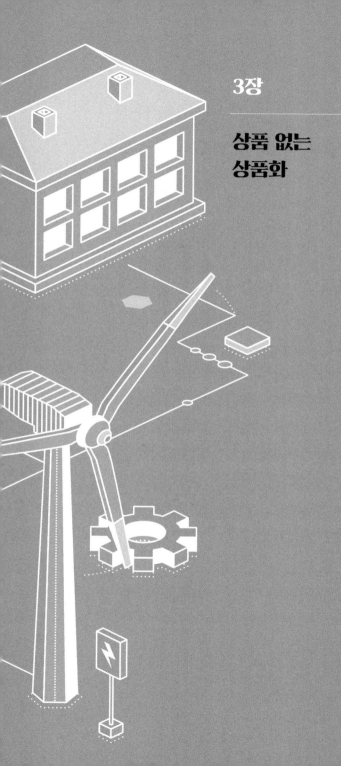

3장

상품 없는
상품화

우리 사회가 시장 경제에 기반을 두고 있다는 인식에 합의함으로써 삶터 경제의 대부분은 그림자에 가려져 있다. 문제는 시장 경제가 사람들 간의 상품 거래를 중심으로 정의된다는 점이다. 그러나 오늘날 우리가 소비하는 것 대부분은 경제학자들이 상품으로 분류한 항목들과는 아예 비슷하지도 않다. 애덤 스미스가 『국부론』에서 묘사한 공장은 핀을 만들었고, 데이비드 리카르도David Ricardo는 직물과 와인에 초점을 맞춰 국가 간의 무역이 어떻게 이루어지는지 분석했다. 경제학자들은 상품을 여러 생산자에게서 표준화된 형태로 공급받을 수 있는 재화[와 서비스]로 정의하고 경제를 분석했다. 또한 이들은 거래가 장기적인 관계가 아닌 공급자와 소비자 간의 일회성 거래로 이루어진다고 가정했다.

80년 전 칼 폴라니는 경제의 핵심 요소 중 세 가지인 토지·노동·화폐가 가상상품fictitious commodity이라고 지적했다. 이는 이것들이 시장에서 판매될 목적으로 생산된 요소가 아니기 때문이다. 토지는 다양한 크기로 나눈 자연의 일부고, 노동은 인간의 활동이며, 화폐의 공급은 일반적으로 중앙은행이 신중히 규제한다. 따라서 이러한 주요 경제적 투입 요소들의 공급과 수요는 단순한 가격 변동만으로 균형에 다다를 수 없다. 요컨대 폴라니는 이러한 가상상품의 존재가 시장 경제가 자율적으로 조절되는 구조라는 주장의 정당성을 떨어뜨린다는 것을 보여준다.

여기서 내 주장은 폴라니의 논의에 기반을 두고 있지만, 약간 다른 점이 있다. 폴라니는 상품화commodification 과정과 실제 상품의 생산을 명확하게 구분했다. 사회는 인간의 노동을 상품화해 노동시장을 창출하지만, 이 상품화 과정에서 노동은 한 말의 밀이나 1톤의 강철 같은 실제 상품으로 바뀌지 않는다. 우리가 노동시장을 다른 상품시장과 똑같다고 가정하더라도 노동은 여전히 가상상품으로 남아 있다.

핵심은 거의 모든 것이 상품화될 수 있다는 점이다. 우리는 우주여행, 대체 불가능 토큰nonfungible token: NFT, 수정란을 임신해 출산까지 대리로 수행하는 서비스가 상품화되는 세상에서 살고 있다. 실제로 보육, 의료, 노인 돌봄 같은 대부분의 돌봄 서비스도 시장에서 살 수 있다. 그러나 어떤 것이 상품화된다고 해서 그것이 곧바로 소비자와 공급자 간에 어느 한순간에 교환되는 표준화된 재화로 바뀌는 것은 아니다. 이 점이 중요한 이유는 삶터 경제에서 우리가 소비하는 것 대부분, 즉 주택, 의료, 교육, 교통, 에너지, 기타 서비스 등이 이러한 정의에 맞지 않기 때문이다. 이 상품들은 표준화되지 않았거나, 여러 생산자에게 얻을 수 없거나, 단일 시점에 거래되지 않기 때문이다.[1]

---

1 그러나 이러한 모든 것을 가상상품이라고 부르는 것은 적절하지 않다. 나는 이 용어를 토지·노동·화폐·지식에만 한정하고자 한다. 이들은 모두 시장에서 판매를 목적으로 생산된 것이 아니기 때문이다. 대신, 나는 세 가지 구분을 제안한다. 가상상품, 문제적 상품problematic commoditiy, 전통적 상품이다. 전통적 상품은 다수의 공급자가 제공하며 특정 시점에 이전되는 표준화된 상품이다.

삶터를 책임지는 사회

이 점을 분명히 하기 위해 구체적인 예를 들어보자. 미국의 제약회사들은 정부가 자사 제품의 가격 책정에 간섭해서는 안 된다고 주장한다. 이들은 경제학 논리를 동원해 수요와 공급의 상호작용이 적절한 가격 수준을 보장할 것이라고 말한다. 그러나 이러한 주장은 여러 생산자가 경쟁적으로 제공하는 표준화된 제품, 즉 진정한 상품true commodity에 해당하는 논리다. 반면, 특정 질환에 대해 유일하게 효과를 보이는 치료법인 특허 보호 약품은 표준화된 상품이 아니며, 특허제도를 통해 정부가 독점권을 부여한 단일 기업에서만 공급한다.

요컨대 가격 메커니즘을 수요와 공급의 균형을 맞추는 도구로 찬양하는 논리는 상품이 진정한 상품일 때만 성립한다. 예를 들어 어떤 이유로 달걀 가격이 급등하면 두 가지 일이 발생할 가능성이 크다. 첫째, 예전 같으면 달걀을 사던 일부 소비자들이 요구르트나 시리얼 같은 다른 제품으로 대체할 것이다. 둘째, 높은 가격을 보고 농부들이 산란용 닭을 더 많이 사들일 것이다. 결과적으로, 수요 감소와 공급 증가로 달걀 가격은 몇 달 안에 과거에 가까운 수준으로 돌아올 가능성이 크다. 시장을 찬양하는 사람들은 소비자가 생산자를 쉽게 제재할 수 있다는 점도 강조한다. 예를 들어 한 생산자가 달걀을 포장하기 전에 제대로 씻지 않아 식중독 위험을 초래한다면, 그 달걀에 대한 수요는 급격히 감소할 것이다.

가격 메커니즘이 작동하기 위해서는 다음 조건들이 전제되어야 한다. 첫째, 표준화된 상품을 공급하는 다수의 생산자가 존재해 소비자가 쉽게 다른 생산자로 전환할 수 있어야 하며, 수요의 증가에 따라 거의 즉각적으로 공급을 늘릴 수 있어야 한다. 둘째, 소비자가 대체상품을 찾거나 해당 상품 없이도 생활할 수 있어야 한다. 예를 들어 휘발유 가격이 상승할 경우, 자동차로 장거리를 출퇴근해야 하는 사람들은 수요를 줄이기 어렵다. 마지막으로, 조정 과정이 원활하려면 대부분의 식료품처럼 상품의 거래가 즉각적이고 반복적으로 이루어져야 한다.

현대 경제를 이해하기 위해 경제학자들이 상품을 중심에 두는 것은 놀라운 일이 아니다. 지난 500년 동안 경제발전은 금, 은, 향신료, 설탕, 럼, 면화, 양모, 와인, 담배, 목재, 밀 같은 표준화된 상품이 전 세계적으로 시장을 창출하면서 함께 이루어졌다. 이후 섬유, 의류, 신발, 비누, 철, 강철 등이 여기에 추가되었다. 19세기에 현대 경제학이 탄생했을 때, 이러한 전통적 상품들이 경제적 산출물의 상당 부분을 차지하고 있었다.

그러나 현재의 삶터 경제에서는 여전히 이러한 상품들을 쓰지만, 대다수가 소비하는 재화와 서비스에서 차지하는 비중은 훨씬 줄어들었다. 우리가 소비하는 것 대부분은 그럴듯하게 상품화되었지만, 전통적 상품과는 몇 가지 측면에서 다르다. 이들은 표준화되지 않았거나, 다수의 생산자가 존재하지 않거나, 대체가 어렵거나, 거래가 즉각적이고 빈번하지 않다.

[표 3-1] 주요 항목별 개인 소비 지출 규모

개인 소비 지출 항목	금액(10억 달러)	비율(%)
재화	6,191.50	33.3
내구성 소비재	2,198.80	11.8
비내구성 소비재	3,992.70	21.5
서비스	12,379.20	66.7
주택과 공공 요금	3,278.70	17.7
의료	2,999.60	16.2
교통	604.20	3.3
여가	716.30	3.9
음식 서비스와 숙박	1,367.40	7.4
금융 서비스와 보험	1,321.90	7.1
기타 서비스	1,540.60	8.3
비영리 기관의 가구 지원 소비 지출NPISHs[a]	550.40	3.0
합계	**18,570.60**	**100.0**

a 이는 총운영비용gross operating expenses에서 가구에 대한 주요 판매primary sales를 뺀 값으로 정의된다.*

출처 미국 경제분석국U.S. Bureau of Economic Analysis: BEA, 국민소득과 생산 계정, 표 2.3.5

미국의 자료를 가지고 개인 소비 지출을 구성하는 다양한 지출 항목이 어떻게 구성되어 있는지 살펴보자. [표 3-1]에 제시된 수치는 모든 가구를 합산한 총지출이다. 그러나 개별 가구의 소비 패턴은 소득 수준에 따라 매우 다르다. 상위 1퍼센트는 여러 채의 주택을 관리하기 위해 청소, 요리, 정원 관리, 회계 관리, 요트 조

---

* 이는 비영리 기관이 가구에 서비스를 제공하는 데 들어간 순비용을 나타내며, 가구에서 거둔 직접적 수익(예: 서비스 요금 등)을 제외한 순운영 지출을 가리킨다.

종과 유지·보수를 담당하는 노동자들을 여러 명 고용하는 경향이 있다. 이 노동자들은 관련 서비스 항목에 포함되어 수치에 반영된다. 반면, 하위 20퍼센트 가구는 보통 소득의 상당 부분을 주택과 식료품에 지출한다.

그러나 전체적인 소비 패턴은 매우 명확하다. 서비스 지출은 재화 지출의 두 배 이상을 차지하며, 특히 삶터 경제의 핵심인 주택, 공공 요금, 의료비가 전체 서비스 지출의 절반 이상을 차지한다. 고등교육과 사립학교 지출은 변호사, 건축가, 인테리어 디자이너, 이발사, 미용사 등과 함께 '기타 서비스' 항목에 포함되어 있다.[2] 음식 서비스와 숙박(레스토랑, 호텔, 기타 임시 거주처)과 여가 서비스(컨트리클럽, 관광 명소, 엔터테인먼트)는 최근 몇십 년 동안 소비 비중이 점차 증가했다.

그러나 중요한 점은 현재 소비에서 전통적 상품의 비중이 매우 작다는 것이다. 서비스 지출의 거의 모든 항목은 표준화되지 않고 각 개인에게 맞춤화되어 있으며, 대부분의 거래는 장기간에 걸쳐 이루어진다. 게다가 재화에서도 표준화에서 벗어나는 큰 변화가 일어났다. 소비자들에게는 다양한 특성을 지닌 제품들이 다양한 가격대로 제공된다. 또한 재화 소비의 상당 부분이 보증이나 지속적인 서비스 계약과 함께 장기적으로 이루어진다. 이러한 전통적

---

2 대부분의 법률 업무는 기업을 대신해서 이루어지거나 정부기관이 비용을 지불한다는 점에 주목해야 한다. 따라서 법률 업무는 개인 소비 지출에서 매우 작은 비중을 차지한다.

삶터를 책임지는 사회

상품에서 벗어난 변화는 결과적으로 소비자들을 공급자에 비해 더 취약한 위치에 놓이게 만든다.

표준화의 쇠퇴

헨리 포드Henry Ford는 산업 시대의 여러 핵심적인 특징을 개척한 인물이다. 그는 제품 표준화를 통해 규모의 경제를 실현한 앞서가는 실천가였다. 모델 T와 관련해 "고객이 원하는 어떤 색깔이라도 제공하겠다. 단, 그것이 검은색이어야 한다"라고 말했다고 전해진다. 하지만 선택의 폭이 넓지 않았던 시기는 오래가지 않았다. 제너럴 모터스는 차량의 가격대를 대폭 넓혀 차별화된 제품군으로 자동차 산업을 지배하던 포드를 빠르게 위협했다. 이후에는 차별화가 가속화되어, 쉐보레든 캐딜락이든 다양한 옵션을 추가할 수 있게 되었고, 옵션을 추가하면 당연히 가격도 올라갔다. 그 후로 자동차 회사들은 경쟁사의 제품과 차별화하기 위해 꾸준히 새로운 기능을 추가하며 제품 차별화에 박차를 가했다.[3]

21세기 초에 이르러, 표준화된 상품을 생산하는 것은 기본적인

---

3 콜린 던레이비Colleen Dunlavy는 1920년대부터 1950년대 사이 미국에서 발생한 제품 표준화가 주로 1920년대 정부 주도로 이루어졌음을 보여준다. 상무부 장관 허버트 후버Herbert Hoover가 이끄는 정부는, 기업이 대량 생산 기술의 이점을 활용하려면 복잡하고 다양한 제품 제공을 중단해야 한다는 점을 이해하고 있었다. Dunlavy, *Small, Medium, Large*.

사업 원칙에서 어리석은 일로 여겨지기 시작했다. 값싼 노동력을 이용하는 해외 생산자들이 더 낮은 가격으로 공급할 위험이 늘어났기 때문이다. 이를 피하는 방법은 소비자들에게 더 다양한 선택지를 제공하는, 즉 제품을 비표준화destandardization하는 것이었다. 이는 아이스크림 회사 베스킨라빈스의 전략에서 찾아볼 수 있다. 이 회사는 31가지 맛을 제공하며, 일부는 수요가 계속 높을 경우 제품군에 추가되는 실험적인 맛도 있다. 비슷한 현상은 슈퍼마켓의 다양한 진열대에서도 볼 수 있다. 주요 기업은 끊임없이 새로운 옵션을 추가하며 제품군을 확장하고 있다.

비표준화는 자동화 기술의 발전과 함께 급격하게 자리 잡았다. 자동화 기술 덕분에 동일한 생산라인에서 다양한 제품을 생산하는 비용이 대폭 줄어들었다. 예를 들어 맥주 산업에서는 소규모 양조장과 관련한 기술이 개발되면서 비교적 소량으로 생산되는 맥주의 비용을 낮추는 것이 가능해졌다. 그러나 소규모 양조장도 성장했지만, 전 세계의 맥주 산업은 여전히 몇몇 대형 기업이 지배하고 있다. 이 중 한 기업은 300개의 독특한 브랜드를 보유하고 있고, 다른 기업은 100개의 브랜드를 제공하며, 각각의 브랜드 또한 다양한 선택지를 포함하고 있다.

이와 같은 기술 발전은 다양한 산업에서 '대량 맞춤 생산'을 가능하게 했다. 일부 컴퓨터 회사와 자동차 회사는 고객이 원하는 기능을 선택하면 해당 사양에 맞는 상품을 생산라인에서 맞춤 제작한다. 의류 산업에서도 점점 더 많은 기업이 유사한 기술을 활용해 수작업 의류보다 훨씬 낮은 가격으로 맞춤 의상을 제작하고 있다. 이러한 발전은 다른 산업으로도 확산할 것으로 예상되며, 인터넷을 통해 소비자와 공장을 직접 연결하면 도·소매업자에게 지불해야 하는 많은 비용을 절감할 수 있다.

비표준화는 서비스 부문에서도 두드러지는 특징이다. 항상 개인 예산에서 큰 비중을 차지하는 서비스인 주택은 임대든 소유든 간에 크기·형태·위치에 따라 끊임없이 비표준화되고 있다. 비교적 몇몇 예외를 제외하면, 대부분의 서비스는 특정 소비자의 요구를 충족하도록 맞춤화하는 것이 당연하게 여겨진다. 예를 들어 매우 큰 공립대학에서도 각 학생은 자신만의 수업 시간표를 선택할 수 있으며, 이론적으로는 학생의 개별적 재능을 육성할 수 있는 특정 교수와의 관계를 형성할 가능성도 마련되어 있다. 이와 마찬가지로 법률, 금융, 또는 정신건강 상담 서비스는 개별 고객의 특정 상황과 필요에 대응하도록 설계되어 있다. 금융기관은 각 고객의 이익에 특별히 주의를 기울인다는 주장을 내세우며 자신들을 마케팅하고 있다.

이러한 비표준화된 서비스들 역시 완전히 상품화되었다. 이는 전화·휴대전화·전기·가스를 공급하는 회사가 보내는 청구서에 명확히 드러나 있다. 각 청구서는 사용량을 구체적으로 수치화한 항목들을 목록으로 제공하지만, 대다수 사람은 이러한 청구서를 제대로 이해하기 쉽지 않다. 이러한 문서는 우리가 특정 서비스 상품을 장바구니에 담은 후 샀다는 허구를 유지하게 만든다.

게다가 이러한 서비스들 중 다수는 가격 체계가 투명하지 않다. 항공사의 사례에서 보듯, 동일한 항공편의 좌석이라 하더라도 수요 변화에 따라 알고리즘을 통해 수시로 가격이 달라지며, 결과적으로 같은 항공편의 좌석을 이용하는 승객들 간에도 각기 다른 금액을 치렀을 가능성이 크다. 또한 숨어 있는 수수료나 예기치 못한 추가 요금은 많은 서비스 거래에서 점점 흔해지고 있다. 이는 특히 금융 서비스에서 문제가 되지만, 호텔이나 기타 관광지에서도 일반화되는 추세다.

근본적인 문제는 비표준화의 영향으로 시장이 제대로 기능하기 위해서 필요한 비교 가능성commensurability이 심각하게 약해졌다는 점이다. 시장에서 균형을 이루도록 수요와 공급이 움직이려면, 최소한 일부 소비자들은 그날의 소고기·닭고기·생선 가격을 기준으로 저녁 식사 비용을 비교할 수 있어야 한다. 그러나 제품이 차별화되면서 서로 다른 기능과 특징을 가진 제품들 중 어느 것이 더 나은 선택인지 판단하는 것이 극도로 어려워졌다. 과거에는 주로 주택이나 자동차 같은 고가의 품목에서만 이러한 어려움이 있었지만, 이제는 많은 소비자가 상품을 선택하는 과정에서 비교 불가능성incommensurability이라는 딜레마에 직면하게 되었다.

비표준화는 소비자에서 생산자로 권력이 이동하는 효과를 만들어낸다. 경제학자들은 이를 '정보 비대칭성information asymmetry' 이라고 부르며, 시장에서 일어나는 많은 거래에서 발생한다. 이는 간단히 말해 생산자가 소비자보다 자신의 상품에 대해 훨씬 더 많은 정보를 가지고 있어, 상품의 실제 가치보다 더 높은 가격을 책정할 수 있다는 의미다. 비표준화 때문에 이러한 정보 비대칭성 은 한층 더 높아진다. 이러한 상황에서 소비자들이 쓸 수 있는 몇 안 되는 전략 중 하나는 브랜드에 의존해서 잘못된 소비를 피하 는 것이다. 그러나 이는 시장이 대규모 광고 예산을 감당할 수 있 는 소수의 대기업에 지배될 가능성을 높인다. 그 결과, 기업이 상 품의 결함을 개선하는 데 투자하기보다는 광고에 더 많은 돈을 쓰는 것이 합리적인 전략이 될 수 있다.

구독 모델의 등장

삶터 경제의 또 다른 특징은 구독이라는 형태로 소비되는 상품이 계속 늘어나고 있다는 점이다. 미국에서 신문이 구독 모델로 전환 된 것은 1930년대 대공황 시기였다. 그 이전에는 노동 계층인 신 문팔이 소년들이 길거리에서 신문을 팔았고, 대도시에서는 일간지 가 여럿 발행되어 사람들이 요일마다 가판대에서 다른 신문을 선 택할 수 있었다. 신문팔이 소년이나 가판대에서 신문을 사는 경우,

신문은 전통적 상품으로 볼 수 있다. 그러나 신문이나 기타 정기간 행물을 구독하게 되면서 장기적인 관계가 만들어진다.

오늘날 서비스 부문에서 이루어지는 거래의 상당 부분은 구독 이라는 형태로 이루어진다. 대다수는 집을 사기 위해 주택 담보 대출을 받고 매월 일정 금액을 갚아나가고 있다. 매월 내는 대출 상환금이나 임차료는 주택을 구독하는 것으로 볼 수 있다. 전기, 천연가스, 수도, 하수 처리, 케이블 TV, 전화와 휴대전화 같은 공 공 서비스는 보통 월별 또는 격월 청구서가 포함된 계약을 통해 제공된다.

또한 은행, 보험, 퇴직연금계좌, 증권계좌 등의 금융 서비스 역시 구독 모델로 운영된다. 의료 분야에서는 건강 유지 조직 health maintenance organizations: HMO*과 선호 제공자 계획preferred provider Organization plans: PPO**이 1년 단위로 등록하고 정기적으 로 요금을 청구하는 방식으로 운영된다. 사립학교나 대학교에 입 학하는 것도 본질적으로 학위를 받을 때까지 일정 기간 월별, 학 기별 또는 연간 등록금을 지불하는 구독 모델이다.

구독 모델은 개인용 컴퓨터가 보편적으로 보급되면서 급격하 게 확산했다. 소프트웨어 회사들은 인기 소프트웨어 패키지를 주 기적으로 업그레이드하는 대신, 소비자를 구독자로 전환해 매년

---

*   미국에서 계약된 의료기관과 고정된 연간 비용으로 의료 서비스를 제공하는 의료보험의 일종.

**   이 역시 의료보험의 일종이나 HMO와는 달리 지정된 기관 이외의 의료기관도 이용이 가능하다.

                                         삶터를 책임지는 사회

최신 버전을 제공함으로써 수익의 예측 가능성을 높일 수 있다는 것을 깨달았다. 스트리밍 기술의 발전과 함께 구독은 가장 인기 있는 엔터테인먼트 콘텐츠를 즐기는 유일한 방법이 되었다.

21세기 초부터는 재화의 소비를 구독으로 전환하는 사례가 크게 늘어났다. 이러한 경향은 자동차 제조업체와 기타 소비재 생산업체들이 고객에게 보증 연장extended warranty 서비스를 제공하면서 시작되었다. 소비자는 미래에 발생할 수 있는 문제에 대해 제조업체나 소매업체한테 보상을 받기 위해 추가 비용을 냈다. 자동차 리스가 성장하면서 이러한 경향은 심해졌으며, 2021년에는 차량의 20퍼센트가 리스를 통해 소비자에게 인도되었다. 실제로 일부 자동차 제조업체는 자동차 생산보다 금융과 리스에서 더 많은 수익을 올리고 있다.

구독 모델의 다음 단계는 소비자에게 냉난방 기기 또는 태양광 패널을 제공하는 계약을 체결하는 것이다. 이 모델에서는 기업이 장비를 소유하며, 문제가 발생하면 이를 교체해주는 책임을 지고, 고객은 월간 구독료를 낸다.[4] 이 비즈니스 모델은 현재 소매 시장에서는 초기 단계에 있지만, 향후 몇 년 동안 크게 성장할 가능성이 있다.

사설이 마음에 들지 않아 신문 구독을 취소하거나 좀 더 끌리

---

4 McDonough & Braungart, *Cradle to Cradle*.

는 스트리밍 서비스로 전환하는 것은 비교적 쉬운 일이지만, 다른 구독 서비스들은 소비자를 장기적인 관계에 묶어두어 탈퇴가 어렵거나, 비용이 많이 들거나, 때로는 불가능하게 만든다. 전기·수도·난방 등 공공 서비스로 분류되는 많은 서비스의 경우, 단일 기업이 독점적 지위를 가지고 있으며 공공기관은 이를 규제해야 한다. 그러나 많은 경우 규제기관이 규제 대상 기업에 종속되어, 요금 인상이나 서비스 품질 저하에 대한 소비자 불만에 둔감한 태도를 보인다.

여기서도 마찬가지로 구독 모델은 소비자에서 생산자로 권력이 이동하는 방식으로 작동한다. 시간이 갈수록 탈퇴가 어려워질 뿐만 아니라, 가격 책정의 투명성이 떨어지고, 공급자는 서비스 품질을 유지할 동기가 줄어든다. 또한 많은 소비자가 호환성 문제로 어려움을 겪는다. 예를 들어 특정 스트리밍 서비스로 프로그램을 시청하는 데 문제가 생겼을 때, 그 원인이 스트리밍 서비스 자체에 있는지, 텔레비전에 연결된 스트리밍 장치에 있는지, 텔레비전 자체에 있는지, 무선 라우터에 있는지, 아니면 인터넷 연결을 담당하는 모뎀에 있는지를 파악하기 어려운 경우가 많다. 고객지원 센터는 종종 문제의 원인을 다른 공급자에게 전가하며 책임을 회피하려 든다.

삶터를 책임지는 사회

통신·정보·엔터테인먼트 시스템

공식적인 데이터로는 명확히 드러나지 않지만, 소비자 지출에서 통신·정보·엔터테인먼트 분야가 점점 더 많은 비중을 차지하고 있다. 이러한 비용 중 일부는 전화요금, 케이블 TV 요금, 인터넷 요금, 콘서트나 스포츠 경기 입장권 등의 대가로 직접 지불한다. 그러나 상당 부분은 광고를 통해 간접적으로 부담하고 있다. 예를 들어 라디오, 텔레비전 방송, 대부분의 팟캐스트와 소셜 미디어 서비스는 무료지만, 이러한 서비스의 비용은 광고로 충당되며, 이는 우리가 사는 재화와 서비스의 가격에 들어가 있다. 최근 몇 년간 미국 내 광고비 지출은 연간 약 3,000억 달러로 추정된다.

한편, 이러한 새로운 통신·정보 플랫폼은 소비자들에게 거의 무한한 선택지를 제공한다. 1950~1960년대 세 개에 불과했던 미국의 전국 방송망은 이제 수백 개의 케이블 또는 위성 TV 채널로 대체되었다. 마찬가지로 페이스북 같은 소셜 미디어에서는 역사상 가장 악명 높은 대량 학살범을 열렬히 추종하는 사람들을 포함한 다양한 관심 그룹이 존재할 수 있는 공간이 마련되어 있다. 그러나 개인의 선택지는 폭발적으로 늘어났지만, 우리는 이러한 서비스가 실제로 무엇을 하는지에 대해 통제할 능력을 집단적으로 상실했다는 현실은 뒤편에 가려져 있다.

예를 들어 이러한 플랫폼이 활용하는 알고리즘은 사용자 참여를 극대화해서 광고주들에게 더 많은 소비자 노출을 제공하도록 설계되었다는 사실을 이제는 알고 있다. 감정을 강렬하게 자극하는 콘텐츠가 참여를 유도할 가능성이 크기 때문에, 소비자들은 자신의 관심을 끌 수 있고 깊이 몰입하게 만드는 내용을 집중적으로 접하게 된다. 이는 극단적이고 과격한 이념이 자라는 토양이 되며, 도널드 트럼프를 지지하던 수십만 명이 큐-애논Q-Anon*이나 다양한 백인 우월주의 단체 같은 극단적인 견해에 몰입되었던 사례에서 볼 수 있다. 또한 소셜 미디어와의 접촉은 청소년들에게 부정적인 영향을 미친다. 특히 온라인에서 실시간으로 순위를 매긴다거나 집단적으로 괴롭히는 행위가 만연하면서 청소년들의 소속감에 대한 불안감을 더욱 증폭시킨다.

이러한 역설은 더할 나위 없이 극단적이다. 한편으로는 인터넷 기반 기술이 이전에는 상상할 수 없었던 방식으로 지식을 얻을 수 있는 놀라운 능력을 지니고 있다. 아무리 외딴 지역에 있더라도 인터넷만 연결되어 있다면 최신 과학지식을 제공하는 온라인 강좌를 수강할 수 있다. 그러나 바로 그 기술이 지역 선출직 공무원들의 활동에 대한 정보를 제공하던 신문 산업을 사실상 약화시켰다. 또한 이 기술은 잘못된 정보, 위험한 소문, 노골적인 거짓말이 빠르게 퍼지는 것을 막지 못한다. 더 나아가 인공지능의 발전

---

* 음모론 단체이며 이와 관련된 온라인 커뮤니티를 지칭한다.

삶터를 책임지는 사회

과 딥페이크 기술의 확산으로 진실과 거짓을 구별하는 것이 점점 더 어려워지고 있다.

마지막으로, 소수의 글로벌 소셜 미디어 기업이 벌어들인 막대한 수익은 사실상 이들을 효과적인 규제에서 벗어나게 만들었다. 선거 자금을 기부하고 시청자가 보는 콘텐츠를 조작해 선거에 영향을 미치는 능력까지 확보한 상황에서, 선출직 공무원들이 위험을 무릅쓰면서까지 실질적인 규제 조치를 추진할 것으로 기대하기는 점점 어려워지고 있다.

정부 역할의 한계

지금까지의 논점은 삶터 경제에서 소비자들이 시장에서 자신의 필요를 충족할 기회를 찾는 것은 지극히 한계가 있다는 것이다. 이는 소비자가 쓰는 상품 대부분이 다수의 생산자가 공급하는 전통적인 표준화된 상품이 아니라는 점에서 비롯된다. 비표준화, 구독 모델, 공급하는 기업 간의 시장 집중도가 높아지면서 소비자의 협상력이 크게 줄어들었다. 심지어 보험사나 통신사 같은 서비스에서 소비자가 탈퇴할 수 있는 선택권을 가진 경우에도, 대다수 기업이 유사한 알고리즘과 전략으로 이익을 극대화하고 있기 때문에 회사를 바꾼다고 하더라도 더 나은 서비스나 투명한 가격 체계를 보장받을 수 없다. 실제로 공급업체를 바꾸고 나서 서비스 품질이 더 나빠질 가능성도 있다.

시장 기능이 실패하는 상황에서 정부가 개입해 소비자들이 필요로 하는 것을 얻을 수 있도록 규제 정책을 마련할 것이라고 생각할 수도 있다. 그러나 현실은 공공 부문이 이러한 시장에 깊이 관여하고 있지만 기존의 정치적 제약과 예산상의 한계로 지역·주·연방 정부 수준에서 공급자가 소비자 요구에 제대로 대응하도록 만드는 데 거의 기여하지 못하고 있다. 오히려 공공기관이 공급자의 소비자 대응을 더욱 악화시킨 사례가 많다.

우선 주택 문제부터 살펴보자. 각 단위 정부는 임대주택과 자가주택 시장 모두에 깊이 관여하고 있다. 연방정부는 모기지(주택 담보 대출)를 사들이고 이를 모기지 담보 채권으로 재판매하는 페니 매이Fannie Mae 같은 정부 후원 기업government-sponsored enterprises: GSE을 통해 주택 시장을 지원하고 있다. 연방정부가 지원하는 부동산 대출의 연간 총액은 민간 기업의 신규 주택 투자를 초과한다. 이와 더불어 정부는 부동산 개발업자들이 세금을 최소화할 수 있도록 매우 관대한 감가상각 혜택을 통해 부동산 개발을 지원하고 있다.

지방정부는 건축 허가, 계획 승인, 용도 지정zoning law, 임대인-임차인 관계 관리 등을 통해 주택 산업을 규제한다. 그러나 이처럼 강력한 정부 권한조차도 저렴한 주택 공급을 늘리는 데 충분하지 않았다. 오히려 저렴한 주택 공급은 감소하고 있으며, 점점 더 많은 사람이 열악한 거주 환경, 매우 긴 통근 거리, 가계소득의 50퍼센트 이상을 주택에 지출하거나 노숙 상태에 놓이는 등의 문제를 겪고 있다.

이러한 실패에는 여러 가지 이유가 있다. 첫째, 정부가 공공주택 공급에 소극적이다. 1972년 미주리 주 세인트루이스에 있는 푸르이트-이고Pruitt–Igoe 공공주택의 일부가 철거된 사건은 이를 상징적으로 보여준다. 이 고층 단지는 1954년에 도시 재개발의 일환으로 건설되었으나, 저소득층 흑인 가정이 모여들고 유지 관리도 열악했던 탓에 파괴와 범죄의 온상이 되었다. 개혁 노력은 실패로 끝났고, 빈집이 늘어나자 시 당국은 철거를 결정했다. 닉슨 행정부는 이 실패를 근거로 1974년 공공주택 신축에 대한 모라토리엄[일시적 중단]을 발표했다. 그 이후로 정부는 저소득층을 위한 주택 정책을 임대료 지원 바우처 프로그램으로 전환했으나, 이러한 프로그램은 주택 공급 자체를 늘리지 못했다.[5]

주정부와 각 도시정부는 새로운 주택 건설을 위한 자금을 조달할 재원이 부족하며, 공공채권 발행을 담당하는 금융기관은 이러한 주택 건설을 위한 채권 발행에 대해 비협조적인 경향이 있다.

---

5 영국에서 마거릿 대처의 주택 매입권 정책Right to Buy은 세입자들에게 공공임대주택council housing을 매입할 수 있는 선택권을 제공했지만, 이는 저렴한 주택이 심각하게 부족해지는 상황을 초래하고 말았다.

투자은행은 대출을 안전하게 회수할 수 있는 투자를 선호하기 때문에 향후 지역의 세수를 올릴 것으로 예상되는 프로젝트에 더 관심을 둔다. 그러나 저소득층을 위한 주택 공급은 이러한 계산에 거의 부합하지 않는다.

저렴한 주택 공급을 늘리고자 하는 정부의 정책이 제대로 효과를 발휘하지 못하는 이유 중 또 다른 주요 요인은, 부동산 개발업자들이 지역과 주에서 선출된 공직자들에게 상당한 영향력을 행사하고 있다는 점이다. 개발업자들은 자신들의 프로젝트 승인을 보장받고 공공 계약을 따내는 데 유리한 입지를 확보하기 위해 선거철마다 상당한 기부금을 내는 경우가 많다. 또한 건설업 일자리 수는 지역 노동시장의 건전성을 판단하는 주요 요소 중 하나이기 때문에, 정치인들은 부동산 이해관계자의 지지를 유지하는 데 신경을 많이 쓰기도 한다. 개혁을 지향하는 정치 세력이 연합해 지역 차원에서 때때로 권력을 잡기도 하지만, 이들이 부동산 개발업자들의 영향을 뒤집을 만큼 오랫동안 권력을 유지하는 경우는 드물다.[6]

지역 공직자들이 부동산 이해관계에 굴복해온 대표적인 사례는 미국 대부분 지역에서 주택의 입지가 인종에 따라 분리된 상태로 유지되고 있다는 사실이다. 주택 분리를 지원했던 공공 정책은 오

---

6   Molotch, "The city as a growth machine."

래전에 폐지되었지만, 부동산 중개인들이 여전히 인종에 따라 고객을 특정 지역으로 안내하는 관행을 통해 과거의 인종 경계선이 계속 유지되고 있다. 이러한 차별적 관행은 강력한 법 집행으로 중단시킬 수 있지만, 이를 위해 행정 자원을 투입한 지역은 거의 없다.

다른 주요 삶터 요소에서도 비슷한 문제가 나타난다. 의료 분야 역시 건강보험 프로그램인 메디케어Medicare와 메디케이드 Medicaid를 연방정부가 떠받치고 있을 뿐만 아니라 국립보건원 National Institutes of Health: NIH의 경우 연구비로 수십억 달러를 지원받고 있다. 의사는 주정부가 부여하는 면허를 받고, 병원은 다양한 규제 체제의 적용을 받는다. 그러나 의료 체계가 시민의 요구에 응답하도록 강제할 수 있는 수단은 극히 제한적이다. 예를 들어 후천성면역결핍증후군HIV/AIDS이 한창 유행할 때, 의료계가 연구와 치료에 더욱 적극적으로 대응하도록 강제한 것은 전투적인 사회 운동 덕분이었다.[7] 여성보건 운동 역시 수십 년간 인구의 절반에 해당하는 여성이 겪는 특정한 보건 수요에 의료 시스템이 효과적으로 대응하도록 노력해왔으나, 성공은 제한적이었다. 예를 들어 오늘날에도 흑인 여성의 산모 사망률은 백인 여성의 2.5배에 이른다.[8]

---

7 Epstein, *Impure Science.*
8 Hoyert, "Maternal morality rates in the United States 2021."

또한 많은 사람이 의료 분야 종사자 또는 병원에서 환자를 무례하게 대하거나 불필요한 관료적 절차를 강요하는 경험을 한다. 의료계는 의사의 시간이 얼마나 가치 있는지를 늘 강조하며, 암묵적으로 얼마나 오래 기다리든 환자가 감사해야 한다는 태도를 보인다. 게다가 환자를 범죄적으로 학대한 의사의 지위를 박탈하는 일조차 여러 해가 걸리는 경우가 많아, 이보다 더 사소한 학대 문제는 거의 해결될 가능성이 없다.

의료 체계의 경직성을 보여주는 가장 중요한 증상 중 하나는 오피오이드opioid* 과다 처방으로 벌어진 위기다. 제약회사들은 의사들에게 환자의 통증을 완화하기 위해 새로 개발된 약품을 처방하도록 장려했으나, 그 결과 수십만 명이 중독되었다. 약물 과다 복용으로 사망률이 급증했고, 수많은 사람이 삶을 망쳤다. 오피오이드 처방을 억제하려는 조치가 시행되기까지 거의 10년이 걸렸지만, 이러한 제한 때문에 문제는 더욱 심각해졌다. 중독된 사람들이 헤로인 같은 더 위험한 불법 약물로 옮겨갔기 때문이다.

오피오이드의 사례만큼 극적이지는 않지만, 마찬가지로 중요한 또 다른 증상은 수백만 명의 사람이 대부분의 의료 종사자가 무시하거나 과소평가하는 건강 문제를 겪고 있다는 점이다. 이는 대체의료 산업이 대규모로 성장하는 계기가 되었다. 이 산업은 비서

---

* 아편 유사제로 마약류에 속하는 약품, 대표적으로 펜타닐이 있다.

구적 전통에서 유래한 다양한 치료법을 제공하며, 일부 사람에게는 상당한 도움을 준다. 그러나 이 산업에 대한 규제가 미비하기 때문에 환자를 착취하거나 잠재적으로 위험한 의료행위가 끼어들 위험이 있다.

이렇게 많은 문제가 있는데도 의료 체계를 민주적으로 운영해야 한다는 주장은 거의 나오지 않는다. 팬데믹에 처방할 약품이나 특정 환자의 우회 수술 필요 여부를 투표로 결정하는 것은 말이 안 될 것이다. 하지만 우리가 집단적으로 의료 서비스를 위해 비용을 내고 있으며, 시장 메커니즘이 거의 작동하지 않는 상황에서, 각 지역의 의료 체계가 민주적으로 선출된 위원회의 감독을 받는 것이 타당하지 않을까?

이러한 위원회는 시민들이 의료 종사자의 묵묵부답이나 부적절한 행동에 대해 제기한 불만을 수집하게 될 것이다. 오피오이드 과다 처방이나 영유아와 산모의 사망률 증가 같은 문제를 조기에 경고하는 역할도 한다. 가장 중요한 점은, 예방과 치료 사이의 자원 배분 같은 의료 우선순위에 대해 공공의 목소리를 반영할 수 있다는 것이다. 또한 공중보건을 위협하는 시급한 사안에 대해 공공 정책을 변경하도록 지방정부에 직접 의견을 전달할 수 있다.

삶터와 관련된 또 다른 핵심 측면인 교통 체계에 대해서도 유사한 논점을 제기할 수 있다. 교통 체계는 사람들이 한 장소에서 다른 장소로 이동할 수 있는 능력을 촉진하거나 방해하는 요소다.

이 체계의 상당 부분은 도로와 교량, 버스, 지하철, 경전철 등 정부가 직접 자금을 지원해 구축해왔다. 그러나 교통 예산에 대한 결정은 대개 공공의 의견이 상대적으로 거의 반영되지 않은 상태에서 기술 관료들의 주도로 이루어졌다.

도시와 마을이 기후 회복력, 저렴한 주택 부족, 청정 에너지 전환이라는 복합적인 문제를 동시에 해결하려는 상황에서, 장단기 교통 체계 개선에 대한 결정을 내리는 데 있어 유권자들에게 더 큰 목소리를 부여하는 것이 타당하지 않을까? 물론 교통과 예산에 대한 전문가의 지식은 분명히 필요하다. 그러나 시민으로 구성된 단체들이 각각 예산을 배정받아 전문가들과 협력해 경쟁적인 교통 계획을 개발하고, 이후 시민협의체와 주민투표를 결합한 방식으로 서로 다른 계획 중에서 선택할 수 있는 모델을 상상할 수 있다.

결론

다수가 공유하거나 집단적으로 소비하는 상품일수록 삶터 경제에서 중요한 위치를 차지한다. 우리 삶에 질적으로 중요한 영향을 미치는 것은 대형 소매점 선반에서 꺼낼 수 있는 상품이 아니라 환경, 이웃, 주택, 의료 서비스, 교육 체계, 에너지 인프라, 교통 체계, 통신과 정보 전달 체계 등의 질적 수준이다. 시장은 이러한 공유 소비 형태를 통제하는 데 효과적인 도구가 아니며, 우리의 정치제도는 시민들이 이러한 시스템의 구조에 효과적으로 의견을 반영하는 것을 사실상 차단해왔다.

문제를 더욱 복잡하게 만드는 것은 소득과 부의 불평등이 갈수록 심해지는 상황에서 단지 통제를 하지 못하고 있다는 문제만이 아니라, 많은 사람이 최소한의 적정한 집단적 소비조차 누리지 못하고 있다는 점이다. 이러한 문제는 특히 노숙자가 늘어나고 감당할 수 없는 삶터 문제에 직면하는 사람이 많아지는 상황에서 가장 극명하게 드러난다. 또한 이는 코로나19 팬데믹에서도 나타났는데, 의료 자원 접근이 제한된 흑인·라틴계·원주민 공동체에서 사망률이 높았다. 게다가 많은 지역사회에서 자금이 부족한 공립학교들은 열악한 건물에서 제대로 훈련받지 못하고 사기를 잃은 교직원들이 운영하고 있는 실정이다.

현재 진행 중인 정치적 논쟁 가운데 일부는 이러한 배제가 자행되는 양상을 중심으로 이루어지고 있다. 오바마 대통령이 추진한 의료 개혁은 건강보험 미가입자의 비율을 크게 줄이는 것을 목표로 했다. 하지만 이 개혁은 의료 체계가 소비자들에게 더 책임감 있게 운영되도록 만드는 문제는 해결하지 못했다. 마찬가지로 학교 바우처*와 차터 스쿨**의 옹호자들은 공립학교 제도에서 제

---

*   공립학교를 선택하지 않은 학생에게 정부가 추가적인 교육비를 지원하는 제도.
** 정부의 재정 지원을 받지만 운영은 독립적으로 이루어지는 공립학교의 일종.

대로 혜택을 받지 못한 사람들에게 더 나은 교육 기회를 제공하려 한다고 주장한다. 노숙자를 위한 단체들은 지방정부가 노숙자들이 사회에 재통합될 수 있도록 돕는 임시 거주시설을 제공해야 한다고 촉구한다.

그러나 사람들을 배제되거나 소외되지 않게 보호하는 것은 긴급한 과제임에도, 이러한 노력은 끝없이 반복되는 작업처럼 느껴진다. 예를 들어 저렴한 주택이 부족한 상황이 심해지면서 임시 거주시설을 제공받은 사람들이 곧 새롭게 퇴거당한 개인과 가족으로 대체되는 상황이 생긴다. 사람들이 건강보험의 혜택을 받게 되었다고 하더라도, 여전히 과밀하고 인력이 부족한 의료시설에서 가장 뒤로 밀려난다면 문제는 해결되지 않는다. 배제 방지 정책은 지역사회가 동원할 수 있는 경제적 자원을 크게 늘리지 않는 한 효과는 제한적일 수밖에 없다. 또한 이러한 경제적 자원을 확대하기 위한 정치적 지지를 얻으려면 현재 배제되고 소외된 사람들만을 돕는 데 초점을 맞출 경우 필요한 지원을 확보하기 어려울 가능성이 크다.

이 분석에서 도출되는 결론은 민주적이고 포용적인 삶터를 조성하는 데 초점을 맞추는 것이다. 두 가지 과제를 동시에 해결해야 하며, 모든 시민이 자신의 삶터에 대해 통제권을 넓힐 수 있도록 정치적·경제적 구조를 재편하면서도 배제되거나 소외된 사람들의 필요를 먼저 고려해야 한다. 헤더 맥기Heather McGhee가 제시한 공공 수영장 사례는 이러한 정치 현실을 설명하는 강력한 은유로 활용할 수 있다.[9] 과거 법원이 흑인에 대한 공공연한 차별을 금지하기 시작했을 때, 많은 지방자치단체는 딜레마에 직면했다. 공공 수영장을 모든 인종에게 개방할 것인가, 아니면 그냥 폐쇄할 것인가? 많은 곳에서 후자를 선택했고, 그 결과 사설 수영장을 이용할 수 없는 모든 인종의 아이가 피해를 보았다. 앞으로 나아갈 길은 이러한 공공 수영장을 다시 건설하고, 모두를 위한 삶터를 개선하는 것이다.

---

9 McGee, *The Sum of Us.*

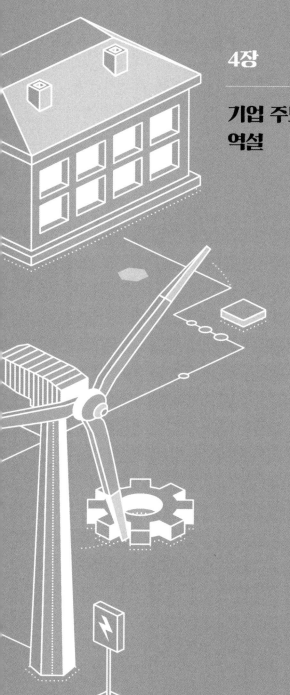

4장

기업 주도의
역설

표준화된 상품의 시대에는 대규모 계층적hierarchical 조직이 경제에서 지배적인 기업 형태로 자리 잡았다. 이는 대량의 표준화된 상품을 매우 효율적으로 생산하는 데 탁월한 조직 형태였다.[1] 그러나 삶터 경제에서 우리는 표준화되지 않은 재화와 서비스를 생산하는 데 이제는 적합하지 않은, 이 같은 조직에 여전히 의존하고 있다. 사실, 표준화되지 않은 재화와 서비스를 생산하는 데 더 적합한 다른 조직 유형들이 있지만, 이러한 대규모 조직은 정치적 영향력과 풍부한 자원을 바탕으로 지배력을 유지하고 있다. 많은 사람이 원하는 삶터를 조성하지 못하는 주요 이유 중 하나는 이들의 지배가 계속되고 있기 때문이다.

농업에서 나온 단일재배monoculture라는 개념은 이러한 상황을 비유적으로 설명하는 데 유용하다. 이는 넓은 토지에서 다양한 식생을 재배하는 대신, 한 작물이나 특정한 종류의 가축만 집중 재배하는 방식을 말한다. 농업 조직 입장에서는 단일재배가 농기계와 토지의 효율적 활용을 가능하게 해주는 합리적 선택처럼 보인다. 이는 농업 생산에 조립라인을 도입해 생산 단위당 비용을 줄이는 방식이라고 할 수 있다. 산업형 농업을 비판하는 이들은 단일재배가 광범위하게 퍼져 있는 상황이 문제를 일으킨다고 본다.

비판자들은 단일재배를 지지하는 비용-편익 논리가 종종 오해

---

[1] 이러한 기업이 등장하게 된 배경에 대한 일반적인 설명은 다음을 볼 것, Chandler, *Scale and Scope*.

를 불러일으킬 수 있다고 지적한다. 한 가지 작물이나 가축이 넓게 퍼져 있으면 이 작물이나 동물에 특화된 해충과 질병이 급속히 번질 가능성이 커진다. 또한 단일재배는 토양의 특정 영양소를 고갈시켜 비료 사용량을 늘려야 하며, 이는 환경적으로 나쁜 영향을 미친다. 예를 들어 대규모 돼지 축사 같은 집중사육시설은 엄청난 양의 축산 폐기물을 발생시키며, 이 폐기물이 지하수에 스며들거나 수 킬로미터에 이르는 주변으로 악취를 퍼뜨리기도 한다. 요약하자면, 단일재배는 단기적으로는 수익성이 있을 수 있지만, 장기적으로는 지속하기 어렵고 비효율적이다.

농업 이외의 산업에서도 동일한 조직 유형이 산업 전반을 지배하는 경우 단일재배에 비유할 수 있다. 이는 19세기 후반에 등장한 대규모 수직 통합 조직에서 드러난다. 이러한 조직은 소규모 가족기업을 포함한 중소기업과 공존해왔지만, 규모와 경제적 권력을 바탕으로 더 큰 이익을 가져갔다. 프랜차이즈 모델에서 이러한 구조적 우위를 확인할 수 있다. 대기업은 일정한 구역에서 자사의 제품을 제공할 권리를 확보한 여러 소규모 기업과 협력한다. 프랜차이즈는 대기업에 수익을 제공하는 한편, 대기업이 감당했어야 하는 위험을 흡수한다. 프랜차이즈 외에도 아마존 플랫폼에 의존하는 소매업체나 스마트폰 앱 개발자 등 대기업에 크게 의존하는 많은 소규모 사업체가 있다.

동네에 새로 대형 피자 체인점이 들어와 대폭 할인된 가격으로 피자를 팔아 기존에 가족이 운영하던 피자 가게가 문을 닫는 익숙한 패턴을 보더라도 대기업이 구조적으로 우위를 가지고 있다는 사실을 잘 알 수 있다. 대기업은 손실을 감수할 수 있는 자본력이 있지만, 가족이 소규모로 운영하는 피자 가게는 떨어진 매출을 버틸 수 없어 문을 닫을 수밖에 없다. 대기업은 지역 내 경쟁이 사라지자마자 가격을 대폭 올려 손실을 회복한다. 이러한 패턴은 다양한 재화와 서비스에서 반복되었다. 50년 전만 해도 대부분의 약국은 소규모로 운영되었으며, 인구 5만 명 미만의 지역에서는 여전히 사실이다. 그러나 대도시에서는 이러한 소규모 약국이 전국 규모의 대형 체인으로 대체되었으며, 이 체인들은 수천 개의 소매망을 구축해 규모의 경제를 실현했다. 이들은 독립 약사들의 폐업을 앞당기기 위해 공격적으로 가격 전략을 운용하고 있다.

최근 들어 이러한 통합 현상은 지역 부동산 사무소, 요양원, 기타 돌봄시설에서도 활발하게 일어나고 있다. 미국에서는 영리·비영리 병원 체인들이 특정 지역 내 의료 서비스를 통합적으로 관리하고 제공하기 위해 개인이 운영하는 의원을 공격적으로 사들이고 있다. 이들 중 일부 조직은 전국 규모의 병원과 의료 네트워크를 운영하고 있다.

뒤에서 살펴보겠지만, 이러한 단일재배 현상은 미국과 영국의 금융 구조가 뒷받침하고 있다. 서유럽의 대부분 지역에서는 전통적으로 은행 대출을 통해 기업 금융이 이루어졌다. 이러한 제도에서는 수익성이 입증된 중소기업에 유리하다. 그러나 미국과 영국에서는 대부분의 기업 금융이 주식시장을 통해 이루어져왔다. 최근 수십 년 동안 은행은 부동산 개발처럼 충분한 담보가 있어 위험을 줄일 수 있는 경우를 제외하면 기업 투자 자금을 적극적으로 지원하지 않았다.

주식시장 기반의 금융 구조는 대규모 계층적 조직을 구축한 기업의 우위를 더욱 강화한다. 예를 들어 대여섯 곳의 요양원을 인수한 야심 찬 사업가는 투자은행가들을 설득해 주식을 발행하고 자금을 확보해서 추가로 시설 열 곳을 사들일 가능성이 크다. 요양원 체인이 늘어난다고 해서 규모의 경제가 작용하지는 않는다고 하더라도, 회계사가 회사의 수익성을 입증할 수만 있다면 추가로 주식을 발행해 확장을 위한 자금을 조달할 수 있다. 인수를 통한 성장은 더 큰 기업을 만들어가는 검증된 수단이며, 이러한 방식으로 성장하는 기업에 인수합병이 회사 경영에 미치는 효과나 비효율성에 대한 의문을 제기해봐야 제대로 된 답을 얻기란 난망한 상황이다.

한편, 주식을 공개하지 않고 회사를 운영하려는 기업가는 성공을 지속하는 데 심각한 장애물에 직면한다. 확장을 위한 자금을 확보하기 어려워지고, 이는 높은 이자율로 대출을 받아야 하는 상황으로 이어질 가능성이 크다. 또한 이미 자리 잡은 대기업이 경쟁 상품보다 낮은 가격으로 제공하거나 수천 개의 특허를 이용해 경쟁 상품이 자사의 특허를 침해했다고 주장하며 시장에 진입할 위험이 항상 존재한다. 이와 더불어 정부기관에서 유리한 판결이나 지원을 얻기 위한 경쟁에서 대기업은 더 풍부한 자원을 바탕으로 항상 우위를 점할 가능성이 크다. 이렇듯 독립적 기업으로 지속할 가능성이 위협을 받는다는 점에서, 다수의 기업가가 결국 기존 기업의 인수 제안을 받아들이는 경우가 많다.[2]

결국 조직 형태라는 측면에서 단일재배는 기존 구조에 따라 끊임없이 재생산되고 있으며, 대규모 계층적 기업이 여전히 가장 생산적이고 효율적인 사업방식인지에 대한 평가는 이루어지지 않고 있다. 비표준화된 상품을 중심으로 조직된 삶터 경제에서는 기업이 계속 혁신을 추구해야 한다는 압력을 받는다. 그러나 혁신 과정을 면밀히 살펴보면, 이러한 대규모 기득권 기업이 실제로 혁신을 만들어내는 데 있어 전혀 능숙하지 않다는 점이 분명해진다.

혁신은 어디에든 있다

혁신은 경제의 중심에 자리잡고 있다. 끊임없이 새로운 기능을 추가하지 않는 기업은 경쟁자에게 시장 점유율을 빼앗길 위험이 있

---

2 Block, "Financial democratization and the transition to socialism."

다. 물론 많은 혁신이 표면적이거나, 무의미하거나, 사기성이 있거나 심지어 해로운 경우도 있다.[3] 그럼에도 최첨단 과학과 발전된 기술을 기반으로 좀 더 실질적인 혁신을 만들어내는 경제 활동의 비중이 점점 더 늘어나고 있다.

20세기에는 대기업이 설립한 연구소들이 가장 중요한 혁신 대부분을 책임졌다. 이미 언급된 바와 같이, AT&T의 벨 연구소는 컴퓨터 기술과 새로운 통신 기술이 발전하는 데 핵심적인 역할을 했다. 벨 연구소는 AT&T의 독점적 시장 지위 덕분에 경쟁에서 사실상 보호를 받았기 때문에, 기업의 연구소라기보다는 대학과 같은 방식으로 운영할 여유가 있었다.[4] 한편으로 제너럴 일렉트릭, 제너럴 모터스, 듀폰DuPont, 보잉Boeing, 기타 방위산업체들의 기업 연구소들도 수많은 중요한 혁신을 이루어냈다.

그러나 21세기에 들어 상황은 매우 달라졌다. 대기업 연구소가 창출하는 혁신의 비율은 대폭 줄어들었다. 이는 미국의 잡지 『R&D 월드』가 주최하는 R&D 100 수상작을 분석해보면 명확히 확인할 수 있다. 이 대회는 시장에서 팔리고 있는 상품에 적용한 주요 혁신들을 보여준다. 1971년, 100개의 수상작 중에서 대기업

---

3 사기적 혁신의 사례에는 엘리자베스 홈즈Elizabeth Holmes의 헬스테크 기업 테라노스Theranos와 샘 뱅크먼-프리드Sam Bankman-Fried의 암호화폐 거래소 FTX가 있다. 또 다른 사례로, 퍼듀 파마 Purdue Pharma의 혁신은 진통제 옥시콘틴OxyContin을 12시간 지속 방출 캡슐 형태로 제공한 것이었다. 그러나 이 혁신은 사용자가 캡슐을 조작해 12시간 분량의 약품을 한 번에 섭취할 수 있게 만들었고, 이는 중독으로 이어져 결국 다른 아편계 약물을 찾게 되는 결과를 초래했다.
4 Gertner, *The Idea Factory*.

이 41개를 차지했다. 그러나 2006년에는 이 수치가 꾸준히 줄어들어 100개 중 6개로 떨어졌다. 대기업이 수상하는 비율은 최근 대회에서도 여전히 낮은 수준을 유지하고 있다.[5]

이처럼 대기업 연구소의 중요성이 감소한 원인은 일반적으로 주주 가치 극대화에 대한 월스트리트의 압박 때문이라고 해석한다. 기업의 주가는 분기별 재무 실적에 크게 영향을 받기 때문에, 최고 경영자들은 단기적인 실적을 내는 데 집중해야 한다.[6] 그러나 기업 연구소에 대한 투자는 즉각적인 결과를 가져오지 못하며, 대부분 신기술을 상품화하는 데 여러 해가 걸린다. 이러한 압박 속에서 일부 대기업은 연구소를 폐쇄하거나 대폭 축소했다.

하지만 경영진의 단기주의short-termism에만 모든 책임을 지울 수는 없다. 실제로 이러한 기업 연구소의 효율성은 이미 떨어지고 있었으며, 주주 가치 극대화의 압박이 없었더라도 연구소 예산은 축소되었을 가능성이 크다. 문제의 핵심은 혁신의 최전선에서 기술적 복잡성이 증가하고 있다는 점이다. 기술적 복잡성이 높아지면서, 기술적 장벽을 극복하려면 점점 더 많은 다학제적 팀multidisciplinary team이 필요하게 되었다. 이러한 팀은 다섯 개에서 많게는 열 개에 달하는 서로 다른 전문 분야에서 과학자와 엔지니어를 통합해야 한다.

---

5 Block & Keller, "Where do innovations come from?"
6 Jacobs, *Short-term America*.

대기업이 이러한 대규모 다학제적 팀을 내부 연구소에서 구성하려는 시도는 현실적으로 불가능하다. 마이크로소프트와 아마존 같은 엄청난 자본을 가진 기업조차 외부 파트너와 협력해 혁신을 추구한다. 이는 부분적으로는 여러 학문 분야에서 기술자를 고용하는 데 들어가는 비용을 감당하기 힘들 뿐 아니라, 특정 분야의 전문성을 가진 사람들을 찾아내고 이들을 기업 연구소로 데려오는 것도 쉽지 않기 때문이다. 구조조정이 만연한 시대에 기업 연구소 일자리는 안정성이 높은 정부 연구소나 대학에 비해 매력이 떨어졌다. 게다가 과학자와 엔지니어들은 기업 연구소에서 몇 년간 진행해온 유망한 프로젝트가 경영진이 방향을 바꾸면서 갑작스럽게 취소된 사례들을 흔히 보아왔기 때문에, 이런 직업에 대한 매력이 더 줄어들었다. 데이터를 보면, 수십 년간 박사학위를 가진 인력들이 대기업에서 벗어나 소규모 또는 중견 기업으로 이동했으며, 이는 이러한 기업에서 프로젝트를 성공적으로 완료할 가능성이 더 크다고 보기 때문이다.

오늘날 이러한 다학제적 팀은 조직 간 협력inter-organizational collaboration을 통해 구성된다. 가장 큰 기업조차도 이제는 높은 전문성을 가진 소규모 기업과 공공 자금으로 운영되는 연구소나 연구기관과 협력하고 있다. 잘 알려지지는 않았지만, 미국 정부는 300개 이상의 다양한 정부 연구소를 보유하고 있으며, 일부 연구소는 여러 곳의 연구시설을 운영하고 있다. 이 연구소들은 수

년간 민간 기업을 지원하는 연구를 확대하라는 압박을 받아왔으며, 매년 수천 건의 협력 프로젝트가 활발히 진행 중이다. 또한 정부는 주로 대학교 캠퍼스에 위치한 1,000개 이상의 크고 작은 연구소에 자금을 지원해왔으며, 이들 연구소의 임무는 기업과 협력해 연구를 수행하는 것이다. 최근에는 이러한 연구소의 규모를 확대하는 추세로, 이를 통해 필요한 과학 분야의 다학제적 팀을 쉽게 구성할 수 있도록 하고 있다. 미국 의회가 2022년에 통과시킨 반도체와 과학법Chips and Science Act과 인플레이션 감축법Inflation Reduction Act은 대규모의 전문화된 연구소 여러 곳을 새로 추가해 이러한 추세를 더욱 강화했다.[7]

일반적인 과정은 정부가 설립한 연구소들이 회원 기업을 모집하는 것이다. 이들 회원 기업은 연구소를 지원하기 위해 종종 후원금을 내기도 한다. 이러한 연구소는 기술 장벽을 극복하기 위해 필요한 다학제적 팀을 구성하는 것뿐만 아니라, 회원사들 간의 지속적인 협력을 촉진하기도 한다. 예를 들어 대기업은 고도로 전문화된 기술을 가진 여러 소규모 회원사를 찾아내고, 이들 회원사는 합리적인 금액으로 신제품 생산에 필요한 기술 장벽을 극복하는 데 도움을 줄 수 있다.

---

7   Block, Keller & Negoita, "Revisiting the hidden developmental state."

NFL 헬멧의 사례

혁신이 이루어지는 과정을 이해하기 위해, 기술적으로 복잡한 상황에서 혁신을 만들어내는 과정을 잘 보여주는 구체적인 사례를 살펴보자. 미식축구 경기에서 사용하는 헬멧을 개선하려는 노력은 이러한 과정을 보여주는 작지만 대표적인 사례다. 1920~1930년대에 등장한 헬멧은 가죽으로 만들어졌으며, 1939년에 플라스틱 헬멧이 도입되었다. 이후 70년 동안 헬멧은 점진적으로 개선되었는데, 완충재를 몇 개 덧대고, 얼굴 보호대를 조금 더 복잡하게 개선했을 뿐이었다. 사실, 이 기간에 몇 안 되는 회사가 이 산업을 지배해왔다. 그러나 2007년에 미식축구 선수들이 반복적인 뇌진탕으로 발생하는 퇴행성 뇌질환인 만성 외상성 뇌병증으로 진단받고 있다는 사실이 알려지면서 변화가 시작되었다.

하지만 바로 변화가 이루어진 것은 아니다. 2015년에 이르러서야 NFL과 선수협회는 헬멧이 머리 부상을 예방하거나 실패하는 이유를 확인하기 위한 테스트 프로그램을 시작했다. 2019년, NFL은 자금을 넉넉히 준비하고 헬멧 챌린지를 공식적으로 출범시켰다. 챌린지의 첫 번째 단계에서는 헬멧 개선 방안에 대한 시제품을 제출하도록 기업에 제안서를 발송했다. 두 번째 단계에서는 유망한 시제품을 개발한 열세 팀에 총 137만 달러를 제공했다. 세 번째 단계는 2021년 10월에 발표되었으며, 가장 유망한 시제품을 제출한 세 팀에 150만 달러가 배정되었다. 이 세 팀은 상금을 활용해 새로운 헬멧을 대량 생산 단계로 발전시켜 NFL 팀들이 가능한 한 빨리 쓸 수 있도록 해야 한다.

단순히 상금을 주고 끝나는 일반적인 챌린지와는 달리 헬멧 챌린지는 참가 팀들과 NFL이 구성한 전문가 그룹이 긴밀하게 협력하며 진행되었다. 이 챌린지는 2019년 11월 오하이오 주 영스타운에 있는 아메리카 메이크스 연구소America Makes Institute에서 개최된 3일간의 토론회로 시작되었다. 아메리카 메이크스 연구소는 3D 프린팅을 활용한 적층 제조additive manufacturing 기술에 특화된 정부 지원 첨단 연구소다.[8]

NFL은 더 나은 헬멧을 제작하려면 신경과학, 기계공학, 재료공학, 정교한 컴퓨터 모델링과 몇 가지 다른 학문 분야의 전문지식을 결합해야 한다는 점을 인식했다. 초기 심포지엄 참가자들에게는 기존의 네 가지 헬멧이 다양한 유형의 충격에 어떻게 반응하는지를 보여주는 미분 방정식으로 구성된 유한 요소 모델finite element model을 제공했다. 참여한 팀들은 자신들의 헬멧이 다른 헬멧보다 뛰어나다는 것을 보여주는 유사한 유한 요소 모델을 제출해야 대회에서 우승할 가능성이 있었다.[9]

---

8 Bonvillian & Singer, *Advanced Manufacturing*.
9 헬멧 챌린지에 관한 대부분의 정보는 NFL 웹사이트에 정리되어 있다. 다음 자료도 참고할 만하다. McMichael, "3 next-gen helmet designs that could curb concussions in the NFL."

결국 우승한 세 팀은 모두 학계 연구자와 기업이 결합한 컨소시엄이었다. 첫 번째 우승 팀은 몬트리올에 기반을 둔 콜라이드 Kollide라는 협력체로, 퀘벡대학교 공학부의 연구자들과 시뮬레이션, 설계, 3D 프린팅, 3D 신체 스캔 소프트웨어 분야에 전문성을 가진 네 회사가 협력했다. 두 번째 우승 팀은 덴버에 기반을 둔 스타트업 임프레시오Impressio로, 이 회사는 덴버대학교와 맺은 파트너십을 통해 설립되었다. 세 번째 우승 팀은 2006년에 설립되어 이미 NFL에 헬멧을 공급하던 제니스Xenith다. 제니스는 새로운 헬멧을 개발하기 위해 런던에 기반을 두고 독특한 고분자 소재를 개발하는 스타트업 레온랩RHEON Labs, 독일의 대형 화학회사 BASF, 캐나다 워털루대학교 연구원들과 협력했다.

개선된 헬멧을 개발하는 과정만 봐도 현대의 여러 산업 분야에서 혁신이 이루어지는 전형적인 방식을 확인할 수 있다. 이러한 혁신을 이루기 위해서는 대여섯 가지 또는 그 이상의 과학·공학 전문지식이 필요하다. 또한 이 사례는 역사가 오래된 기업에 닥칠 수 있는 위험을 보여준다. 혁신에 실패하면 50년 이상 지배해온 시장을 한순간에 잃을 수 있다. 그러나 이 사례는 NFL이 투자한 금액이 상대적으로 적었다는 점에서 일반적인 경우와 다르다. 현대 기술 과제 중 많은 경우에는 연구·개발과 생산시설에 수십억 달러를 투자해야 한다. 새로운 세대의 반도체칩, 전기 자동차용 첨단 배터리, 건설용 복합 재료, 새로운 백신과 기타 의약품, 산업

삶터를 책임지는 사회

용 도구로 쓰이는 더욱 정교한 3D 프린팅 시스템의 개발 등이 이에 해당한다.

이 모든 경우에서 다양한 과학·공학 전문지식이 필요하며, 대규모 투자가 이루어져야 한다. 헬멧 사례는 혁신에서 대규모 계층적 기업의 단일재배가 **협력 네트워크 생산**으로 대체되고 있음을 보여준다. 기술적 장벽을 극복하려면 여러 전문지식이 필요하므로 조직 간 협력이 필수적이다.

또한 영리 기업 간 협력에 더해 중립적인 제삼자가 네트워크에 참여할 때 가장 효과적으로 이루어진다는 점도 알 수 있다. 헬멧 사례에서는 NFL이 금전적 인센티브를 제공해 대회에 함께 참가한 여러 팀이 서로 협력하도록 유도하는 역할을 했다. 그러나 협력 네트워크 생산이 효과적으로 작동하게 만드는 핵심적인 조정 역할은 대부분 정부가 수행한다.

제삼자의 역할

앤드류 슈랭크Andrew Schrank와 조쉬 휘트포드Josh Whitford는 협력 네트워크 생산에서 중립적인 제삼자 역할의 중요성을 설명했다. 이들은 조직 간 협력의 중요성이 커짐에 따라 네트워크 실패가 중요한 위험 요소가 되었다고 주장한다.[10] 기업은 신뢰할 수 있고 효과적인 협력에 필요한 기술을 가진 파트너를 찾는 데 흔히 실패한다. 또한 파트너를 찾는 과정에서 시간도 오래 걸리고 비용도 많이 들어간다. 특히 이상적인 파트너가 소규모의 신생 스타트업일 경우 더 그렇다.

이러한 탐색이 이루어지는 와중에 이익을 극대화하려는 압박을 받는 기업이 잠재적 파트너를 속이거나 심지어 기만하는 상황이 벌어지기도 한다. 어떤 기업은 아직 갖추지 못한 전문성을 주장하며 '만들 때까지 만든 척하기faking it until making it' 전략을 따르기도 한다. 다른 기업은 상대방의 지식재산권을 훔치거나, 협업 수익을 불공평하게 나누는 계약을 협상안으로 제시하기도 한다. 대개 이런 행동은 대기업이 주도하지만, 젊은 시절의 빌 게이츠Bill Gates는 IBM과 첫 번째 개인용 컴퓨터 운영 체제를 위한 계약을 할 때 뛰어난 협상력으로 결국 마이크로소프트가 IBM을 능가하는 결과를 가져오기도 했다.

중립적인 제삼자는 여러 가지 방법으로 이러한 부정적 결과를 크게 줄일 수 있다. 때로는 제삼자가 자신의 기존 네트워크를 활용해 필요한 네트워크 파트너를 좀 더 신속하게 찾아내는 경우도 있다. 정부가 후원하는 연구소의 경우, 목표 중 하나는 특정 기술에 가장 큰 이해관계를 가진 대기업과 소기업을 발굴해 회원 기

---

10 Whitford & Schrank, "The paradox of the weak state"; Schrank & Whitford, "The anatomy of network failure."

삶터를 책임지는 사회

업들 사이에 자연스럽게 협력이 이루어지도록 하는 것이다. 제삼자는 해당 분야에 대한 충분한 지식을 갖추고 있어 잠재적 파트너가 주장하는 역량이 실제로 존재하는지도 평가할 수 있다.

중립적인 제삼자는 또한 정직한 중개자honest broker로서 파트너 간에 일어날 수 있는 기회주의적이거나 착취적인 행위를 최소화할 수 있다. 예를 들어 미국의 제조 확장 프로그램Manufacturing Extension Program: MEP은 소규모 제조업체의 역량을 강화하고 대기업을 위한 부품을 생산하도록 돕는 프로그램이다. MEP 컨설턴트들은 때로 기업이 생산장비 제조업체와 더 나은 계약을 맺을 수 있도록 돕는다.[11] 마찬가지로 국방부의 소기업 혁신 연구SBIR 프로그램은 소규모 기업을 대형 방위산업체와 연결하며, SBIR 신청 자료를 특허 신청 자료와 같은 수준으로 인정해 소규모 기업의 지식재산권을 보호한다. 대기업이 무단으로 지식재산권을 복제할 경우 제재를 받을 수 있다.

그러나 네트워크 실패를 방지하는 것 이외에도 네트워크 협력에 제삼자가 개입했을 때 얻을 수 있는 이점은 많다. 제삼자가 충분한 자금을 지원받으면 네트워크 참여자들의 비용을 크게 절감할 수 있는 장비에 투자할 수 있다. 예를 들어 로렌스 버클리 국립연구소Lawrence Berkeley National Laboratory는 태양이 서로 다른 각

---

11 Brandt & Whitford, "Fixing network failures."

도에 있을 때 에너지 절약 기술이 얼마나 효과적으로 작동하는 지를 연구하기 위해 작은 건물을 지어 회전 테이블 위에 설치한 바 있다.

다른 연구소는 기업이 첨단 제조 기술을 익힐 수 있도록 돕기 위해 시험설비 또는 시제품 제조라인을 구축하고 있다. 이전에는 국가나노기술전략National Nanotechnology Initiative을 기반으로 기업 이 실험을 하거나 자체 시설을 구축할 때 참고할 수 있도록 국가 차원의 나노기술 연구소 네트워크를 설립했다.

제삼자가 할 수 있는 또 다른 중요한 투자로는 혁신을 만들어내 거나 대규모 생산으로 전환하는 데 필요한 인력을 훈련하는 것이 다. 오바마 행정부가 만든 첨단 제조 연구소 네트워크에서는 많은 연구소가 지역의 전문대학을 위한 교과 과정을 개발해서 미래의 노동자에게 필요한 지식과 기술을 제공하고 있다. 전형적인 역사 적 사례로는, 미국 방위고등연구계획국이 1960년대 초 컴퓨터과 학 관련 학과를 설립하도록 주요 대학에 자금을 지원함으로써, 하 드웨어와 소프트웨어 개발을 촉진하는 데 필요한 초기 전문가 집 단을 양성한 것을 들 수 있다.[12]

마지막으로, 제삼자는 네트워크의 다른 참여자들이 제공하기 어려운 공공재를 생산할 수도 있다. 그중 하나가 공유 로드맵 개

---

12   National Research Council, *Funding a Revolution.*

삶터를 책임지는 사회

발이다. 첨단 기술과 관련된 경우, 모든 참여 기업은 새로운 투자 전략을 펼치는 데 있어 매우 큰 불확실성에 직면한다. 너무 느리게 움직이면 경쟁자들에게 뒤처지거나 시장을 잃을 위험이 있다. 반대로 너무 빠르게 움직이면 네트워크의 다른 기업이 따라올 때까지 생산 능력을 활용하지 못하게 될 수 있다. 제삼자는 모든 시장 참여자와 대화를 통해 개발 일정을 포함한 로드맵을 합의해 개발할 수도 있다. 물론 여전히 위험은 존재하지만, 공유 로드맵은 다양한 행위자들 간의 협력을 촉진한다.

혁신, 그 너머

지금까지는 혁신 과정에 초점을 맞췄지만, 논의의 핵심은 협력 네트워크 생산이 대부분의 상품 생산 모델로 자리 잡고 있다는 점이다. 이를 찾고자 한다면 경제의 여러 분야에서 이러한 모델을 발견할 수 있다. 그중 일부는 상당히 착취적인 양상으로 진행되고 있다. 많은 경우에는 효과적으로 역할을 해내는 제삼자가 없어서 약탈적 관행을 피하지 못하고 있다.

　기술적으로 단순한 제품, 예를 들어 의류·운동화·기계부품 등이 해외의 저임금 노동 공장sweatshop이나 멕시코 접경 지역의 마킬라도라Maquiladora[수출입자유공단]로 외주 생산되기 시작한 것이, 이제는 생산이 한 기업 내에서 이루어지지 않음을 처음으로 많은 사람에게 알리는 신호였다. 설계는 여전히 본사에서 이루어졌지만, 모든 생산은 해외 하청업체가 맡았다. 이는 저렴한 해외 노동력을 활용하겠다는 단순한 논리였다. 그러나 제품이 점점 더 복잡해짐에 따라, 기업이 부품과 최종 제품 생산 모두 전문 기술을 보유한 다른 기업에 의존하는 유사한 과정을 목격하게 되었다.

예를 들어 자동차 산업에서는 헨리 포드가 제시한 철강, 유리, 완성차를 하나의 복합단지에서 생산하겠다는 꿈은 이미 오래전에 사그라들었다. 오늘날 미국 자동차 산업에서는 부품의 3분의 2를 하청업체가 생산하며, 자동차 회사는 이를 조립하는 역할만 한다.[13] 미국 기업은 수시로 변경되는 다양한 모델을 생산하는 상황에서 전문업체들이 제품을 '적시'로 최종 조립에 맞춰 제공하도록 하는 것이 효율성을 크게 높인다는 점을 일본의 사례를 통해 배웠다.[14]

하지만 자동화, 로봇공학, 3D 프린팅 같은 첨단 제조 기술이 발전하면서, 기업이 전문성을 가진 제조업체와 계약을 맺고 전체 생산과정을 맡기는 일이 점점 더 일반화되고 있다. 실제로 본사에 최소한의 직원만 두고 제조·마케팅·배송 등 각각의 기능을 다른

---

13 American Automotive Policy Council, *State of the U.S. Automotive Industry, 2020.*
14 Womack, Jones & Roos, *The Machine that Changed the World.*

삶터를 책임지는 사회

파트너 기업이 수행하는 가상기업virtual firm이 수십억 달러의 매출을 올리는 것도 가능해졌다.

엔터테인먼트 산업과 서비스 경제에서도 많은 협력 네트워크 생산 사례를 찾아볼 수 있다. 예를 들어 할리우드에서는 배우, 감독, 편집자, 음향 엔지니어, 조명 전문가 등을 각각 담당하는 고도로 전문화된 업체들이 협력을 통해 영화를 제작한다. 스튜디오나 제작사는 마지막 단계에서 소비자에게 영화를 홍보하기 위한 계약을 체결하는 역할을 맡는다.

새로운 주식이나 채권 발행, 대규모 부동산 개발 대출 같은 금융 거래는 종종 투자은행과 중개업체들로 구성된 신디케이트*를 통해 이루어진다. 이들은 전체 거래의 일부에 대해 책임을 나누어 맡는다.

미국의 의료 체계는 일반적으로 독립적인 개업의, 그룹 진료소, 병원, 재활병원이나 투석센터 같은 다양한 전문 의료기관들 간의 협력을 기반으로 이루어진다. 이러한 다양한 주체들 사이에서 환자가 효과적으로 의사소통하는 것이 힘든 때도 있기는 하지만, 효과적인 의료 서비스를 제공하기 위해 서로 다른 전문지식을 결합해야 한다는 점을 인정하고 있기 때문에 이처럼 다양한 구조가 만들어진 것이다.

---

* 개별 금융기관이 감당하기 어려운 규모의 투자 자금을 나누어 조달하고 위험을 분산하는 한편, 법률·부동산·회계 등 각 기관의 전문성을 최대한 활용하기 위해 만들어진 연합체를 말한다.

고등교육의 경우, 대부분의 강의는 단일 조직 내에서 이루어지지만, 다양한 학과와 단과대학은 일반적으로 기업이나 기타 대규모 비영리 조직들에 비해 훨씬 높은 수준의 자율성을 유지한다. 게다가 대학에 소속된 교수들은 종종 개개인이 학문적 기업가 academic entrepreneurs가 되어 실험실을 관리하고 연구비를 신청하며 대학원생과 박사후 연구원을 지도할 뿐만 아니라 때로는 자신의 회사를 운영하기도 한다.

　경제의 여러 영역에서 협력 네트워크 생산을 찾아볼 수 있지만, 산업 시대에 형성된 대규모 수직적 조직은 여전히 지배력을 유지하고 있다. 이들은 여전히 수익의 대부분을 차지하고 있으며, 최고 경영진은 자신이 하는 일에 비해 터무니없이 높은 보상을 받는다. 이러한 지배력이 바로 소득과 부의 불평등을 심화시키는 주요 요인이다. 그뿐만 아니라 이들은 자신들의 지배력을 이용해 새로운 기술이 제공할 수 있는 잠재적인 혜택 중 많은 부분을 사회가 실현하지 못하도록 막고 있다. 기업 권력은 종종 이익을 창출하는 방향으로 혁신 과정을 이끌어가지만, 동시에 부정적인 사회적 결과를 초래한다. 마지막으로, 기업 권력은 사람들이 집단적으로 목소리를 높여 실제로 필요를 충족시킬 수 있는 삶터를 요구하는 것을 가로막는다.

조직 형태 간의 갈등

이 두 가지 생산 조직 형태 간의 갈등은 제약 산업에서 늘 나타
난다. 대형 제약회사들은 여전히 연구소를 유지하고 있지만, 이
곳에서 새로운 약품을 개발하는 경우는 드물다. 그 대신, 이들의
주요 활동은 특허가 만료되어 더는 지식재산권으로 보호받지 못
할 위험이 있는 기존 약품의 변종을 개발하는 것이다. 약품의 화
학식을 살짝 변경한 뒤 새로운 특허를 신청해서 해당 제품을 다
시 20년 동안 경쟁에서 보호받게 만든다.

실제로 효과를 발휘하는 새로운 약품은 거의 모두 협력 네트워
크 생산을 통해 탄생한다. 대학에 속해 있는 과학자들이 새로운
분자 구조를 개발하고 신약의 효능을 확인하기 위해 스타트업이
나 소규모 제약회사와 협력한다. 그러나 새로운 약품의 가능성을
확신하더라도 이들은 큰 장벽에 부딪힌다. 미국 시장에 신약을 출
시하기 위해 식품의약국Food and Drug Administration: FDA의 승인을
받으려면 임상시험을 거쳐야 한다. 이 과정은 몇 년이 걸리기도
하며 비용은 1,500만 달러에서 1억 5,000만 달러에 이른다.[15] 이러
한 엄청난 비용을 소규모 기업이 감당하기는 어렵다. 따라서 일
반적으로 소규모 기업은 대형 제약회사와 임상시험 비용을 지원

15　Johns Hopkins Bloomburg School of Public Health, "Cost of clinical trials for new drug
　　　 FDA approval are fraction of total tab."

받는 계약을 협상하게 된다. 이러한 계약은 대형 제약회사가 이미 보유한 영업망을 통해 신약을 시장에 출시하도록 맡기는 경우가 많다. 결과적으로 대형 제약회사는 약품의 가격을 정하고 수익의 대부분을 가져간다.

요약하자면, 협력 네트워크 생산을 통해 이루어진 생산 활동은 기존 대형 제약회사를 더 부유하고 강력하게 만든다. 그러나 대형 제약회사는 신약이 막대한 수익을 낼 가능성이 있는 경우에만 임상시험을 위한 자금을 지원한다. 이는 잠재적으로 유용한 약품이 실험실 선반에 그대로 남아 있게 되는 이유다. 임상시험 비용을 치를 의사가 없거나 능력이 모자라기 때문이다. 이러한 문제를 해결하기 위해 1983년 미 의회는 희귀 의약품법orphan drug law을 통과시켰다. 이 법은 일반적이지 않은 질환을 치료하기 위한 약품을 개발하는 기업에 추가적인 인센티브를 제공했다. 이를 통해 여러 유용하고 효과적인 치료법이 개발되었지만, 일부 희귀 의약품은 한 달치가 수만 달러에 이를 정도로 높은 가격에 판매되고 있다. 사실, 일부 희귀 의약품은 해당 제약회사의 주요 수익원이 되었다. 이 같은 상황에서도 대형 제약회사들은 의회 내에서 충분한 영향력을 행사해 희귀 의약품의 가격을 낮추려는 대부분의 조치를 가로막고 있다.

만약 대형 제약회사들이 임상시험에 대한 통제권을 상실한다면, 협력 네트워크 생산은 매년 훨씬 더 많은 신약을 개발할 수 있을 것이다. 이러한 병목 현상을 해결하면, 최근 몇십 년간 진전이 거의 없었던 소화장애 같은 일반적인 질환에 대한 연구도 활성화될 가능성이 크다. 또한 의약품 시장에 더 많은 중소기업이 참여하게 되면 경쟁이 증가하고, 소비자 가격이 하락할 가능성도 커진다.

임상시험에서 대형 제약회사의 역할을 대체하는 한 가지 방법은 공공기관이 주요 의료기관과 협력해서 임상시험을 조직하는 것이다. 이는 임상시험을 실제 임상진료와 더욱 긴밀히 연결함으로써, 잠재적인 약품의 문제를 더 신속히 발견할 수 있다는 중요한 이점을 제공한다. 게다가 중립적인 기관이 평가 과정을 관리하면, 현재 시스템에서 기업이 FDA 승인을 얻기 위해 데이터를 조작하는 위험을 없앨 수도 있다.

인터넷 플랫폼 기업에서도 유사한 조직 형태 간의 갈등을 확인할 수 있다. 한편으로, 이러한 플랫폼은 소규모 기업가들이 과거에는 엄청난 비용을 들여 광고를 해야 했던 수많은 소비자에게 접근할 수 있게 함으로써 협력 네트워크 생산을 가능하게 한다. 반면, 아마존 같은 기업은 제삼자 소매업체들에 온갖 수수료를 부과해, 5퍼센트에 불과한 아마존 자체 제품 수익률에 비해 제삼자 판매 수익률이 20퍼센트에 달한다는 결과를 낳았다.[16] 더욱이 이 제삼자 소매업체들이 아마존 플랫폼에 의존하게 될수록, 아마존

---

16 Dayen, "Amazon continues preying on third-party sellers."

은 수익에서 더 큰 비율을 가져갈 수 있게 된다. 유사한 역학관계는 우버Uber와 리프트Lyft 같은 차량 공유 서비스에서도 나타난다. 초기에는 운전자들이 사용자에게 얻는 수익의 80퍼센트를 가져갈 수 있었지만, 서비스의 시장 점유율이 올라가고 운전자들이 플랫폼에서 발생하는 수익에 의존하게 되면서, 회사는 수익 배분 방식을 변경하거나 수수료를 추가해 운전자들의 수익이 차지하는 비율을 차츰 줄여나갔다.

혁신 과정과 마찬가지로 협력 네트워크 생산은 중립적인 제삼자가 적극적으로 참여해 약탈적 행위를 억제하고 방지할 때 가장 효과적으로 작동한다. 이와 관련해 흥미로운 사례는 소수의 대형 기업이 지배하고 있는 클라우드 컴퓨팅에서 찾아볼 수 있다. 클라우드 컴퓨팅 서비스를 다른 고객들에게 효과적으로 제공하기 위해서는 소프트웨어 개발에서 지속적인 혁신이 필수적이다. 그러나 클라우드에 저장된 데이터를 최적으로 활용하도록 돕는 많은 소프트웨어는 오픈소스 소프트웨어로, 이는 개인 프로그래머와 기타 회사에서 일하는 프로그래머들로 구성된 커뮤니티 덕에 꾸준히 발전하고 있다. 이는 협력 네트워크 생산의 또 다른 사례를 보여준다.

클라우드 컴퓨팅을 조사한 연구자들은 아마존 웹 서비스가 오픈소스가 만들어낸 혁신을 차용해 자사 시스템에 통합하는 양상을 보이는 반면, 구글 클라우드 플랫폼은 오픈소스 개발자들과 협력관계를 구축했다고 밝혔다. 오픈소스 소프트웨어를 지원하기 위해 설립된 여러 비영리 재단은 소프트웨어 시스템의 무결성을 유지하고, 구글과 소규모 기업 간의 상호 존중에 기반을 둔 협력 관계를 장려하는 데 적극적인 역할을 하고 있다. 연구자들은 이러한 협력 모델이 폐쇄적인 아마존의 방식에 비해 훨씬 빠른 발전을 촉진한다고 결론지었다.[17]

완강한 테일러주의

대규모 계층적 조직이 고착되면서 또 다른 심각한 부정적 결과가 나타난다. 이러한 조직 형태가 생산성과 효율성을 높이는 데 필수적인 노동자들의 지식, 창의성, 문제 해결 능력을 체계적으로 떨어뜨린다는 점이다. 산업 시대에 표준화된 상품을 생산하기 위해 존재했던 계층적 구조는 여전히 유지되고 있는데, 기업이 이제 비표준화된 재화와 서비스를 생산하고, 혁신을 우선시하고 있음에도 조직의 구조는 변화하지 않았다. 계층적 조직을 유지하고 있는 일부 기업은 직원에게 동기를 부여하고 조직 내 의사결정을 개선하려는 조치들을 임시방편으로 취하고 있지만, 이는 직원에게 실

---

17 Berk & Saxenian, "Rethinking antitrust for the cloud era."

질적인 권한을 부여하는 다른 구조를 도입했을 때 달성할 수 있는 성과에 비해 크게 부족하다.

비록 이제는 잘 쓰지 않는 용어지만, 테일러식Taylorist이나 포드식Fordist 관리방식의 기본 패턴은 여전히 이어지고 있다.[18] 모든 중요한 기업 전략 결정은 소수의 고위 경영진에게 집중되어 있다. 심지어 특정한 기술의 선택 여부를 즉각적으로 결정해야 할 상황에도, 높은 수준의 전문성을 가진 직원들조차 이러한 결정 과정에 참여하지 못할 때가 많다. 이러한 체계의 핵심 개념은 고위 경영진이 중요한 결정을 내리고, 기업 내 다른 모든 사람은 선택된 전략을 실행하기만 하면 된다는 것이다.

이 계층적 구조는 미국의 고용 대부분이 여전히 임의로 해고될 수 있는 상태라는 현실 때문에 한층 공고해진다. 이는 고용주가 자신의 업무를 완벽히 수행한 직원이더라도 해고할 권리가 있다는 것을 의미한다. 유일한 제한 사항은 직원의 해고가 인종·성별·연령 차별이나 부적절한 행위를 신고한 것에 대한 보복 때문임을 당사자가 노동감독 당국에 입증할 수 있는 경우뿐이다. 고위직이나 노동조합에 소속되어 일하는 노동자는 보통 '사유 없는 해고'일 때는 보호받지만, 고위 경영진이 해고를 정당화할 기회는 여전히 많다. 게다가 노동조합은 민간 부문 노동자 중 극히 소수

---

18 테일러주의에 관한 고전적인 설명은 다음을 참고할 것. Braverman, *Labor and Monopoly Capital*.

만을 대상으로 한다.

오랫동안 구글·페이스북·마이크로소프트 같은 기업의 노동자는 고급스러운 통근버스, 호사스러운 식사, 무료 체력 단련 시설 등으로 부러움의 대상이 되었다. 그러나 2023년, 코로나19 이후 구조조정이 진행되면서 많은 사람이 자신도 수천 명 단위로 해고될 수 있는 임의 고용 노동자라는 사실을 알게 되었다. 이와 동시에 이들 기업은 남아 있는 노동자를 위한 혜택마저 줄이기 시작했다.

노동자가 평가절하를 당하는 또 다른 주요 요소는 미국과 영국 모두에서 고용된 노동자가 급여를 받는 동안 수행한 작업의 소유권은 고용주에게 귀속된다는 법적 원칙이 유지되고 있다는 점이다. 법학자들은 19세기에는 이런 법적 체제가 존재하지 않았음을 보여준다. 당시에는 노동자가 고용 중에 발명한 것에 대한 권리를 해당 노동자가 가졌다.[19] 그러나 대기업의 등장과 함께, 법원은 한결같이 노동자에게 이러한 권리가 없다고 판결했다. 만약 퇴사한 노동자가 회사를 설립해 개발한 제품이, 고용되었던 기간에 떠올린 아이디어를 토대로 했다는 사실을 고용주가 증명할 수 있다면, 그 혁신가는 고용주의 지식재산권을 도용했다는 이유로 소송당할 수 있다.

---

19   Fisk, *Working Knowledge*.

이러한 원칙은 한편으로 노동자에게 퇴사 후 혁신적인 아이디어를 추구하기 위해 새로운 회사를 설립할 때 비밀을 유지하려는 강력한 동기를 부여한다. 그러나 이는 직장에서 창의적인 아이디어를 내도록 하는 동기를 감소시킨다. 결국 자신의 창의성의 혜택을 다른 누군가가 누릴 가능성이 크기 때문이다. 기업은 보너스, 승진, 스톡옵션, 특별포상 등의 임시방편적인 수단으로 직원들의 창의성을 장려하려 하지만, 이러한 조치들은 직원에게 혁신에 대한 실질적인 경제적 지분을 제공하는 데 한참 모자란다.

이는 과학자와 엔지니어, 특히 박사학위 소지자들이 스스로 대안을 선택한 이유 중 하나다. 40년 전만 해도 기업에서 일하는 박사급 과학자와 엔지니어 대부분은 직원 수 1만 명 이상의 대기업에서 일했다. 그러나 현재 이들은 직원 수 1,000명 이하의 소규모 기업에서 일할 가능성이 더 크다. 이는 협력 네트워크 생산으로 전환하는 과정에서 나타난 중요한 변화의 일부다. 세 가지 요인으로 이러한 변화가 일어났다. 첫째, 대기업에서는 수년간 작업한 프로젝트가 신제품 출시를 늦추려는 최고 경영진의 선택으로 갑작스럽게 취소될 위험이 크다. 둘째, 중소기업에서는 기술 전문가가 기업의 의사결정권자와 직접 소통할 개연성이 높다. 셋째, 소규모 기업에서 혁신가는 종종 지분을 보상으로 받기 때문에 혁신에 성공할 경우 훨씬 더 큰 경제적 이익을 얻을 기회가 많아진다.

테일러주의Taylorism가 여전히 지속되고 있음을 보여주는 가장 중요한 지표는 기업이 미숙련 노동자, 임시직 노동자, 저임금 노동자, 강도 높은 노동 감시에 의존하는 관리 전략을 채택하는 빈도를 보면 알 수 있다. 이러한 접근법은 제조업 일자리가 해외의 저임금 국가로 이동하는 주요 요인으로 작용했다. 미국에서도 유사한 현상을 볼 수 있는데, 기업이 임시직을 공급하는 외부업체와 계약해 복지 혜택도 없고 장기적인 고용 가능성도 거의 없는 업무를 수행하도록 한다. 이는 또한 긱 경제gig economy*의 특징으로, 여기서 노동자들은 낮은 임금을 받고 복잡한 컴퓨터 모니터링 시스템으로 철저히 감시받는다.

최근에는 첨단 산업 분야의 일부를 구성하는 '유령 노동자ghost worker'라는 개념이 주목받고 있다. 기업이 신제품을 출시할 때, 소비자 사용 환경을 대상으로 철저한 테스트 없이 시장에 내놓는 경우가 많다. 이후 문제가 생길 경우 기업은 소비자들을 외주 계약 콜센터로 연결하며, 이곳에서 저임금 노동자들이 간단한 스크립트를 가지고 소비자들이 문제를 해결하도록 돕는다.[20] 이후 기업은 이 콜센터에서 수집한 데이터를 바탕으로 문제를 해결하고 소비자의 불만을 줄이려 한다.

이러한 지속적인 테일러주의적 사고방식은 두 가지 기본 가정

---

* 일회성 공연을 뜻하는 긱에서 비롯되어 단기적이고 비정규적인 일자리에 기반을 둔 경제제도를 의미한다.

20 Gray & Suri, *Ghost Work*.

을 전제로 한다. 첫째, 최고 경영진이 항상 옳다는 가정이다. 이는 명문학교에서 MBA 학위를 받은 경영진들이 전체적인 상황을 파악하고 올바른 결정을 내릴 수 있다는 믿음에 근거한다. 둘째, 가장 효과적인 사업 전략은 인건비를 줄이는 것이라는 가정이다. 이 논리를 기반으로 기업은 주기적으로 구조조정을 단행하고 저렴한 노동력을 찾아 끊임없는 노력을 기울인다.

그러나 이러한 사고방식이 아무리 깊이 뿌리내리고 있다 하더라도, 삶터 경제에서는 여러 이유로 비생산적이다. 그중 하나는 코로나19 팬데믹 동안 명백히 드러났다. 저렴한 노동력을 활용하기 위해 해외로 생산을 맡긴 결과, 공중보건을 강화하는 데 필요한 여러 물품이 심각하게 부족해지는 상황이 발생했다. 고품질 마스크, 개인 보호 장비, 다양한 의약품이 갑자기 부족해진 이유는 우리가 중국에 공급을 의존하고 있었기 때문이다. 중국이 수출을 줄인 탓도 있고, 질병 때문에 태평양을 건너는 컨테이너 선박의 적재와 이동이 지연된 탓도 있었다. 이러한 상황은 경제 전반에 걸쳐 '공급망' 붕괴를 초래해 광범위한 물품 부족 사태를 일으켰다.

코로나19 이전에도 연구자들은 기업이 특히 복잡하거나 정교한 기술에 의존하는 제품의 경우, 연구·개발과 생산을 같은 장소에서 수행하는 것이 중요하다는 점을 입증했다.[21] 그 이유 중 하나는 실제로 연구·개발의 최종 단계는 대량 생산과정에 도입하는 것이며, 기술을 개발한 사람들이 생산과정에서 발생하는 문제를 해결하는 데 중요한 역할을 할 수 있기 때문이다. 또한 제품을 수정할 필요가 생길 경우에도 이를 생산해야 하는 사람들과 직접 논의하는 것이 유용하다.

또 다른 문제는 특히 생산이 중국에서 이루어질 경우, 지식재산권을 보호하는 데 어려움이 있다는 점이다. 미국이나 유럽 기업이 중국에서 생산한 첨단 제품을 중국 기업이 복제에 성공한 사례는 수없이 많다. 이는 때로는 중국이 투자의 전제조건으로 지식재산권 공유를 요구함으로써 발생하기도 하고, 때로는 산업 스파이를 통해 발생하기도 한다. 최근 중국은 자동차용 첨단 배터리 생산에서 세계 선두주자가 되었지만, 그들이 이용한 배터리 기술은 원래 미국에서 개발된 것이다.

그러나 가장 중요한 점은, 이처럼 전방위적으로 노동자의 영향력이 줄어들면서 삶터의 생산 기반은 체계적으로 약해지고 있다는 것이다. 환자 한 명에 15분으로 진료시간이 제한된 의사와 과도한 업무에 시달리는 간호사가 질 높은 의료 서비스를 제공할 수는 없다. 낮은 임금을 받고 착취당하는 돌봄노동 종사자가 항상 친절하고 존중하는 태도로 고객을 대하기를 기대하기는 어렵다. 작업시간에 쫓기는 택배기사는 물품을 잘못된 주소에 두고 갈 가

---

21   Berger, *Making in America*.

능성이 커진다. 교사, 사회복지사, 버스 운전사, 건물 검사관 등 공공 부문 노동자가 상사에게 존중받지 못한다면, 자신들이 도와야 할 사람을 학대하거나 부당하게 대할 수도 있다.

기억에서 사라진 수평 조직의 혜택

1970년대와 1980년대 실리콘밸리가 비교적 초기 단계였던 시절, 새로운 세대의 기술기업이 제너럴 모터스, 제너럴 일렉트릭, 심지어 IBM 같은 기존 대기업의 계층적 조직과는 달리 훨씬 수평적인 조직 구조를 가지고 있다는 점에 대해 많은 논의가 이루어졌다. 수평 조직은 새로운 기술을 개발하는 사람들과 제품 개발이나 투자 우선순위에 대한 결정을 내리는 최고 경영진 사이의 관리 계층이 줄어든다는 것을 의미했다.

이러한 수평 조직에서는 핵심 기술자들과 담당 최고 경영진 간의 직접적인 의사소통이 가능했다. 각 방향의 의사소통이 여러 단계의 중간 관리층을 통해 이루어지는 경우, 정보가 왜곡되거나 중요한 데이터가 누락될 가능성이 있지만, 직접 의사소통이 이루어지게 되면 최고 경영진이 더 나은 정보를 얻을 수 있도록 돕고 기술자들도 자신의 의견이 반영된다는 느낌을 받을 수 있다.

더 나아가 수평 조직은 기술자에게 자신이 연구하는 주제를 새로운 제품이나 생산공정으로 구현할 기회를 늘려준다. 예를 들어 팔로알토의 제록스 연구소에서 근무하던 사람들은 마우스와 그래픽 사용자 인터페이스 같은 개인용 컴퓨터에 필수적인 여러 기술을 개발했지만, 제록스의 최고 경영진에게 회사가 개인용 컴퓨터를 판매해야 한다고 설득하지 못했다.[22] 이러한 계층적 조직의 약점이 스티브 잡스Steve Jobs와 빌 게이츠 같은 20대 초반의 젊은 이들에게 완전히 새로운 기업 제국을 세울 수 있는 기회를 만들어주었다.

물론 아이러니하게도, 애플과 마이크로소프트, 이후의 기술 혁신 기업인 구글(알파벳Alphabet), 페이스북(메타Meta), 아마존 역시 자신들이 대체하고자 했던 깊숙한 계층적 구조를 가진 조직으로 성장했다는 점이다. 이는 이들의 사업 규모가 엄청나게 확장되고, 다른 기업을 공격적으로 인수한 결과로 어느 정도 불가피한 귀결이었다. 전 세계적으로 16만 명 이상의 노동자를 고용하고 있는 애플의 경우, 그렇게 많은 사람의 활동을 조정하기 위해 여러 중간 관리 계층 없이는 운영이 불가능해졌다.

이와 동시에 협력 네트워크 생산에서는 여전히 수평 조직의 장점이 지속되고 있음을 확인할 수 있다. 앞서 언급했듯이, 지난 20년 동안 일어난 제약 분야의 주요 혁신은 비교적 소규모의 기

---

22   Smith & Alexander, *Fumbling the Future*.

술자 그룹이 집중적으로 협력해 새로운 약품을 개발해온 바이오 테크 기업에서 이루어진 경우가 많았다. 실제로 혁신 과정을 설명한 고전적인 사례 중 일부는, 새로운 제품을 만들기 위해 협력하는 그룹 내에서 집단적 열정과 의욕을 동원하는 과정에 초점을 맞추고 있다. 트레이시 키더Tracy Kidder는 이제는 사라진 컴퓨터 회사 데이터 제너럴Data General의 한 그룹이 1980년에 출시된 마이크로컴퓨터를 개발하기 위해 작업했던 과정을 추적했다.[23] 리처드 레스터Richard Lester와 마이클 피오레Michael Piore는 전문 분야가 서로 다른 두 그룹이 함께 공통의 언어를 개발하는 과정과, 진정한 혁신을 가로막는 장벽을 팀워크로 극복한 여러 사례를 기록했다.[24]

사실, 소규모 수평 조직이 대규모 계층적 조직보다 우위를 보여준 사례들은 현대 기술의 전형적인 양상을 상징적으로 보여준다. 과거 컴퓨터 산업을 지배하고 있던 IBM은 애플을 비롯한 선구적인 기업들이 상당한 매출을 올리는 개인용 컴퓨터 시장이 폭넓게 존재한다는 사실을 알아차렸다. IBM은 기존 조직을 활용하는 대신, 스타트업이 할 법한 방식을 모방했다. 플로리다 보카레이턴 Boca Raton에 있는 별도의 시설에 팀을 꾸리고 다른 부서와 격리한 상태에서 팀워크와 창의성을 바탕으로 새로운 개인용 컴퓨터

---

23   Kidder, *The Soul of a New Machine*.
24   Lester & Piore, *Innovation*.

를 개발했다. 이는 이후로도 개인용 컴퓨터 산업이 한동안 유지해왔던 방식이었다. 또한 IBM은 해당 팀이 회사의 기존 관행에 얽매이지 않도록 거의 모든 것을 허용했다. 이 전략을 통해 IBM은 일반적으로 5년 걸리던 개발 기간을 1년으로 단축했다.

하드웨어 개발에서는 이러한 팀 전략이 성공했지만, 운영 체제에서는 그렇지 못했다. 앞서 언급했듯이, IBM 경영진이 젊은 빌 게이츠와 운영 체제 제공 계약을 협상할 당시, 게이츠는 마이크로소프트가 운영 체제의 소유권을 가지고 있어야 한다고 주장했다. IBM의 계층적 조직에서 나온 관리자는 소프트웨어가 미래라는 점을 인식하지 못했고, 게이츠의 조건을 수용했다. 그 결과, 마이크로소프트는 결국 기업 규모는 물론이고 시장 가치 역시 IBM을 능가하게 되었다.

수평 조직의 또 다른 장점은 다른 기관들과 협력하는 능력이 뛰어나다는 점이다. 협력 네트워크 생산의 기본 전제는, 가장 큰 기업조차 필요한 모든 전문지식을 보유할 수 없기 때문에 협력이 필수적이라는 것이다. 그러나 대규모 계층적 기업의 최고 경영진은 주주 가치를 극대화해야 한다는 지속적인 압박을 받는다. 이는 감정에 휘둘리지 말아야 한다는 것을 의미하며, 종종 직원, 하청업체, 고객 또는 기업 파트너에게 부정적인 영향을 미치는 어려운 결정을 내려야 한다.

이러한 양상은 완성품 제조업체에서 분명히 드러난다. 예를 들어 자동차 회사들은 차량에 들어가는 중요한 부품을 다른 기업에 하청을 주어 생산한다. 이러한 관계를 관리하는 중간 관리자들은 일본의 린 생산lean production*의 교훈을 배워, 하청업체들과 협력적인 관계를 구축하려 노력한다. 여기서 이야기하는 협력이란 대기업이 하청업체를 존중하고 보호해준다는 것을 의미하며, 하청업체는 이에 대한 보답으로 혁신을 이루고, 비용을 절감하며, 특정 부품의 사양 변경 요청을 원활히 처리한다. 그러나 때때로 고위 경영진은 부품 가격이 지나치게 높다고 판단하고, 모든 하청업체에 가격을 10퍼센트 인하하도록 요구하기도 한다. 이러한 명령은 협력관계에 분명히 지장을 초래하며, 중간 관리자들은 하청업체와의 관계를 수습하기 위해 애써야 한다.

마찬가지로 계층적 조직에서 과학자나 엔지니어가 다른 조직과 협력할 경우, 특정 지식재산을 공유하기 위해 여러 관리 계층의 허가를 받아야 한다. 반면, 수평 조직에 있는 협력 상대는 의사결정권자에게 직접 접근할 수 있다. 이러한 모든 사례에서, 계층 구조는 조직 외부 사람들과 상호 신뢰를 구축하는 데 장애물로 작용한다. 그리고 상호 신뢰가 약해지면 효과적인 조직 간 협력이 방해받을 수도 있다.

---

* 생산과정에서 공급자와 소비자 간의 응답시간과 생산시간을 최소화하는 것을 목표로 하는 생산 방식. '적시' 개념과 밀접하게 연관되어 있다.

삶터를 책임지는 사회

결론

우리 경제는 여전히 공룡이 지배하고 있다. 산업 시대에 대규모 공장을 짓고 대량 생산을 주도하며 수만 명의 노동자를 고용했던 거대한 계층적 조직으로 만들어진 대기업이 바로 그 공룡이다. 이러한 기업은 규모와 범위의 경제를 활용해 성공을 거두었지만, 이는 이미 오래전에 현실과 동떨어진 이야기가 되었다. 오늘날의 경제는 혁신, 비표준화, 지속적인 기술 발전에 중점을 두고 있으며, 현재 남아 있는 대기업은 점점 더 혁신과 생산을 위한 협력 네트워크에 의존하고 있다.

그러나 이와 같은 공룡 기업은 기존의 금융 구조와 막강한 정치적 영향력 아래 보호받고 있기 때문에 사라지기를 거부하고 있다. 실제로 기술 산업은 머스크Musk, 베이조스Bezos, 저커버그Zuckerberg 같은 사람들을 엄청난 부자로 만든 새로운 종류의 공룡 기업을 탄생시켰다. 경제의 진정한 역동성은 협력 네트워크 생산이라는 새로운 구조에서 만들어지지만, 공룡 기업은 이런 생산 방식으로 창출한 수익에서 불균형적으로 큰 몫을 차지하는 방법을 끊임없이 찾아내고 있다. 그리고 이 수익의 일부를 정치적 개입에 재투자해서 그들의 위치를 더욱 공고히 하는 데 이용하고 있다.

이와 동시에 공룡 기업은 협력 네트워크 생산이 삶터를 개선할 수 있는 엄청난 잠재력을 가로막고 있다. 신약 개발 사례에서 보았듯이, 기존의 제약회사들은 임상시험 과정의 병목 현상을 이용해 수십억 달러 규모의 블록버스터가 될 가능성이 보이는 신약 개발에만 투자하고 있다. 또한 『뉴욕타임스』의 보도에 따르면, 코로나19 팬데믹이 한창이던 시기에 인공호흡기가 부족한 상황에서 연방정부는 소규모 스타트업과 계약을 맺고 기존 제품보다 저렴한 인공호흡기를 개발하려 했다. 그러나 이 스타트업은 더 비싼 인공호흡기를 생산하던 경쟁사에 인수되었고, 합병한 회사는 저렴한 인공호흡기를 제공하기로 했던 계약을 이행할 의지가 없었다.[25]

대기업이 경쟁사를 인수해 혁신의 싹을 잘라버리는 일이 얼마나 흔한지에 대한 데이터는 없지만, 실리콘밸리의 인수합병 건수가 지나치게 많은 것을 보면 일부는 이 범주에 해당할 가능성이 크다. 페이스북은 97개 이상의 기업을, 마이크로소프트는 270개 이상의 기업을, 구글(알파벳)은 250개 이상의 기업을 인수했다.[26] 최소한 이런 광적인 인수 행보는 수백 개 또는 수천 개의 중소기업을 기반으로 한 협력 네트워크 생산이 실리콘밸리에 뿌리내릴 가능성을 줄이기 위한 의도적인 노력이라고 볼 수 있다.

기술 공룡들은 막대한 자금력과 억만장자 소유주들의 부에서 비롯된 정치적 영향력을 활용해 그들의 파괴적인 관행을 효과적

---

25   Kulish, Kliff & Silver-Greenberg, "The U.S. tried to build a new fleet of ventilators."
26   Wikipedia.

삶터를 책임지는 사회

으로 막을 수 있는 정부 규제를 수시로 차단해왔다. 이들 기업이 허위 정보를 확산하고, 정치적 분열을 조장하며, 개인의 사생활을 침해하고, 청소년 정신건강을 해친 것에 대해서는 충분히 증거를 확보하고 있다. 이제 우리는 새로운 세대의 인공지능이 초래하는 파괴적인 사회적 결과에 직면하고 있다. 효과적인 규제 방안이 명백히 필요해 보이지만, 아직 그러한 방안은 만들어지지 않았다.

만약 이러한 기술들이 협력 네트워크 생산체제에서 등장했다면, 훨씬 더 자연스럽게 효과적으로 규제할 수 있는 방안을 만들 수 있었을 것이다. 네트워크 실패를 줄이는 공공 부문의 역할이 업계의 모범 사례를 제공하는 가이드라인으로 확대될 수 있었으며, 이를 통해 현재 업계 표준이 되어버린 일부 남용 사례를 피할 수 있었을 것이다. 게다가 수익이 여러 기업에 걸쳐 분산되었다면 막대한 수익이 소수에게 집중되어 공룡 기업이 제멋대로 규제를 차단하는 일은 벌어지지 않았을지도 모른다.

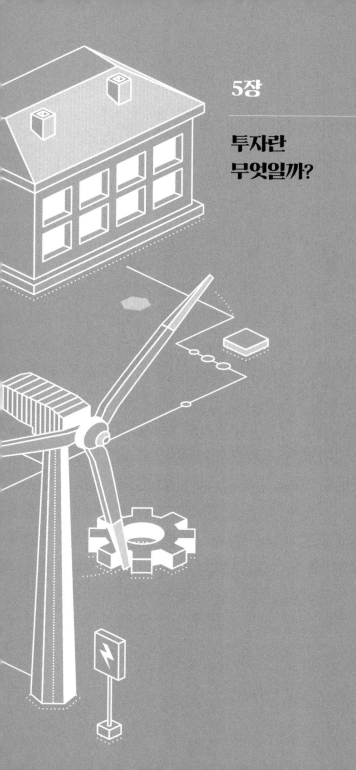

5장

투자란
무엇일까?

계층적 기업의 지배를 강화하는 데는 두 가지 강력한 동력이 작동한다. 6장에서는 현재의 금융제도가 어떻게 기업 지배를 강화하고 사람들이 자신의 삶터에 대한 통제권을 행사하지 못하도록 만드는지를 설명할 것이다. 이 장에서는 주류 경제학이 경제의 투자 규모를 측정하는 데 있어 항목을 잘못 구성함으로써 오류를 범하게 되는 과정을 설명하려 한다. 투자 규모를 잘못 측정한 결과, 공공 정책이 기업 투자를 장려하는 방향으로 집중해야 한다는 생각에 정당성을 부여한다. 이는 공공 지출과 노동자의 임금 상승을 억제하게 되는데, 둘 다 기업의 수익성을 해칠 수 있기 때문이다. 그 결과, 우리의 삶터를 개선할 수 있는 지출에 대해 체계적으로 투자가 부족한 상황이 만들어진다.

우리는 현재 삶터 경제 환경에서 살고 있지만 여전히 산업 경제를 이해하기 위해 개발된 경제 도구를 이용하고 있다. 가장 중요한 도구 중 하나는 투자의 정의와 이를 측정하는 회계 방법이다. 경제학자들은 일반적으로 투자를 다른 상품을 만들어내는 데 필요한 상품의 생산으로 정의한다.[1] 특정 지출이 투자로 정의되는지 여부는 총생산량을 측정하는 데 중요한 영향을 미친다.

투자에 투입되는 지출은 중간재에 들어가는 지출과 구별된다. 중간재는 생산과정에서 소모되는 것으로, 자동차 생산에 들어가

---

1 Hassett, "Investment." 생산에 들어가는 재화와 생산된 재화는 모두 유형과 무형일 수 있다. 소프트웨어 프로그램은 무형투자이며, 그 산출물 역시 주식 거래 전략과 같은 무형의 것일 수 있다.

는 강철이나 유리, 혹은 기업의 회계관리 대행 비용처럼 최종 제품의 가격에 포함되므로 국내총생산에는 포함되지 않는다. 투자 지출은 또한 단순히 생산된 재화와 서비스를 소비하는 소비 활동과도 구별된다. 따라서 이전에 중간재나 소비재로 정의했던 지출을 투자로 재정의하면 국내총생산은 증가한다. 국내총생산은 투자, 최종 사용자가 소비하는 재화와 서비스의 총량, 정부 지출, 국제 무역 균형을 합한 값이다.[2] 요컨대 투자 지출은 생산적인 반면, 소비는 단순히 어딘가에서 생산된 것을 소모하며, 중간재는 필요하기는 하지만 투자와 같은 생산적 힘을 갖지는 않는다.

모든 경제 패러다임은 생산적 활동과 비생산적 활동을 구별한다. 중농주의자들Physiocrats은 18세기 경제학의 선구자로, 오직 농업만이 생산적이고, 상업과 여타 산업은 농업이 생산한 자원을 소모할 뿐이라고 주장했다.[3] 19세기 초에는 가사노동을 생산적인 활동으로 보았지만, 19세기 말에는 비생산적인 활동으로 다시 정의했다.[4] 19세기 대부분에 걸쳐 경제학자들은 금융 활동을 비생산적이라고 정의했으나, 20세기 후반에는 이를 생산적인 활동으로 재정의했다.[5] 따라서 투자 범주를 어떻게 정의하느냐를 둘러싼 논쟁은 결국 무엇이 생산적인지와 그렇지 않은지를 두고 벌어지

---

2 좀 더 정확히 말하면, 투자에 해당하는 지출을 제외한 정부 지출을 의미한다.
3 Mazzucato, *The Value of Everything*.
4 Folbre, "The unproductive housewife."
5 Christophers, *Banking Across Borders*.

는 논쟁이다.

20세기에 걸친 경제적 변혁은 주류 경제학이 투자 개념을 구성하고 정당화하는 방식에 문제를 야기했다. 토머스 쿤Thomas Kuhn이 말한 바와 같이, 패러다임의 이상 증세가 축적되면서 많은 경제학자가 제각기 다른 투자 측정방식을 제안해왔다. 미국에서 국민소득 계정을 담당하는 정부기관은 경제학자 대다수의 관점과 일치하는 투자 개념을 정립하지 못했다.[6] 1996년 이후, 미국 상무부 경제분석국Bureau of Economic Analysis: BEA은 투자에 대한 정의를 여러 차례 수정했지만, 여전히 이론적으로 일관된 측정 체계를 만들어내지 못하고 있다.

여기서의 주장은 대다수 주류 경제학자와 경제분석국이 경제의 총투자 규모를 측정하는 데 있어 부적절한 체계에 의존하고 있다는 것이다. 그 결과, 시장 경제 체제를 채택한 모든 선진국의 국내총생산을 측정할 때도 문제를 일으키고 있다. 통계기관이 이론적으로 일관된 측정 체계를 개발하고 구현하지 못하고 있다는 사실은 투자를 좀 더 일관되고 체계적으로 정의하는 새로운 패러다임이 시급하다는 점을 시사한다. 이 대안적 패러다임의 기초는 이미 두 그룹의 이론가들이 마련해놓았다. 첫 번째는 사회적 재생산에 대한 페미니즘 이론가 집단이고, 두 번째는 사회복지 지출의 중요

---

6 Kuhn, *The Structure of Scientific Revolutions*.

한 부분을 사회적 투자social investment로 재개념화할 것을 주장한 학자들이다. 이 장의 목적은 미국 국민소득 계정과 기타 자료를 활용해 이 대안적 패러다임으로 무엇이 생산적인 활동이고, 무엇이 그렇지 않은지를 좀 더 설득력 있게 설명할 수 있음을 보여주는 데 있다. 이 분석은 경제에서 기업, 정부, 가계, 비영리 단체의 상대적 역할에 대한 우리의 이해를 수정하도록 만든다. 또한 지난 40~50년 동안 강력한 영향을 미쳐온 긴축 정책을 지지하는 광범위한 논거에 의문을 제기한다. 이러한 긴축 정책은 사람들이 원하는 삶터를 조성하지 못하게 하는 데 중요한 역할을 해왔다.

이 연구에 쓰인 데이터는 미국에서 나온 것이지만, 이 주장은 시장 경제를 운영하는 다른 선진국뿐 아니라 원자재 생산 중심의 경제를 넘어선 개발도상국에도 적용할 수 있다. 하지만 사회 지출 정책이 미국보다 훨씬 관대한 많은 유럽 국가의 경우, 이 대안적 패러다임을 적용한 실증 결과는 훨씬 극적일 것이다.

공식적인 투자 측정방식

생산적인 지출과 비생산적인 지출의 경계에 대한 논쟁은 여러 세기 동안 이어져왔지만, 여기서는 1930~1940년대 미국과 영국에서 이루어진 국민소득 계정의 발전부터 살펴보려 한다. 당시 노동력의 상당 부분은 농장이나 공장에서 일하며, 트럭이나 기차에 실려 소비자에게 전달되는 유형의 상품을 생산하고 있었다. 이와 달리 오늘날의 경제는 서비스 부문이 지배적이며, 공장이나 농장에서 일하는 노동자는 전체의 10퍼센트 미만에 불과하다. 과거 경제에서는 투자 개념을 건물·기계·차량 같은 유형자산에 대한 민간 지출로 좁게 정의하는 것이 상식적이었다. 이는 1947년 경제분석국이 처음 발표한 국민소득 계정에서도 그대로 적용된 개념이었다.

투자를 측정하기가 복잡한 이유

이 정의가 시간이 지나면서 어떻게 변화했는지를 살펴보기 전에, 투자 항목을 정의하는 것이 얼마나 복잡한지에 대해 몇 가지 측면에서 좀 더 면밀히 검토하는 것이 중요하다. 첫째, 특정 지출을 투자로 분류하는 결정은 실제 결과와 무관하다. 예를 들어 사람들이 소매점이나 레스토랑을 개조하고 장비를 갖추는 데 막대한 돈을 투자했더라도, 그 사업이 6개월 내에 실패하는 경우도 있다. 그러나 이러한 지출은 결국 비생산적이었더라도 국민소득 계정에서는 여전히 투자로 분류된다. 마찬가지로 경기 호황기에는 기업이 사무용 건물 또는 주택을 과잉 생산하거나 광케이블을 지나치게 많이 설치하는 경우가 흔하다. 이는 소비에서 벗어나 자원으로 전환되었기 때문에 투자로 기록된다. 즉, 투자의 정의는 해당 지출이 실제로 생산적이어야 하거나 특정한 수익률을 달성해야 한다는 것을 요구하지 않는다. 중요한 점은 단순히 이러한 지출이 시간이 지나면서 경제적 산출을 증가시킬 가능성을 가진다는 것이다.

둘째, 투자를 분석할 때는 총투자gross investment와 순투자net investment를 구분한다. 순투자는 총투자에서 감가상각(자본 소모분)을 뺀 값이다. 건물·기계·차량 같은 투자재는 시간이 지나면서 점차 낡고 결국에는 쓸 수 없어지므로, 총투자의 일부는 사라지거나 이러한 감가상각을 보상하는 데 들어간다. 이론적으로는 감가상각을 제외한 순투자만이 경제의 총생산 능력을 실질적으로 키우는 요소다. 합리적이기는 하지만 감가상각 개념을 실무적으로 적용하는 것은 매우 복잡한 문제다. 따라서 이 장에서는 이러한 복잡성을 피하기 위해 총투자 흐름에 초점을 맞출 것이다.[7] 다만, 이후에 다양한 유형의 투자에 대한 감가상각이 어떻게 계산되는지에 대해서도 다시 논의할 것이다.

세 번째는 투자를 측정하는 것과 자본, 즉 생산자산의 총량을 어떻게 개념화할 것인가 하는 문제다. 최근 일부 연구에서는 자본

---

7 감가상각을 계산하는 것이 어려운 이유는 자본재마다 감가 속도가 매우 다르기 때문이며, 분석가들은 설문조사를 기반으로 평균 서비스 수명을 추정할 수밖에 없기 때문이다. 더욱이 컴퓨터 소프트웨어, 연구·개발 지출, 또는 노동자의 기술과 역량 향상을 위한 지출 같은 무형투자의 서비스 수명을 추정하는 것은 특히 어렵다. 놀랍게도 무형자산의 감가상각 계산이 어렵다는 점에 대한 경제학 연구는 매우 적다. 이 주제를 다룬 대표적인 논의로는 Haskel & Westlake, *Capitalism without Capital*, 56~57쪽을 참고할 것.

의 개념을 정교하게 다듬는 데 초점을 맞추고 있지만, 대부분은 투자 흐름을 측정하는 복잡한 문제를 깊이 다루지는 않는다. 상당한 영향력을 가지고 있는 토마 피케티의 저서 『21세기 자본』에서도 자본의 정의에 대한 논의는 단 몇 페이지에 불과하다. 그는 국내 자본이 정부와 기업이 소유한 토지·기반시설·기계·컴퓨터·특허 등을 포함한다고 설명하지만,[8] 어떤 특정 자산이 투자 항목에 속하는지에 대해서는 깊이 탐구하지 않는다.

최근 일부 학자들은 자본 개념을 토지·건물·기계뿐만 아니라 인적 자본, 문화자본, 사회자본까지 확장하고 있다. 그러나 문화자본이나 사회자본이 화폐 단위로 계량할 수 있는 투자를 통해 생산된다고 보기는 어렵다. 문화자본은 가족 내 사회화의 부산물로 형성되는 경향이 있으며, 사회자본은 사회적 유대를 형성하는 거의 모든 활동을 통해 생성될 수 있다.[9] 예를 들어 중국의 문화혁명 시기 '홍위병'으로 동원된 젊은이들이 형성한 인맥이 이후 중국이 개방되면서 기업가 정신을 발휘하는 토대가 되었다는 연구도 있다.

미국 공식 자료의 변천

1947년에 발표된 미국의 초기 국민소득 계정에서는 도로·교량·

---

8 Piketty, *Capital in the Twenty-First Century*, p. 119.
9 Bourdieu, "The forms of capital;" Putnam, *Bowling Alone*.

고속도로·항만 등에 대한 정부의 생산적 지출이 투자 범주에 포함되지 않았다. 당시의 전통적 관점에서는 정부는 단순히 민간 부문에서 생산된 재화를 소비하는 기구 중의 하나로 보았다. 1930~1940년대에 존 메이너드 케인스와 그의 추종자들이 정부 투자의 가치와 중요성을 강조했지만 회계 체계에서는 정부 지출을 소비의 일부로 정의했다.[10]

마찬가지로 가계 지출도 소비로 분류되었다. 많은 회계 분석가는 가계 역시 신규 주택 건설이나 기존 주택의 대규모 개보수를 위해 비용을 지출한다는 사실을 알고 있었지만, 국민소득 계정을 단순화하기 위해 모든 주택 건설 활동을 기업 부문에 귀속시켰다. 이에 따라 주택 소유자는 자신에게 임대료를 지급하는 세입자로 취급되었다. 또한 가전제품이나 자동차가 장기간에 걸쳐 효용을 제공하지만 이러한 지출은 소비 지출로 정의되었다. 이러한 방법론을 선택한 결과, 가계는 투자 주체로 고려되지 않았다.

1947년에 이러한 분석 틀이 확립된 이후, 미국의 국민소득 계정은 거의 반세기 동안 큰 변화를 겪지 않았다. 이는 정부 통계기관이 변화에 대해 경직된 태도로 일관하기 때문이었다. 통계기관이 중요한 통계 항목의 정의나 적용방식을 변경하면, 그해를 기준으로 이전과 이후의 통계 자료를 엄밀히 비교할 수 없음은 분명

---

10   Crotty, *Keynes Against Capitalism*.

하다. 이는 과거에서 지금까지 연속적이고 일관된 자료를 필요로 하는 사용자들에게 불편을 끼친다. 반면, 새로운 정의를 과거 모든 연도에 소급 적용함으로써 통계의 연속성을 유지할 수도 있다. 그러나 이러한 선택을 할 경우 과거 자료를 새 기준에 맞춰 수정하는 데 방대한 연구가 필요하다. 이러한 관성 때문에 미국 경제분석국은 1990년대 클린턴 행정부에 이르러서야 기존의 투자 개념을 재검토하기 시작했다.

약 50년 동안 이어진 경제분석국의 관성 때문에 주류 경제학의 주요 변화들을 반영하지 못하는 결과를 초래했다. 케인스의 주장대로 정부 지출의 일부를 투자로 분류해야 한다는 인식이 경제학자들 사이에서 인정받기 시작했다. 특히 아이젠하워 행정부의 주도로 건설한 미국의 고속도로망이 경제적으로 중요한 역할을 하면서 정부 지출은 비생산적이라는 관점을 고집하는 기존 입장은 점점 설득력을 잃어갔다. 또한 로버트 솔로Robert Solow의 획기적인 논문을 보면, 경제적 산출의 증가분을 단순히 물적 자본과 노동 투입의 증가만으로 설명할 수 없으며, 기술 발전과 노동자의 기술 향상 같은 무형 요소들이 생산에 중요한 역할을 한다는 점을 강조했다.[11] 이어서 시어도어 슐츠Theodore Schultz는 인적 자본, 다시 말해 노동자의 기술이 생산과정에서 중요한 투입 요소라고

---

11   Solow, "Technical change and the aggregate production function."

주장했다.[12]

경제분석국과 협력한 경제학자들이 경제분석국의 정의보다 훨씬 광범위한 투자 항목을 포함하는 중요한 연구 결과를 발표하면서 기존 체계의 한계가 더욱 두드러졌다.[13] 결국 경제분석국은 1996년 대대적인 개정을 통해 투자 개념을 재정의하기 시작했다. 첫 번째 변화는 지방·주·연방 등 모든 범주의 정부가 건물과 장비에 지출하는 예산을 투자 항목에 포함한 것이었다.[14] 1999년에는 두 번째로, 기업과 정부의 컴퓨터 소프트웨어 지출을 중간재가 아니라 투자로 분류했다.[15] 이로써 과거에 들여온 소프트웨어뿐만 아니라 사내 프로그래머에 대한 급여 역시 투자 지출로 재분류되었다.

세 번째 주요 개정은 2013년에 이루어졌으며, 경제분석국은 지식재산권 관련 지출을 새로운 투자 항목에 포함했다.[16] 여기에는 공공과 민간의 연구·개발 지출이 포함되었으며, 2015년 기준 약 5,000억 달러로 추산되었다. 또한 책·영화·음악·음반처럼 장기적으로 가치를 갖는 창작물의 제작 비용도 투자 항목에 포함되었

---

12   Schultz, "Investment in human capital."

13   Denison, *Accounting for Economic Growth, 1929-1969*; Kendrick, *The Formation and Stocks of Total Capital*; Eisner, *The Total Income System of Accounts.*

14   BEA, "Improved estimates of the National Income and Product Accounts for 1959-95."

15   Parker & Grimm, "Recognition of business and government expenditures for software as investment."

16   Soloveichik & Wasshausen, "Copyright-protected assets in the National Accounts."

다. 이러한 개정은 무형의 투자가 점점 더 중요해지고 있음을 강조한 연구 결과를 반영한 것이었다.[17]

비판

경제분석국은 추가적인 개정을 약속했지만,[18] 교육과 훈련에 대한 지출을 투자 항목에 포함할 계획은 아직 보이지 않는다. 이는 아마도 자료의 연속성에 대한 우려 때문일 것이다. 예를 들어 최근 연구에서는 2019년 기준으로 이러한 유형의 지출을 포함할 경우 미국 내 투자 규모가 4.5조 달러에서 7조 달러로 증가할 것으로 추정했다.[19] 이는 국내총생산이 2.5조 달러, 약 12퍼센트 증가하는 것을 의미한다.

이러한 저항은 인적 자본 투자 측정을 놓고 경제학자들 간에 의견이 일치하지 않기 때문일 가능성이 크다. 한 가지 방법은 노동력의 질을 향상시키기 위한 사회적 지출을 단순 합산하는 방식이다.[20] 다른 방법은 개개인이 받는 보상을 그들에게 축적된 기술이 제공하는 서비스의 흐름이라고 가정하고 교육과 훈련의 가치를 측정하는 것이다.[21] 그러나 이 방법론에는 두 가지 심각한 문제

---

17 Corrado, Hulten & Sichel, "Measuring capital and technology;" Corrado, Hulten & Sichel, "Intangible capital and U.S. economic growth;" 다음의 후속 연구도 참고할 것, Haskel & Westlake, *Capitalism*.
18 Landefeld, Villones & Holdren, "GDP and beyond."
19 Abraham & Mallatt, "Measuring human capital."
20 앞의 논문.

가 있다. 첫째, 임금과 급여 소득의 분포가 각 개인의 기여도를 정확히 반영한다고 가정하는 데 있다. 따라서 저임금 노동자의 소득이 착취나 고용주의 시장 지배력 때문에 적정 임금 수준보다 낮을 경우, 이 방식은 교육과 훈련의 경제적 성과를 과대평가하게 된다.* 둘째, 에이브러햄과 말렛의 연구에 따르면, 가정을 어떻게 설정하느냐에 따라 결과가 크게 달라질 수 있다.[22] 예를 들어 최근 학교를 중퇴한 사람들이 다시 입학할 것인지에 대한 가정만으로도 추정 결과에 상당한 영향을 미친다.

또한 노동력의 기술과 역량을 향상시키는 것으로 볼 수 있는 지출이 어디까지인지에 대한 논란도 존재한다. 공식적인 교육과 훈련뿐만 아니라, 유아기부터 성인기까지 자녀를 양육하는 데 들어가는 유·무급 노동을 포함할 것인지에 대한 논란이 그중 하나이며, 정부가 자녀 양육을 지원하기 위해 가족에게 제공하는 이전지출도 포함 여부를 두고 논란이 진행 중이다. 그뿐만 아니라 신체적·정신적 보건 서비스는 개인의 역량을 확장하는 데 중요한 역할을 하므로 투자로 고려해야 할 수도 있다.

앞서 언급한 것처럼, 경제분석국은 자동차나 가전제품 같은 내구성 소비재를 투자로 분류하지 않는다. 이는 주택 소유자를 임차

21   Jorgenson & Fraumeni, "The output of the education sector."
*   정당한 임금을 지급했을 경우에 비해 투입 대비 성과가 지나치게 높게 측정될 수 있다.
22   Abraham & Mallatt, "Measuring human capital."

인으로 취급하는 경제분석국의 기존 접근법에서 비롯된 논리적 귀결이다. 그러나 내구성 소비재는 소비자에게 여러 해 동안 서비스를 제공한다는 점에서 명백히 투자 성격을 갖는다. 가전제품이 없다면 가사노동에 필요한 무급 노동량이 급격히 증가할 것이다.

결국 대다수 경제학자가 투자로 인정하는 범위와 경제분석국이 공식적으로 측정하는 투자 사이에는 상당한 괴리가 있다.[23] 이러한 괴리는 주류 경제학자들이 정부 통계기관이 제공하는 권위 있는 공식 통계와 자신들의 이론적 개념을 일치시키지 못하고 있다는 패러다임 위기의 징후다. 대부분의 계량경제학 연구가 공식적인 투자와 국내총생산 통계를 기반으로 이루어지기 때문에, 현재 통용되는 통계 자료는 문제를 내포하고 있으며, 연구 결과의 타당성을 떨어뜨릴 가능성이 크다.

토머스 쿤이 제시한 바와 같이, 이러한 모순들이 축적되면 새로운 패러다임이 필요하다는 신호로 받아들여야 한다.[24] 다행히도 이미 두 그룹의 학자들이 이러한 대안을 제시해왔다. 첫 번째 그룹은 사회적 재생산 개념을 발전시킨 학자들이다. 사회적 재생

---

23 일부 경제학자들은 기업이 마케팅과 브랜드 구축, 차별화된 비즈니스 모델을 개발하기 위해 지출하는 비용 또한 무형투자로 보아야 한다고 주장한다. 이에 대한 논의는 Haskel & Westlake, *Capitalism*을 참고할 것. 이 논리가 적용된다면, 제품 디자인, 광고, 경영 컨설팅에 대한 지출도 투자로 분류될 것이다. 그러나 나는 이 주장은 설득력이 없다고 본다. 이러한 지출은 일반적으로 경제 전체의 생산량을 증가시키기보다는 기업이 경쟁사보다 시장 점유율을 높이는 것을 목표로 하기 때문이다.

24 Kuhn, *Structure of Scientific Revolutions*.

산은 특정 사회에서 인간을 생산하고 유지하는 데 필요한 활동을 의미한다. 두 번째 그룹은 공공 지출의 상당 부분을 경제의 생산 능력을 확장하는 사회적 투자로 재정의한 연구자들이다. 이 두 가지를 결합하면 현대 경제에서 투자를 새롭게 개념화할 수 있는 길이 열린다. 이는 고전파 경제학자들이 중농주의의 이론을 비판했던 것과 유사하게, 주류 경제학이 생산적·비생산적 활동을 구분하는 기존 방식에 도전하는 새로운 패러다임을 형성할 가능성을 제시한다.

사회적 재생산과 사회적 투자

1970년대부터 마르크스주의 사상을 깊이 연구한 페미니스트 이론가들은, 정통 마르크스주의와 주류 경제학이 생산에 투입되는 노동을 사회적 재생산에 투입되는 노동보다 우선시하는 것은 부당하다고 비판하기 시작했다. 사회적 재생산이란 인간이 태어나고 양육되고 사회화되며, 생애 전반에 걸쳐 지원받는 과정을 의미한다. 이들은 생산에 투입되는 노동에 우선순위를 설정하는 것은 남성 중심적 세계관의 일부이며, 역사적으로 여성이 수행해온 노동을 평가절하하고 무시하는 사고방식이라고 주장했다. 또한 생산이 항상 재생산에 의존한다는 점을 강조하며, 인구를 꾸준히 재생산할 효과적인 체계가 없다면 생산 자체도 중단될 것이라고 보았다.

이러한 접근방식을 처음 체계적으로 정리한 것은 국제적인 페미니스트 그룹 중 하나이며, 이들은 여성의 가사노동에 대한 임금 지급을 요구하는 운동을 전개했다.[25] 대표적인 인물로는 실비아 페데리치Silvia Federici, 마리아로사 달라 코스타Mariarosa Dalla Costa, 셀마 제임스Selma James가 있다. 이들은 자본주의가 두 가지 형태의 착취를 만든다고 보았다. 하나는 임금노동자들에게서 잉여 가치를 착취하는 것이고, 다른 하나는 무급 가사노동을 제공하는 가족 구성원들의 노동력을 착취하는 것이다. 따라서 이들은 두 가지 착취 형태를 모두 해결하는 정치적 전략이 필요하다고 주장했다. 이러한 통찰은 이후 리즈 보겔Lise Vogel의 저서로 한층 체계적으로 정리되었으며, 이 책은 오늘날 사회적 재생산 이론의 기초로 평가받는다.[26]

시간이 지나면서 이론적 틀은 더욱 발전해 가사노동이 단순한 집안일이 아니라 돌봄노동이라는 더 넓은 사회적 기초의 일부임을 강조하게 되었다. 돌봄노동은 주로 여성들이 담당하며, 일부는 무급으로 이루어지고, 일부는 보육교사나 중증환자 요양사처럼

---

25 Toupin, *Wages for Housework*.
26 Vogel, *Marxism and the Oppression of Women*; 다음도 참고할 것, Bhattacharya, *Social Reproduction Theory*.

매우 낮은 보수를 받으며 이루어진다.[27] 더욱이 돌봄노동으로 혜택을 보는 대상은 자본가들만이 아니다. 대다수 남성과 일부 여성들도 무급 또는 저임금 돌봄노동의 혜택을 받는다. 하지만 돌봄노동은 사회적 재생산의 핵심 요소임에도 자유주의 경제 이론에서는 자율적이고 자기실현을 추구하는 개인을 중심으로 사고하기 때문에 이 노동의 중요성이 가려져왔다.[28] 최근 연구들은 가정 내무급 노동을 경제 통계에 포함할 경우 경제적 지표가 완전히 달라질 수 있음을 보여주었다.[29]

앞서 언급한 삶터 개념은 사회적 재생산에 대한 이러한 초점을 기존 체제 비판과 결합하려는 시도다. 가장 중요한 점은, 사회적 재생산 개념이 경제학에서 말하는 인적 자본보다 훨씬 포괄적인 개념이라는 것이다. 인적 자본 개념이 노동자가 습득한 기술에 초점을 맞춘다면, 사회적 재생산 개념은 현재와 미래의 노동자가 가족과 공동체 속에서 살아가며 생산과 재생산을 담당할 수 있도록 하는 복합적인 사회적 기반까지 고려한다. 이러한 사회적 기반은

---

27 Folbre, *For Love or Money*; Fraser, "Can society be commodities all the way down?" and "Crisis of care?".

28 바버라 에런라이크Barbara Ehrenreich는 복지 지출이 의존성을 조장하기 때문에 나쁘다는 익숙한 논리를 분석한다. 그 후, 그녀는 독립independence이 의존dependence보다 우선시된다는 이러한 논리가, 인간이 세상에 태어날 때와 세상을 떠날 때 본질적으로 타인에게 의존한다는 사실을 무시해야만 가능하다는 점을 보여준다. Ehrenreich, "The New Right Attack on Social Welfare."

29 Folbre & Heintz, "Investment, consumption, or public good?;" Heintz, "Public investments and human investments."

삶터를 책임지는 사회

일반적인 가족, 생활공동체뿐만 아니라 동성 부부 가정까지 포함하는 다양한 형태의 가족에서 이루어지는 수많은 시간의 무급 노동을 포함한다. 이러한 사회적 기반이 없다면, 기업은 단순 노동부터 고급 기술 노동까지 모든 일자리의 채용에 큰 어려움을 겪을 것이다.

그러나 사회적 재생산 이론 내부에서도 몇 가지 논쟁이 존재한다. 첫 번째 쟁점은 생산적 노동과 비생산적 노동을 구분하는 이분법을 어떻게 다룰 것인지에 관한 것이다. 일각에서는 이러한 구분 자체가 여성의 종속을 정당화하기 때문에 폐기해야 한다고 주장한다. 반면, 또 다른 입장에서는 역사적으로 비생산적이라고 평가절하된 노동이 실제로는 경제적으로 생산적이라는 점을 증명해야 한다고 본다. 이러한 논쟁 자체는 충분히 의미가 있지만 여기서는 후자의 입장을 발전시키는 방향으로 분석을 전개한다.

두 번째 논쟁은 인과관계에 대한 것이다. 사회적 재생산 이론의 마르크스주의적 뿌리를 강조하는 일부 학자들은 자본주의 체제에서는 사회적 재생산이 항상 생산의 필연성과 우선순위에 종속될 수밖에 없다고 주장한다. 따라서 돌봄 위기는 자본주의를 극복하는 방식으로만 해결될 수 있다고 본다.[30] 그러나 또 다른 학자들은 선진 시장 경제 내에서도 공공 돌봄 서비스 제공 방식이 국

---

30 Fraser, "Commodities all the way down."

가마다 다르게 나타나는 점에 주목하며, 체제 내에서도 개혁을 통해 개선이 가능하다고 주장한다.[31]

사회적 투자의 골격

요스타 에스핑앤더슨Gøsta Esping-Andersen의 『복지 자본주의의 세 가지 세계Three Worlds of Welfare Capitalism』(1990)는 사회복지 지출이 노동시장 소득에 대한 의존도를 얼마나 낮추는지를 분석해 다양한 복지제도를 비교·연구하는 데 중요한 기준이 되는 기반을 제공했다. 그러나 이후 저서 『탈산업 경제의 사회적 기초Social Foundations of Postindustrial Economies』에서, 에스핑앤더슨은 지식경제와 여성 노동시장 참여율의 급격한 증가를 포함한 탈산업적 변화 때문에 사회복지 지출에 대한 재평가가 필요하다고 주장했다. 그의 주장은 주류 분석이 여성의 유·무급 노동의 중요성을 가려왔다는 페미니스트의 주장을 적극적으로 반영했다.

21세기 들어 10년에 걸쳐 신자유주의자들이 복지 지출 축소를 요구하면서 많은 국가에서 사회복지 지출에 대한 압박이 높아졌다. 주로 유럽 학자들은 에스핑앤더슨의 논의를 발전시켜, 새로이 대두되고 있는 지식사회에서 많은 복지 지출이 단순한 비용이 아니라 미래의 경제성장에 이바지하는 '사회적 투자'로 인정받아야

---

31 Kenworthy, *Social Democratic Capitalism*.

삶터를 책임지는 사회

한다고 주장했다.[32] 예를 들어 정부의 보육 지출은 어린이의 미래 학습 능력을 키우는 동시에 어머니들의 유급 노동시장 참여를 증가시킨다. 마찬가지로 실업자에 대한 지원과 재훈련을 제공하는 적극적 노동시장 정책은 숙련 노동력에 대한 투자로 보아야 한다. 부모의 유급 휴가는 맞벌이 가정이 자녀를 양육하기 쉽게 만들며, 기업이 숙련된 노동자를 유지할 수 있도록 돕고 효과적인 부모 역할을 가능하게 함으로써 생산성을 높인다.

실리아 호이저만Silja Häusermann 등은 사회적 투자 정책을 세 가지 차원에서 분석했다.[33] 인적 자본, 기술, 역량의 **형성creation**, 경제에서 이러한 기술과 역량을 생산적으로 활용할 수 있도록 하는 **동원mobilization**, 실업이나 가족 해체 같은 충격 속에서 이러한 역량을 유지하는 **보존preservation**이 그것이다. 양질의 보육 서비스를 공적 재정으로 지원하게 되면 아동의 성장을 지원하는 동시에 어린 자녀를 둔 부모의 노동시장 참여를 촉진하기 때문에 형성과 동원 두 가지 범주에 모두 해당한다. 아동수당은 역량 형성과 보존 모두에 기여할 수 있다.

사회적 투자 개념을 얼마나 신뢰할 수 있는지는 혁신 역량 측면

---

32 Morel, Palier & Palme (eds), *Towards a Social Investment Welfare State?*; Hemerijck, *The Uses of Social Investment*; Garritzmann, Häusermann & Palier, *The World Politics of Social Investment*, vols I & II; Hemerijck, Ronchi & Plavgo, "Social investment as a conceptual framework for analyzing well-being and reforms in the 21st century."

33 Häusermann, Garritzmann & Palier, "The politics of social investment."

에서 상위권에 있는 스웨덴·노르웨이·덴마크·핀란드·아이슬란드 등의 북유럽 국가와 네덜란드가 경제적으로 성공한 사실을 보면 알 수 있다. 이들 국가는 여성의 노동시장 참여를 지원하는 정책, 즉 공적 보육 서비스와 적극적 노동시장 정책, 아동 빈곤을 최소화하는 소득 유지 프로그램 등에 투자해왔다.[34] 그 결과, 이들 국가의 노동력은 높은 수준의 성인 문해력을 갖추었으며, 이는 기업이 세계 시장에서 경쟁력을 유지하는 데 기여했다.

새로운 정의

사회적 재생산 이론과 사회적 투자 이론으로 마련된 통찰을 바탕으로, 나는 투자에 대한 새로운 정의를 제안한다. 투자는 **미래에 생산적인 인구의 역량을 강화하는 데 필요한 모든 금전적·시간적 지출**로 이해되어야 한다. 경제분석국의 정의와 달리, 이 정의는 교육과 훈련의 중요성을 인정하며, 아동 복지 보호 조치를 포함한 사회적 재생산의 다른 중요한 요소들도 포함한다. 이 접근법은 재생산을 생산보다 우선하기보다, 생산과 재생산이 동등하게 중요하며 서로에게 의존한다는 점을 인정하는 것을 목표로 한다. 따라서 경제분석국의 투자 측정 기준에 포함된 모든 요소는 그대로 유지된다. 건물과 기계에 대한 지출, 연구·개발 지출, 예술적 원

---

34 Kenworthy, *Social Democratic Capitalism*.

삶터를 책임지는 사회

작에 대한 지출 역시 높은 역량을 가진 노동력이 생산성을 발휘할 수 있도록 보장하는 데 중요한 역할을 하기 때문이다.

대안적인 측정방식의 접근법

범주의 재구성

이 접근법을 실행에 옮기기 위해서는 분석 항목을 바꾸는 것이 첫 번째 단계다. 국민소득 계정에서는 기업이나 정부가 하는 투자만 다룬다. 방법론 자체가 투자 활동에서 가계 지출을 배재하고 있기 때문이다. 민간 부문에는 비영리 부문도 포함된다. 여기서는 가계 투자를 비영리 부문과 합산해 공동체 투자community investment로 정의한다. 이는 기업과 정부의 투자와 대조된다. 비영리 부문의 전체 투자 기여도는 비교적 작지만, 해당 부문의 투자가 이윤 추구가 아닌 공공의 이익을 목적으로 이루어진다는 점에서 공동체 투자에 포함하는 것이 적절하다.[35]

건물에 대한 지출을 평가할 때, 주거용, 상업용, 공공 건물 여부와 관계없이 분석가들은 수리repair와 리뉴얼renovation을 구분한

---

35 대형 비영리 기관 중 상당수, 예를 들어 사립대학과 병원 체인은 이윤을 추구하는 기업과 매우 유사한 방식으로 운영되는 경우가 많다. 그러나 비영리 기관은 기업보다 더 엄격한 규제 체계의 적용을 받으며, 이러한 규제는 비영리 기관이 기업과 다른 방식으로 운영되도록 강제하는 데 활용될 수 있다.

다. 지붕을 교체하거나 새로 칠하는 것 같은 수리는 건물을 현재 상태로 유지하는 것이므로 투자로 간주하지 않는다. 반면, 공간을 확장하거나 조명을 개선하는 것 같은 리뉴얼은 건물의 새로운 기능을 추가하는 것이므로 투자로 본다. 현실에서는 건물 소유자가 수리와 리뉴얼을 함께 진행하는 경우가 많으며, 조세제도는 일반적으로 투자 지출에 유리한 혜택을 제공한다. 따라서 기업이 세금을 신고하는 과정에서는 리뉴얼 비용의 금액이 실제보다 과대평가될 가능성이 있지만 수리와 리뉴얼의 구분은 직관적으로 이해하기 쉬운 개념이다. 이는 기계나 차량의 경우 더욱 분명하다. 수리는 투자로 분류하지 않지만, 낡은 기계나 차량을 교체하는 것은 명백한 투자로 본다.

사람에 대한 지출을 투자로 볼 것인가 하는 문제는 더 복잡하다. 물적 자본에서 수리/리뉴얼이라는 이분법 대신, 나는 세 가지 범주를 제시한다. 첫 번째 범주는 수리에 해당하는 **유지** maintenance **활동**으로, 이는 성인이 삶을 이어나가는 데 필요한 활동을 의미하며, 이발, 정기적인 진료, 청소와 식사 준비 같은 다양한 가사노동이 포함된다. 물적 자본의 수리와 마찬가지로 이러한 활동은 생산적인 행위지만, 생산과정에서 소모되는 중간재를 생산하는 것이다.

두 번째 범주는 리뉴얼에 해당하는 **역량 강화**capability-enhancing **활동**으로, 이는 개인의 기술과 역량을 향상시키는 활동을 의미한다. 여기에는 아동과 성인을 위한 교육과 훈련 지출이 포함되며, 보육비 지출과 부모가 자녀 양육에 투자하는 시간도 이에 해당한다. 또한 18세 미만의 아동이 포함된 가정에서는 건강한 다음 세대를 양육하기 위해 식사 준비와 청소가 필수적이므로, 여기에 들어가는 시간과 비용도 역량 강화 범주에 속한다. 이 범주에는 또한 심각한 질병을 치료하거나 생명을 위협하는 부상에서 회복할수 있도록 개인의 역량을 복원하는 일부 의료비 지출도 포함된다. 가족이 주요 생활 문제에 대응할 수 있도록 돕는 다양한 사회 서비스도 이 범주에 넣을 수 있다.

세 번째 범주는 **보호 유지**protective maintenance **활동**으로, 이는 영양실조나 노숙 같은 아동의 역량을 저해하는 환경에서 아동을 보호하는 데 필요한 지출을 의미한다. 예를 들어 노숙을 경험한 아동은 정신건강 문제를 겪을 가능성이 크며, 이는 결국 미래의 고용 가능성을 약화시킬 수 있다. 물론 물적 자본도 윤활유 없이 기계를 계속 가동하는 상황처럼 부적절한 관리 탓에 성능이 떨어질 수 있다. 하지만 기계의 소유자는 이를 방지하고자 하는 강한 동기가 있을 뿐 아니라 적절한 유지·보수를 수행할 자원을 보유한 반면, 아동은 자신의 역량 저하를 방어할 능력이 부족하다. 이러한 지출을 투자로 보는 이유는, 이를 통해 아동이 계속해서 역량을 강화할 수 있도록 하기 때문이다.

따라서 아동수당, 실업보험, 푸드스탬프*, 유족연금 등 아동이 포함된 가구의 소득을 유지하는 프로그램은 투자에 포함해야 한다.[36] 이러한 지원이 없으면 아동의 영양 상태가 부족해져 인지 발달과 학습 능력에 부정적인 영향을 미칠 수 있다. 또한 푸드뱅크 같은 가족 지원 서비스를 제공하는 공동체 조직에서 자원봉사자들이 투입하는 시간도 이 범주에 들어간다.

성인을 보호하고 역량을 유지하는 데 지출하는 비용도 투자로 봐야 한다는 주장이 있을 수 있다. 성인 역시 실업이나 노숙으로 역량이 떨어질 위험이 있기 때문이다. 그러나 나는 투자의 범위를 생산 역량을 향상하는 활동으로 한정하고 있기 때문에 이러한 지출은 제외한다. 아동의 경우, 보호 유지 지출은 그들이 계속 학습하고 역량을 키울 수 있도록 돕는다. 그러나 성인의 경우, 이러한 이전 지출은 단순히 그들이 기존 상태를 유지하는 역할을 하는 경우가 많다.[37]

나는 여기뿐만 아니라 다른 부분에서도 일관성을 유지하려 한다. 이 접근법이 전체 투자 규모를 다소 과소평가할 수는 있지만, 논리적으로 방어 가능한 기준을 설정하는 것이 중요하다. 예를 들어 19~21세 또는 그 이상의 연령대에 있는 많은 사람이 여전히 역량을 강화하는 과정에 있지만, 이러한 활동을 투자로 보기는 어

---

* 취약계층에게 식료품 구입비를 지원하기 위한 미국 사회보장제도의 하나.

36 다음을 볼 것. Hendren & Sprung-Keyser, "A unified welfare analysis of government policies."

37 따라서 일부 수혜자가 보육을 하거나 젊은 세대에게 기술을 전수하는 경우가 있더라도, 사회보장 연금 같은 노년층 대상 이전 지출은 투자에 포함하지 않는다.

삶터를 책임지는 사회

렵다. 이들은 스스로를 유지할 능력이 있다고 가정하며, 따라서 이들이 계속 교육을 받거나 훈련을 받는 데 들어간 지출만을 투자로 인정한다.

또한 아동과 성인이 학교에서 수업을 듣거나 숙제를 하는 데 소비하는 시간의 금전적 가치 역시 제외한다. 이러한 시간을 금전적으로 환산하면 매우 큰 수치가 될 수 있지만, 다른 사람에게 위임할 수 없는 작업이라는 특성을 고려할 때, 화폐 가치로 추정하는 것은 적절하지 않다. 사회가 축적한 지식을 다음 세대에 전달하는 것이 사회적 재생산의 중요한 부분임은 분명하지만, 그 모든 활동이 투자 범주에 포함될 필요는 없다.

이 밖에도 나는 투자를 측정하는 과정에서 몇 가지 애매한 지출을 제외한다. 예를 들어 개인이 취미로 복잡한 기술을 습득하거나, 독학으로 외국어나 컴퓨터 코딩을 배우는 데 지출하는 비용이 이에 해당한다. 이러한 활동이 미래의 역량 향상에 도움이 될 가능성은 있지만, 대체로 극장이나 음악 축제에 가는 것과 유사한 소비 지출로 보는 것이 더 적절하다.

이것이 사회적 재생산에 포함되는 모든 요소를 포괄하는 최종적인 목록은 아니다. 주정부나 지방정부 수준에서 근무하는 직원들 중 상당수가 사회적 재생산에서 중요한 역할을 한다고 볼 수도 있다. 예를 들어 공중보건 노동자나 건물 검사관이 이에 해당한다. 그러나 이러한 범주에 대한 적절한 추정치를 산출하는 것은 어렵다. 따라서 다음 일곱 가지 요소만으로도 사회적 재생산에 해당하는 투자의 규모를 충분히 파악할 수 있다.

1. 교육과 훈련 지출: 가계·기업·정부가 유치원부터 고등교육까지의 교육에 지출하는 비용을 포함한다. 또한 이 세 주체가 직원들의 공식적인 훈련을 위해 지출하는 자금도 포함된다.

2. 아동이 있는 가정을 지원하는 이전 지출: 아동이 추가적인 빈곤에 빠지는 것을 막는 프로그램과 가정이 자녀를 양육하는 데 도움을 주는 프로그램이 포함된다.

3. 의료비 지출: 정부·기업·가계가 지출하는 전체 의료비 중 일부는 현재와 미래 노동자의 역량을 향상시키는 투자로 볼 수 있다.

4. 보육비 지출: 가정 외부에서 제공되는 보육 서비스에 지출된 금액을 추정한 것이다.

5. 비영리 서비스: 푸드뱅크를 비롯해 가족을 대상으로 사회적 서비스를 제공하는 비영리 기관의 지출을 포함한다.

6. 자원봉사 시간: 이웃을 지원하는 서비스를 제공하는 데 들인 노동시간을 금전적 가치로 환산한 추정치다.

7. 아동이 있는 가정에서 이루어지는 무급 노동시간: 가족 구성원이 보육과 아동 양육 활동(예: 식사 준비와 청소)에 쏟는 총

시간을 추정한 것이다.

결국 이 새로운 프레임워크의 핵심은 인간을 단순히 일터에 배치되는 로봇과 같은 존재로 보는 것이 아니라는 점이다. 인간은 사회와 다양한 방식으로 유대를 맺고 있고, 가족으로 연결되어 있으며, 열정과 흥미로 뒤엉킨 다차원적인 존재다. 더욱이 생산성을 발휘하는 능력은 점점 더 이러한 다차원성에 의존하고 있다. 오늘날 많은 일자리는 다른 사람들과 효과적으로 협력하는 능력, 문제해결 능력, 창의적 사고력 같은 역량을 요구하고 있기 때문이다.

새로운 측정방식의 적용

여기에서 제시하는 수정된 추정치는 잠정적일 수밖에 없으며, 경우에 따라 '추정guesstimate'에 의존한다. 어떤 경우는 특정한 지출 유형에 대해 정부 자료가 신뢰할 만한 추정치를 제공하며, 나는 이를 투자에 포함한다. 그러나 의료비 지출 같은 경우 전체를 투자로 볼 수는 없지만, 정확히 어느 정도를 포함해야 하는지는 명확한 계산 방법이 없다.

이처럼 정밀성이 부족할 수밖에 없는 부분은 아쉽지만, 경제학에서 수치를 측정해온 역사를 볼 때 추정에 의존하는 것은 일반적인 절차였다. 회계 분야의 개척자들은 정부에서 운영하는 통계기관이 더욱 많은 인력과 자원을 투입해 이러한 추정치를 정교하게 다듬을 수 있을 것이라는 전제하에 이러한 방식의 추정을 계산에 포함했다. 정부의 통계 담당자들은 경제 조사에 새로운 질문을 추가해 이전에는 보고되지 않았던 지출을 측정할 수도 있다. 공식 회계 체계를 개정하라고 주장하는 최근 학자들도 여전히 이러한 추정을 활용하고 있다. 따라서 경제분석국이 계산한 투자 데이터와 사회적 재생산 프레임워크를 적용해서 산출한 추정치를 비교하는 것은 정확한 비교라기보다는 설명을 위한 비교라고 할 수 있다. 이는 특정 수치를 정밀하게 제공하기보다는 다양한 부문에서 이루어지는 지출 규모의 상대적 크기를 제시하는 것이 목적이다.

[표 5-1]은 정부 통계 담당자들이 평가한 세 부문의 총투자에 대한 최근 수치를 보여준다. 나는 경제분석국 수치를 조정하기 위해 세 가지 초기 수정 작업을 수행했다. 첫째, 8,139억 달러의 주택용 총투자를 기업 부문에서 정부 부문으로 옮겼다. 이는 미국에서 대부분의 주택 투자가 정부 대출 프로그램으로 자금이 조달되기 때문이다. 2019년, 이러한 정부 대출 프로그램은 1.3조 달러 규모의 부동산 담보 대출을 제공했다.[38] 정부의 주택 담보 대출 시장 지원이 없었다면 신규 주택 투자 규모는 상당히 줄어들었을 것이다. 둘째, 비영리 부문의 투자를 기업 부문에서 공동체 부문으로 옮겼다. 이는 비영리 부문의 투자는 이윤을 목적으로 이루어지는

---

38 Congressional Budget Office, "Fair-value estimates of the cost of federal credit programs in 2019."

삶터를 책임지는 사회

[표 5-1] 2019년 투자 지출 원천 비교(단위: 10억 달러)

	기업 투자	정부 투자	커뮤니티 투자
경제분석국 수치	3,826.3	740	
주택 부문 투자	-798.5	+798.5	
비영리 부문 투자[a]	-213.7		+213.7
내구성 소비재[b]			+1.413.4
수정된 총액	2,814.1	1,538.5	1,627.1

a 연방준비제도, 자금흐름표 Z.1의 표 F.101 16행, 2022년 9월
b 같은 자료 33행
출처 경제분석국, 국민소득과 생산 계정, 표 5.2.5 주요 유형별 총투자와 순투자, 연방준비제도, 자금 흐름 계정. 참고로 최근 데이터가 수정되어 여기에서 보고된 수치와 비교해 소폭의 변화가 발생했음을 유의해야 한다.

것이 아니기 때문이다. 셋째, 내구성 소비재 지출을 가계 부문에 포함했다. 경제분석국 수치에서는 이러한 소비 지출이 제외되어 있지만, 이는 투자적 성격을 가지므로 포함해야 한다. 이 두 번째와 세 번째 조정은 연방준비제도Federal Reserve의 데이터를 기반으로 수행되었다.

이러한 수정만으로도 새로 집계한 총투자 구성은 제일 윗줄 경제분석국의 수치가 보여주는 투자 분포와 상당히 큰 차이를 드러낸다. 기업의 총투자는 정부와 공동체 부문의 투자 합계치에 못 미치는 결과를 보인다. 이는 1936년 『고용, 이자, 화폐에 관한 일반이론』에서 케인스가 지적한 중요한 논점 하나를 다시금 상기시킨다. 그는 다음과 같이 말했다.

따라서 나는 다소 포괄적인 수준으로 투자를 사회화하는 것이 완전고용에 근접한 고용 수준을 달성할 수 있는 유일한 수단이 될 것이라고 생각한다. 그렇다고 해서 공공 당국이 민간의 자발적 노력과 협력하는 다양한 절충안과 정책 수단을 배제할 필요는 없다. 하지만 이를 넘어서는, 사회 전체의 경제 활동 대부분을 포괄하는 국가사회주의State Socialism 체제가 필요하다는 명확한 근거는 존재하지 않는다. 중요한 것은 국가가 생산 수단의 소유권을 갖는 것이 아니다. 국가가 생산수단을 확충하는 데 투입되는 총자원의 규모와 이를 소유한 사람들에게 돌아가는 기본적인 보상의 수준을 결정할 수 있다면, 필요한 모든 것을 달성한 것이다. 더욱이 이러한 사회화 조치는 점진적으로 도입될 수 있으며, 사회의 기존 전통을 단절하지 않고도 시행될 수 있다.[39]

케인스의 주장은 민간 부문이 자율적으로 투자할 경우, 완전고용을 달성할 수준의 투자를 제공하지 못할 것이라는 생각에 기반을 두고 있었다.[40] 이러한 견해는 1차 세계대전 이후 영국의 경험을 바탕으로 한 것이었다. 그러나 케인스는 생산 수단의 국가 소유를 해결책으로 여기지 않았다. 그는 정부가 "다양한 절충안과 정책 수단을 활용하면" 민간 부문이 충분한 투자를 하도록 유도할 수 있으며, 정부 투자와 결합할 경우 완전고용을 달성하는 데

---

39 Keynes, *The General Theory of Employment, Interest, and Money*, p. 378.
40 Crotty, *Keynes Against Capitalism*.

충분할 정도로 총투자가 이루어질 것이라고 믿었다.

케인스가 염두에 둔 이러한 정책 수단에는 미국의 주택 담보대출 시장을 뒷받침하는 정부 대출 프로그램이나 대기업의 수출을 지원하는 수출입은행Export-Import Bank 같은 제도가 포함된다. 또한 정부가 산업 부문에서 연간 약 8,000억 달러 규모의 지출을 하는 것도 이에 해당한다. 이외에도 국내총생산에서 법인세 수입이 차지하는 비중을 상당히 감소하게 만든 가속상각 같은 세금 인센티브도 중요한 정책 수단이다. 마지막으로, 케인스가 예상하지 못했을 것으로 보이는 중요한 요소가 있다. 바로 정부의 과학기술 투자 확대이며, 이는 3장에서 논의했다.[41] 한마디로 정부의 개입이 기업 투자의 규모를 형성하는 데 결정적인 역할을 해왔다는 것이 [표 5-1]에서 확인할 수 있는 핵심 내용이다.[42]

다음의 [표 5-2]에서는 경제분석국의 투자 데이터와 새로운 측정 패러다임을 적용한 데이터를 비교한다. 1행은 [표 5-1]의 최종 수치를 그대로 반영한 것이다(추가적인 데이터 출처에 대한 세부 사항은 [표 5-2]의 각주에서 확인할 수 있다). 2행에서는 기업·정부·가계의 교육과 훈련 지출을 추가했다. 이 항목의 핵심 자료는 에이브러햄과 말렛의 연구 추정치지만, 나는 여기에 다른 출처에

---

41 Block & Keller, *State of Innovation*; Mazzucato, *The Entrepreneurial State*.

42 이와 관련하여 2022년 미국에서 통과된 법안들이 기후변화 대응과 미국 내 반도체 생산을 촉진하기 위해 민간 부문의 투자를 유도하는 세액 공제tax credits와 대출 보증의 활용을 크게 확대했다는 것이다. 다음을 참고할 것. Keller & Block, "The New Levers of State Power."

[표 5-2] 사회적 재생산방식을 적용한 2019년 투자 규모 비교(단위: 10억 달러)

	기업 투자	정부 투자	커뮤니티 투자
[표 5-1]의 수정된 총액	2,814.1	1,538.5	1,627.1
2. 교육과 훈련[a]	468.1	1,140.7	962.6
3. 소득 지원[b]		144.4	
4. 의료[c]	237.5	569.6	355.7
5. 아동 돌봄[d]	16.8	71.8	80.2
6. 비영리 기관[e]			246.0
7. 자원봉사 시간[f]			147.0
8. 무급 가사노동[g]			1,855.2
총액	3,536.5	3,465.0	5,273.8
총액 대비 비율	29%	28%	43%

a 기본 데이터는 에이브러햄과 말렛의 온라인 부록 https://www.aeaweb.org/articles?id=10.1257/jep.36.3.103에서 제공한 자료를 기반으로 한다. 이들은 실제 교육 지출에 대해 비교적 보수적인 추정치를 제공하며, 가정 내 무급 노동과의 중복 계산을 방지하기 위해 부모의 시간 가치 추정치는 제외되었다. 추가된 요소는 노동자 훈련 비용으로, 교육 기간에 노동자들에게 지급된 보상을 포함한 값이다. 이 추정치는 『트레이닝 메거진Training Magazine』과 크리덴셜 엔진Credential Engine의 데이터를 바탕으로 하며, 2017년 기준 기업이 지원하는 노동자 교육(직접 비용과 훈련 기간 중 보상 포함) 비용을 5,161억 달러로 추정했다. 2019년 기준으로 이 값을 5,500억 달러로 증가시켰으며, 총고용 비율을 기준으로 기업과 정부 부문에 배분했다. https://credentialengine.org/wp-content/uploads/2021/02/Education-and-Training-Expenditures-in-the-US.pdf.

b 데이터는 경제협력개발기구 사회복지 지출 데이터베이스에서 제공한 연방정부와 주정부의 지출 https://www.oecd.org/social/expenditure.htm을 포함한다. 저소득 가정 지원 프로그램TANF과 아동유족연금은 전체 지출을 포함한다. 실업보험, 주택 지원, 푸드스탬프의 경우 아동이 있는 가구만 포함하기 위해 전체 지출의 40퍼센트만 반영한다. 근로소득세 공제는 아동이 없는 가구의 수혜 비율이 낮기 때문에 전체 지출의 90퍼센트만 포함한다.

c 이 값은 기업·정부·가계의 전체 의료비 지출 중 3분의 1을 투자로 추정한 값이다. 자료는 미국 의료통계센터의 「국민 건강 지출 보고서」 표 5에서 가져왔다. https://www.cms.gov/Research-Statistics-Data-and-Systems/Statistics-Trends-and-Reports/NationalHealthExpendData/NationalHealthAccountsHistorical.

d 공공 부문의 보육 지출은 경제협력개발기구 사회복지 지출 데이터베이스에서 가져왔다. 기업과 가계의 보육 지출에 대한 추정치는 본문에서 설명한다.

e 비영리 기관의 인적 서비스 지출은 어반 인스티튜트Urban Institute의 2016년 자료 "The Nonprofit Sector in Brief 2019; https://nccs.urban.org/publication/nonprofit-sector-brief-2019#type"를 기반으로 하며, 2019년 기준으로 5퍼센트 증가한 값으로 조정되었다. 단, 이 값은 전체 비영리 부문의 총지출 중 3분의 1 이하만 반영한 것이다.

f 자원봉사 시간의 금전적 가치는 현재 인구조사Current Population Survey와 독립 부문Independent

Sector의 자원봉사 시간당 노동 가치 평가를 기반으로 추정되었다. https://americorps.gov/sites/default/files/document/2019%20CPS%20CEV%20findings%20report%20CLEAN_10Dec2021_508.pdf

g 미국 경제분석국은 매년 시간 사용 연구time-use studies를 기반으로 보수적으로 산출한 시간당 보상률을 적용해서 연간 가계 생산을 추정한 위성 계정을 작성한다. https://www.bea.gov/data/special-topics/household-production. 여기에서는 해당 총액의 40퍼센트를 반영했는데, 이는 18세 이하 아동이 포함된 가구의 비율이 약 40퍼센트이기 때문이다.

서 확보한 노동자 훈련 비용 추정치를 추가했다.[43]

3행에서는 푸드스탬프, 저소득 가정 임시 지원 프로그램, 실업보험, 아동유족연금, 저소득층 주거 지원 지출 같은 아동이 포함된 가정을 위한 소득 지원 프로그램을 추가했다. 이 데이터는 경제협력개발기구 사회복지 지출 데이터베이스에서 제공한다. 4행에서는 보건복지부 산하 메디케어·메디케이드 서비스 센터에서 작성한 「국민 건강 지출 보고서」의 의료비 지출을 추가했다.[44] 이는 미국 의료제도에 상당한 낭비가 존재한다는 점을 감안한 것이다. 미국의 1인당 의료비 지출은 보건 환경이 훨씬 양호한 다른 국가에 비해 월등히 크다. 또한 전체 의료비의 약 10퍼센트는 생애 마지막 1년 동안 지출하는 것으로 추정된다. 일부 정기적인 의료 서비스는 건물로 비교하면 리뉴얼이 아니라 수리로 보아야 한다. 따라서 전체 의료비 지출 중 일부만을 투자로 분류해야 한다.

---

43 Abraham & Mallatt, "Measuring human capital."

44 Rama, "National health expenditures, 2018: spending growth remains steady even with increases in private health insurance and Medicare spending."

보수적인 추정을 위해 4행의 수치는 「국민 건강 지출 보고서」에 나온 전체 의료비 지출의 3분의 1만 포함했다.

보육 서비스 지출을 추정하는 것은 여러 가지 이유로 매우 어렵다. 공인된 보육센터에서부터 가정 보육에 이르기까지 다양한 형태가 있으며, 일부는 공식적으로 허가되지 않은 형태로 운영되기도 하고, 일부는 금전 거래 없이 이루어지기도 한다. 또한 주에 따라 비용 차이가 상당히 크며, 영유아 보육 비용이 3~5세 아동의 보육 비용보다 더 많다. 아동이 보육을 받는 시간 또한 매우 가변적이며, 한 해 동안 여러 차례 변경될 수 있다.

이러한 문제는 정부가 보육 지출 자료를 체계적으로 수집하지 않는다는 점에서 더욱 복잡해진다. 5행의 추정치는 몇 가지 수치로 계산한 근사값이다. 2019년 5세 이하 아동 1,200만 명이 가정 외 보육을 이용한 것으로 추정된다.[45] 연평균 보육비를 1만 4,000달러로 가정하면 총 1,680억 달러가 된다.[46] 고용주가 보육 보조금과 직장 내 보육시설을 통해 이 비용의 약 10퍼센트를 부담하며, 경제협력개발기구에 따르면 모든 단위의 정부에서 710억 달러를 지출한다.[47] 나머지 802억 달러는 가계가 부

---

45   Childcare Aware of America, "The US and the high price of child care."

46   상세한 가격 데이터는 다음에서 가져왔다. Landivar, Graf & Rayo, "Childcare prices in local areas."

47   미국 노동통계국은 직장 보육을 이용할 수 있는 직원의 비율이 단 11퍼센트에 불과하다고 추정한다. Bipartisan Policy Center, "Childcare is a Business Affair."

담한다.[48]

6행은 인적 서비스를 제공하는 비영리 기관의 지출을 나타낸다. 이 범주는 보건과 교육 관련 비영리 기관과는 구별되므로, 중복 계산 가능성을 최소화한다. 7행은 비영리 단체에서 자원봉사 활동에 들어간 노동시간의 가치를 추정한 것이다. 마지막 8행은 경제분석국의 위성 계정을 기반으로 가정 내 무급 노동의 금전적 가치를 추정한 것이다. 이러한 위성 계정은 현행 회계 체계의 한계를 보완하기 위해 만들어졌으며, 기존 국내총생산과 그 구성 요소를 수정하지 않고도 통계 자료를 측정할 수 있도록 한다. 그러나 여기서는 경제분석국이 추정한 가계 무급 노동의 총액 중 40퍼센트만 포함했는데, 이는 전체 가구 중 40퍼센트가 18세 이하 아동을 포함하고 있기 때문이다. 또한 이전 연구에서 서주연과 낸시 폴브르Nancy Folbre는 2010년 시장을 통하지 않은 가계노동household work의 총가치를 5.3조 달러로 추정했으며, 이는 같은 해 경제분석국의 추정치보다 거의 50퍼센트 높은 수치였다.[49]

[표 5-2]의 모든 항목을 합산하면 결과는 매우 인상적이다. 기업의 총투자는 가계와 정부의 총투자에 비해 상대적으로 작은 규

---

48 연간 1만 4,000달러라는 금액은 평균 보육 지출로는 높아 보일 수도 있다. 그러나 나는 이 수치를 적용한다. 그 이유는 이 계산에서 두 가지 비용이 제외되었기 때문이다. 소득 수준이 높은 가정은 시간당 30달러(연간 6만 달러)의 임금을 받는 보모를 고용하기도 한다. 또한 많은 가정이 6세에서 10세 사이의 아동을 위한 방과 후 보육에 비용을 지출한다. 따라서 여기에 제시한 전체 보육 비용은 보수적인 추정치다.
49 Suh & Folbre, "Valuing unpaid child care in the U.S."

모로 나타난다. [표 5-3]을 보면 이러한 측정방식 간의 뚜렷한 차
이를 확인할 수 있다.

[표 5-3] 전체 투자금에 대한 비율로 본 세 가지 방식의 비교(단위: 10억 달러)

	기업 투자	정부 투자	커뮤니티 투자
경제분석국 수치[표 5-1]	3,826.3(84%)	740(16%)	
수정된 경제분석국 수치[표 5-1]	2,814.2(47%)	1,538.5(26%)	1,627.1(27%)
사회적 재생산 수치[표 5-2]	3,536.5(29%)	3,465(28%)	5,273.8(43%)

첫 번째 행은 2019년 경제분석국 수치를 나타내며, 이 경우 기
업이 총투자의 84퍼센트를 차지한다. 두 번째 행은 가계와 비영리
부문의 역할을 인정하고 주택 투자의 정부 자금 지원의 중요성을
반영해 경제분석국 데이터를 조정한 것이다. 세 번째 행은 사회적
재생산과 사회적 투자 패러다임에 따른 측정 결과를 보여준다. 이
추정에서는 기업 투자가 총투자의 30퍼센트 미만에 불과하다. 또
한 앞서 논의한 바와 같이, 이 수준의 기업 투자를 유지하기 위해
서도 케인스가 제안한 여러 절충안과 정책적 장치가 필요했다.

만약 같은 분석을 사회적 투자 수준이 미국보다 훨씬 높은 유
럽의 스웨덴이나 독일에서 수행한다면, 결과는 더욱 극적으로 나
타날 것이다. 예를 들어 경제협력개발기구 자료에 따르면 2019년
스웨덴은 아동이 있는 가정을 위한 공공 지원에 국내총생산의 약
3.5퍼센트를 지출했다.[50] 반면, 미국의 해당 지출 비율은 약 1퍼센
트에 불과했다. 미국이 스웨덴과 동일한 수준에 도달하려면 아동

관련 지출을 5,000억 달러 이상 증액해야 한다.

감가상각의 문제

이 모든 계산은 총투자를 기준으로 하지만, 당연히 순투자를 기준으로 할 경우에도 같은 결과가 나올 것인지가 중요하다. 예를 들어 가계와 정부의 투자를 기업의 투자보다 훨씬 빠르게 감가상각해야 한다면 기업의 순투자가 경제 전체의 순투자에서 차지하는 비율이 훨씬 높아질 수도 있다.

그러나 실제로는 그렇지 않다. 여기서 감가상각을 추정하는 새로운 방안을 상세히 논의할 수는 없지만, 정부 투자와 가계 투자의 감가상각률이 기업 투자보다 훨씬 낮을 가능성이 크다는 강력한 근거가 있다. 이는 투자의 형태가 유형이든 무형이든 무관하게 적용된다.[51]

---

50 OECD Family Database, "Public spending on family benefits."

51 내 주장은 경제분석국의 정부 투자 감가상각 추정치(유형자산과 무형자산 모두)가 과도하게 높게 책정되었다는 것이다. 그 이유 중 일부는 앞서 설명했다. 또 다른 문제는 경제분석국이 국민소득 계정에서 감가상각을 계산할 때 구매 시점의 비용이 아니라 대체 비용을 기준으로 한다는 점이다. 이 때문에 감가상각 비용이 과대평가된다. 특히 경제가 계속 변화하는 상황에서는 기존의 많은 자산이 같은 유형의 장비로 대체되지 않는 경우가 많다. 예를 들어 노후화된 원자력 발전소의 대체 비용을 생각해보라. 이들은 결국 훨씬 저렴한 풍력과 태양광으로 대체될 것이며, 이에 따라 기존 감가상각 계산방식이 과도하게 높은 비용을 반영하고 있을 가능성이 크다.

경쟁과 쇠퇴

기업에서 감가상각이 빠르게 진행되는 한 가지 요인은 시장 경쟁이다. 예를 들어 자전거를 제조하는 기업은 같은 공장과 장비를 50~60년 동안 계속 쓸 수도 있지만, 경쟁사가 훨씬 더 효율적인 생산공정을 개발하면 선택의 여지가 없다. 기업은 설비를 확충하고 기존 장비를 폐기하거나, 사업을 접어야 한다. 어느 경우든 감가상각이 증가할 수밖에 없다.

그러나 정부나 가계는 이러한 압력을 받지 않는다. 예를 들어 통계 전문가들은 폭격기의 서비스 수명을 25년으로 설정하지만, 1955년에 처음 도입된 B-52 폭격기 수백 대가 여전히 운용 중이다. 마찬가지로 도로와 고속도로의 수명은 45년으로 추정되지만, 100년 이상 이용하는 도로도 많다. 실제로 주정부와 지방정부의 회계 기준에 따르면, 유지·보수 작업만 제대로 시행되고 있다면 사회기반시설을 감가상각할 필요가 없다. 비슷한 현상은 가계에서도 관찰된다. 기업의 경우 사무용 가구의 서비스 수명을 14년으로 잡지만, 가정에서는 대형 가구를 대물림하는 경우가 흔하다. 기업은 사무용 기기의 서비스 수명을 9년으로 설정하지만, 오븐이나 대형 가전을 20년 이상 사용하는 가정도 많다.

또한 정부기관이 보유하는 자본 중 상당 부분은 건물로 구성되어 있으며, 이들 중 일부는 수십 년 동안 유지되고 있다. 물론 건물은 시간이 지나면서 노후되어 쓸모없게 될 수도 있지만, 도시화

삶터를 책임지는 사회

로 해당 부지의 가치가 급등하는 경우도 많다. 따라서 토지 가치가 올라간 기존의 부지를 팔아 새로운 건물의 토지와 건설 비용을 충당할 수 있기 때문에 감가상각 계산이 무의미해질 수 있다. 반면, 공장 건물 같은 기업의 자산은 토지 가치가 급격히 상승할 가능성이 적어서 감가상각이 필연적으로 발생한다.

무형자본의 감가상각 문제

무형자본 투자의 적절한 서비스 수명을 결정하는 것은 특히 까다로운 문제다. 유형자본의 경우, 통계학자들은 때때로 중고품 시장의 가격을 참고해 추정치를 검증하기도 한다. 중고 트럭, 항공기, 혹은 오래된 상업용 건물의 가격을 통해 추정된 서비스 수명의 현실성을 확인할 수 있다. 무형자본이 컴퓨터 프로그램이든, 연구·개발 프로젝트든, 특정 개인이 습득한 기술이든, 이와 비교할 만한 중고품 시장은 존재하지 않거나 훨씬 드물다.

　여기에서도 공공 부문의 서비스 수명은 민간 부문보다 상당히 길 가능성이 크다. 기업 세계에서는 경쟁에 대한 압박 때문에 기업으로 하여금 컴퓨터 소프트웨어를 업그레이드하도록 강요하는 경우가 많지만, 공공기관들은 1950년대에 개발된 프로그래밍 언어를 한 해라도 더 쓰려고 쥐어짜는 것으로 악명이 높다. 또한 공공 부문의 과학 연구 투자는 기초 연구에 치우쳐 집중되는 반면, 민간 부문의 연구 투자는 특정 상품의 개발에 집중되는 경향이 있다. 전자의 연구는 후자의 연구보다 장기적인 영향을 미칠 여지가 많다. 실제로 일부 연구는 감가상각이 전혀 발생하지 않는다. 예를 들어 인간 게놈 지도는 시간이 지날수록 더 큰 수익을 창출할 것으로 보인다.

인간의 기술과 능력

마지막으로, 무형자본의 가장 큰 구성 요소는 인간의 기술과 역량 강화이며, 이를 지원하는 지출의 대부분은 가계와 공공 부문에서 나온다. 여기에서도 이러한 지출을 대상으로 감가상각이 필요한지 여부는 명확하지 않다. 물론 사람은 나이가 들고, 역량이 떨어지며, 결국 사망한다. 그러나 사람이 학습하는 방법을 배우면, 생애 전반에 걸쳐 새로운 기술을 익힐 수 있다. 사람은 특정 작업만 수행할 수 있고, 그 작업이 필요 없어지면 폐기되는 기계와 다르다.

또한 우리는 생애 동안 대부분 기술과 지식을 다른 사람들에게 전수한다. 이는 부모가 자녀를 양육하는 과정이나 다양한 분야의 교사들과 함께하는 과정에서 명확하게 드러난다. 그러나 직장이나 시민단체에서도 상당한 양의 비공식 멘토링과 교육이 이루어지며, 이를 통해 기술과 역량이 세대에서 세대로 전수된다. 과학·사회과학·인문학 분야에서 축적된 총체적인 인간 지식을 생각해 보자. 이런 지식은 책과 논문으로 보존되며, 일부 연구에서는 과학 논문의 총량이 약 15년마다 두 배로 증가한다고 추정한다. 물

삶터를 책임지는 사회

론 평균 논문의 질이 낮아지는 점을 일부 고려해야 할 수도 있지만, 이러한 지식의 확산 양상은 일반적인 기계 장비의 제한된 수명과는 매우 다르다.

결론적으로, [표 5-3]을 순투자 기준으로 다시 계산한다면, 결과는 더욱 극적일 것이다. 기업의 순투자가 전체 순투자에서 차지하는 비율은 총투자에서보다 더욱 낮아질 것이다. 이는 결국 현재의 회계방식이 경제의 생산성을 높이는 핵심 요소가 기업 부문의 지출이라는 잘못된 서사를 제공해왔다는 점을 명확하게 보여준다.

분석

투자 범주는 생산적인 지출과 중간재처럼 비생산적이거나 중립적인 지출을 구분하는 경계를 결정한다.

맬서스와 리카르도에서부터 1947년 미국의 첫 번째 국민소득 계정에 이르기까지, 현대 경제학이 거쳐온 대부분의 역사에서 이윤을 추구하는 기업의 지출만 투자로 보아야 한다는 광범위한 합의가 존재했다. 이러한 시각은 정부와 노동자들에게 긴축을 강요하는 익숙한 논리를 뒷받침해왔다.

긴축을 주장하는 사람들은 노동자들이 임금 인상과 복지 확대를 요구하는 것을 자제해야 하며, 그렇지 않으면 기업의 이윤이 줄어 현재 수준의 삶을 유지할 수 있는 필수적인 투자를 유지할 동기가 사라질 것이라고 주장한다. 마찬가지로 정부 지출은 비생산적이라고 간주했기 때문에, 세금은 민간 부문이 생산적으로 활용할 수 있는 자원을 빼앗는 손실을 초래한다고 본다. 로널드 레이건은 이를 정부 지출이 내년의 수확을 위해 남겨둬야 할 종자를 먹어버리는 것과 같다고 비유했다.

그러나 [표 5-2]와 [표 5-3]의 수치들은 전혀 다른 이야기를 하고 있다. 만약 경제에서 가계와 정부가 대부분의 생산적 투자를 담당하고 있다면, 재정과 가계의 긴축을 정당화하는 모든 논리는 무의미해진다. 정부가 더 많은 자원을 보유하면 사회기반시설, 연구·개발, 노동력의 역량 강화를 위한 생산적 투자를 확대할 수 있다. 가계가 더 많은 소득을 올리면 자신과 자녀, 이웃의 역량을 강화하는 생산적 투자도 증가할 수 있다.

또한 [표 5-2]와 [표 5-3]을 보면 가계와 정부의 투자 지출이 민간 투자를 위축하는 것이 아니라 오히려 촉진한다는 점을 알수 있다. 예를 들어 고속도로나 공항 같은 정부의 사회기반시설 투자는 대규모 민간 투자를 이끌어냈다. 마찬가지로 컴퓨터 기술과 의학 분야의 연구·개발 지출은 첨단 기술과 바이오테크 기업의 투자로 이어졌다. 최근에는 정부의 청정 에너지 기술 투자가 대규모 민간 투자를 촉진했다는 점이 확인되었다.

삶터를 책임지는 사회

이와 비슷한 논리는 가계의 투자에도 적용할 수 있다. 예를 들어 개인용 컴퓨터 자체는 대기업의 대규모 투자에서 나온 것이 아니라 소규모 취미 공동체에서 탄생했다.[52] 또한 개인용 컴퓨터 시장이 성장하면서 워드 프로세싱, 스프레드시트, 데이터베이스, 이후에는 인터넷 검색 등 다양한 소프트웨어의 사용법을 알려주는 사회적 자원이 거의 존재하지 않았다. 당시 대다수 기업은 이러한 새로운 도구를 효과적으로 활용하는 방법을 교육할 수 있는 자원이나 구조를 갖추지 못했다. 실제로 사람들은 개별적으로 또는 소규모 그룹으로 스스로 학습했으며, 이러한 시간과 에너지에 대한 개개인의 투자가 기업이 새로운 기술의 가능성을 활용할 수 있도록 대규모 투자를 유도하는 계기가 되었다.

결론

이 측정 작업의 목적은 우리가 물려받은 경제 체제가 더 생산적인 경제를 만들기 위해 무엇을 해야 하는지에 대해 완전히 잘못된 그림을 제공하고 있음을 보여주는 것이다. 1900년 또는 1950년까지는 기업의 투자가 경제발전을 위한 필수 요소였을지도 모르지만

---

52 Freiberger & Swaine, *Fire in the Valley*.

이제는 그렇지 않다. 삶터 경제에서는 이제 정부와 가계의 지출이 이 역할을 담당한다. 기업 투자를 유도하기 위해 정부 지출과 임금 상승을 제한해야 한다는 기존의 접근방식은 완전히 잘못된 것이다. 정부와 가계에 대한 긴축을 강조하는 이러한 잘못된 관점이 우리 대다수가 원하는 삶터를 만드는 것을 방해하고 있다.

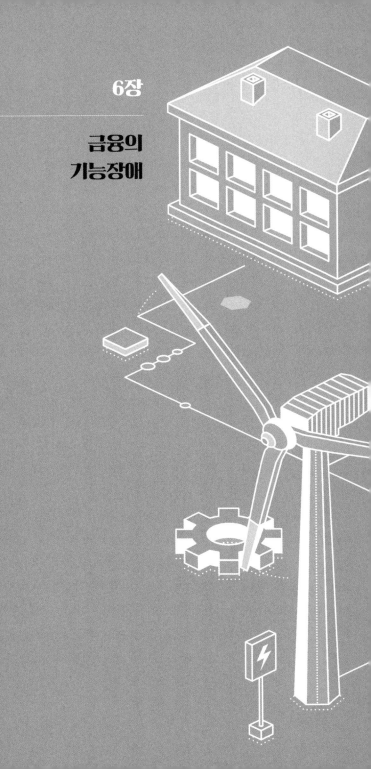

6장

금융의
기능장애

잘못된 방법으로 투자를 측정한 결과, 세금은 낮춰야 하고 정부 예산은 균형을 맞춰야 한다는 인식이 강화된 것은 삶터의 질을 악화시키는 데 중요한 역할을 했다. 1970년대 이후로 각 지방정부는 늘 재정위기에 직면해왔다. 서비스 수요는 꾸준히 증가하는 반면, 세수로 재원을 확보하는 것만으로는 그 속도를 따라가지 못했기 때문이다. 미국에서는 연방정부가 재정 지원 정책으로 한동안 이 문제를 완화해왔지만, 로널드 레이건 대통령 시절에 이 정책이 폐지되었다. 그 결과, 사회기반시설은 낡고, 만성적으로 부족한 재정 때문에 공공 서비스는 나빠지고 있으며, 주정부와 지방정부 차원에서 주택 비용 문제를 해결하지 못하는 상황이 이어졌다.

가장 큰 문제는 재정 압박이 심해지면서 공공 교육에 대한 정부 지출을 줄이는 결과로 이어졌다는 점이다. 특히 공공 고등교육에 대한 지원 규모가 두드러지게 감소했다. 미국 여러 주의 경우 과거에는 공립 전문대학과 대학교의 학비가 비교적 싸서 중·저소득 가정 출신 학생들에게 사회적 이동성을 제공했다. 하지만 지난 40년이 넘는 동안, 공공 지원이 감소함에 따라 등록금과 수업료에 대한 의존도가 점점 더 높아지는 추세가 지속되었다. 그 결과, 중·저소득 가정 출신의 학생들은 높은 학자금 대출 부담을 감수하면서까지 대학에 진학하려 하지 않게 되었다. 이에 따라 오랫동안 이어져오던 미국 교육 수준의 향상 속도가 크게 떨

삶터를 책임지는 사회

어졌으며, 다른 나라들이 미국을 따라잡거나 앞지르는 상황이 벌어지고 있다.[1]

게다가 초·중등 교육에 대한 지출도 정체되면서 교사들의 보수 역시 오르지 못하는 결과를 낳았다. 한 연구에 따르면, 1996년부터 2021년까지 미국 교사들의 주급은 물가 상승을 반영하면 실질적으로 변화가 없었지만, 같은 기간 대학 졸업자의 평균 보수는 33퍼센트 증가했다.[2] 다시 말해 재정위기가 지속되면서 삶터 경제에서 가장 중요한 투자 지출이 계속 줄어드는 상황이 벌어지고 있다는 것이다.

미국에서 각급 지방정부는 채권을 발행해 차입할 수 있는 선택지를 갖고 있으며, 이러한 지방채는 주로 기반시설·학교·병원·공공건물 등의 건설을 위한 재원으로 쓰인다. 연방정부는 거의 모든 지방채에 과세되는 연방세금을 면제해줌으로써 이 시장을 지원해왔다. 이러한 면세 혜택 덕분에 지방채는 과세 대상인 회사채보다 금리가 낮더라도 세금을 부담해야 하는 투자자들에게는 매력적인 투자상품이 된다.

그러나 재정위기가 계속되면서 지방정부는 신규 지방채 발행에 대한 정당성을 확보하기가 어려워지고 있다. 이자 부담이 추가로 발생하며, 결국 세수로 충당해야 하는 이자는 재정 부담을 늘

---

1   Newfield, *The Great Mistake*; Goldin & Katz, *The Race Between Education and Technology*.
2   Allegretto, "The teacher pay penalty has hit a new high."

리기 때문이다. 더욱이 최근 몇 년 동안 신규 지방채 발행의 거의 3분의 1이 기존 부채를 연장하는 데 들어가고 있다. 미국 전역의 주정부와 지방정부가 실제로 신규 자본 지출을 위해 조달하는 금액은 연간 약 2,000억~3,000억 달러 수준에 불과하다. 그러나 미국 토목학회가 추산한 향후 10년간 기반시설 투자 부족액은 2조 6,000억 달러에 달하며, 이 계산에는 저렴한 주택 공급 문제를 해결하기 위한 투자는 전혀 포함되지 않았다.[3]

결국 지방채에 의존해서 재원을 조달하는 방식 때문에 인구가 증가하는 지역과 감소하는 지역 간의 격차는 더욱 벌어지고 있다. 인구가 증가하는 지역은 미래 세수 증가를 예상할 수 있어 새로운 차입을 정당화하기 쉽지만, 인구가 감소하는 지역은 그 반대다. 그 결과, 인구 감소 지역은 경제 회복을 위한 투자 자금을 조달하기 어려워진다. 지방채 시장의 논리로 볼 때, 차입을 통해 번영을 회복하는 것은 사실상 불가능하다.

투기적 과잉

조세제도와 금융제도가 기반시설과 저렴한 주택 공급에 필요한

---

3 ASCE, "Infrastructure investment gap 2020-2029."

재원을 충분히 제공하지 못하는 문제는, 금융제도의 비효율성을 생각하면 빙산의 일각에 불과하다. 역설적인 점은 현재 자본 과잉 상태라는 것이다. 막대한 자금이 수익성 높은 투자 기회를 찾아 떠돌고 있지만, 정작 생산적인 투자 부문은 꾸준히 필요한 자본을 공급받지 못하고 있다. 그 결과, 막대한 양의 투기적이고 비생산적인 활동이 발생하는 반면, 실제로 생산적인 투자는 외면받고 자금난을 겪는다.

　문제의 핵심은 영국과 미국을 중심으로 하는 금융제도가 산업 시대 대기업의 필요에 맞춰 구축되었다는 점이다. 20세기 전반에는 민간 기업이 주식과 채권을 발행해 거대한 기업 제국을 형성하는 데 필요한 자금을 조달했다. 그러나 이러한 기업이 어느 정도 자리를 잡은 후에는, 상당수의 기업은 스스로 자금을 조달할 수 있는 구조로 전환했다. 이들은 이익과 감가상각 혜택을 활용해 신규 투자를 진행할 수 있었고, 주식이나 채권을 발행해 새로운 자금을 조달할 필요가 없어졌다. 이러한 금융 자립 구조가 정착하면서, 기존에 발행했던 주식의 가치는 기업의 주당 이익이 늘어남에 따라 꾸준히 상승했다. 따라서 주식시장으로 몰려드는 투자 자금은 늘어날 수밖에 없었다.

　이러한 경향은 두 가지 상호 연결된 흐름을 타고 금융권으로 유입되는 퇴직 자금이 늘어나면서 더욱 강화되었다. 첫째, 기업은 확정급여형DB 연금제도를 폐지하려는 강한 유인을 가지고 있었다. 이 연금제도는 퇴직자에게 근속 연수에 따라 고정된 금액을 지급하도록 설계되어 있었으며, 기업은 미래의 연금을 지급하기 위해 미리 자금을 적립해야 하는 부담을 안고 있었다. 1980년 당시에는 민간 부문에서 3,000만 명의 노동자가 확정급여형 연금제도의 적용을 받았지만, 2019년에는 1,000만 명 남짓으로 줄어들었다. 기업은 그 대신 확정기여형DC 연금제도로 전환했다. 이 제도에서는 기업이 직원별로 일정 금액을 연금계좌에 넣고, 이 자금을 주식과 채권에 투자하는 구조다. 1980년 당시, 확정기여형 연금제도에 가입한 노동자는 2,000만 명도 되지 않았으나, 2019년에는 8,500만 명으로 증가했다.[4] 대부분의 기업 연금제도는 피델리티Fidelity, 뱅가드Vanguard, 블랙록BlackRock 같은 소수의 대형 자산운용사가 관리하고 있으며, 이들 회사는 결국 기업 주식의 최대 보유자가 되었다.[5]

이와 동시에 사회보장제도에 반대하는 자유시장주의자들은 이 제도가 연방정부 예산에 막대한 부담을 준다고 주장했다. 그들은 사회보장제도를 해체하는 유일한 방법이 중산층에게 퇴직연금이라는 별도의 보장 수단을 제공해 사회보장 혜택에 의존하지 않도록 만드는 것이라고 생각했다. 이를 위해 소득 상위 50퍼센트 계

---

4 Congressional Research Service, "A visual depiction of the shift from defined benefit (DB) to defined contribution (DC) pension plans in the private sector."

5 Braun, "Exit, control, and politics."

삶터를 책임지는 사회

층이 별도의 퇴직저축 수단을 보유할 수 있는 대규모 세금유예저축제도tax-deferred savings plan를 만들도록 압박했다. 이들은 개인퇴직연금계좌Individual Retirement Account: IRA 같은 다양한 세금 혜택이 적용되는 퇴직저축제도의 도입을 추진했으며,[6] 이를 통해 광범위한 퇴직 자금 풀을 형성했다. 이 전략으로 주식시장과 채권시장에 막대한 신규 자금이 흘러들어왔지만, 사회보장제도를 민영화하려는 시도는 여전히 강한 대중적 반대에 부딪혔다. 특히 2005년 조지 W. 부시George W. Bush 대통령이 추진한 사회보장제도 민영화 정책은 대중의 거센 저항에 직면했다.

이러한 두 가지 흐름이 동시에 진행된 결과, 확정기여형 연금제도와 개인퇴직연금계좌를 통해 매년 수천억 달러의 신규 자금이 주식시장으로 유입되었다. 이는 경기침체기에도 꾸준히 이어졌으며, 그 결과 기업 대부분이 재정적으로 자립을 이루었음에도 주식시장에는 지속적인 상승 압력이 형성되었다. 수십 년이 흐르면서, 주식시장은 가계에서 자금을 조달하는 것이 아니라 오히려 가계로 자금을 되돌려주는 구조가 되었다. 개별 기업은 신규 주식을 발행해 자금을 조달할 수 있지만, 기존 대기업이 자사주 매입을 통해 다시 시장에서 주식을 회수하면서 이러한 자금 흐름이 상쇄되었다.

6　Butler & Germanis, "Achieving social security reform."

1982년 이전까지 기업의 자사주 매입은 시장 조작 행위로 금지되었다. 그러나 레이건 행정부는 규정을 변경해 기업이 자사주를 매입할 수 있도록 허용했다.[7] 이 시기는 경영진을 위한 보상이 기존의 급여에서 주식매수선택권과 주식 보상 중심으로 변화하던 시기였다. 또한 기업은 주주 가치 극대화에 대한 압박을 강하게 받고 있었다. 이러한 변화의 논리는 최고 경영진이 대량의 주식을 보유하거나 이를 매입할 수 있는 선택권을 갖게 되면 경영진의 이해관계가 주주들의 이해관계와 더욱 밀접하게 연결되리라는 것이었다.

예상대로 기업은 주주들에게 이익을 환원하는 방식으로 배당보다 자사주 매입에 더욱 의존하게 되었다. 그 이유는 명확하다. 자사주 매입은 시장에서 유통되는 주식 수를 줄이는 방식으로 주가를 올리는 데 있어 배당보다 더 확실한 방법이기 때문이다. 또한 경영진이 받는 보상이 주가와 연계되면서, 자사주 매입은 경영진이 자신의 보수를 극대화하는 효과적인 수단이 되었다. 배당을 늘리는 것도 기업의 주가를 높이는 방법이 될 수 있지만, 기업의 이익이 증가하지 않는 한 배당을 계속 인상하기는 어렵다. 반면, 기업 실적이 부진하더라도 자사주 매입은 가능하다. 게다가 일부 기업은 자사주를 매입하기 위해 회사채를 발행해서 자금을 조달하

---

7 Palladino & Lazonick, "Regulating stock buybacks."

삶터를 책임지는 사회

는 경우도 흔하다.

2020년대에 접어들면서 자사주 매입 규모는 연간 거의 1조 달러에 달할 정도로 급증했다. 이러한 자금은 개인과 기관 투자자들에게 다시 돌아가게 된다. 지난 40년 동안 이러한 자금 흐름은 주식시장과 유사한 수익률을 제공할 수 있는 새로운 자산을 찾아 나서는 광적인 여정을 촉발했다. 이러한 흐름은 1980년대의 정크본드junk bond 투자 붐, 닷컴 버블로 알려진 1990년대 인터넷 스타트업 기업에 대한 투기적 투자, 2000년대 주택담보부채권 Collateralized Mortgage Obligation: CMO 붐 등 일련의 자산 가격 거품을 설명하는 중요한 요인이다. 특히 2008~2009년 전 세계를 강타한 금융위기는 서브프라임 모기지를 기반으로 한 고수익 주택담보부채권 상품에 대규모로 자금이 몰려들었기 때문이다.[8]

최근 들어 암호화폐cryptocurrency는 새로운 투자상품으로 주목받으며 막대한 자금을 끌어들였다. 2021년 암호화폐시장이 정점에 이르렀을 때, 글로벌 암호화폐 기업의 시가총액은 거의 3조 달러에 달했으며, 2023년 중반에도 여전히 1조 달러를 넘었다.[9] 그러나 다른 인기 있는 투자 자산과 달리, 암호화폐는 해당 자산으로 유입된 자금이 향후 어떤 형태로든 생산적인 수익 흐름을 창

---

8 Tooze, *Crashed*.

9 CoinGecko, "Global cryptocurrency market cap charts," https://www.coingecko.com/en/global-charts.

출할 것이라는 주장은 존재하지 않을뿐더러, 있다고 하더라도 전혀 설득력이 없는 주장이다. 오히려 비트코인Bitcoin이나 이더리움Ethereum의 가치는 공급보다 수요가 빠르게 증가하리라는 기대로 가격이 계속 오를 것이라는 논리에 기반을 두고 있으며, 결국 현재의 투자자들은 가격 상승을 예상하고 여기서 이익을 얻을 것이라는 아주 단순한 가정에 의존하고 있다.

다른 자산군들이 거품과 붕괴 사이를 오가는 동안에도 파생상품시장은 꾸준히 성장했다. 이 시장에는 투자자들이 미래의 환율, 각국의 금리, 채권 발행자의 채무 불이행 가능성 등에 대해 포지션을 취하도록 하는 금융상품이 포함된다. 2022년 기준, 장외파생상품 계약의 총규모는 630조 달러에 달했다. 물론 이 수치는 계약의 양측을 모두 포함하는 것이며, 대부분의 파생상품 계약이 차액거래 방식으로 이루어지기 때문에 실제 투자자들이 투입한 자금은 이보다 훨씬 적다. 그럼에도 여전히 수조 달러 규모의 자금이 이러한 금융상품에 투자되고 있다는 사실은 변함없다.

파생상품시장의 정당성은, 개인과 기관 투자자들에게 위험 회피 수단을 제공해 금융시장의 기능을 안정적으로 유지할 수 있도록 돕는다는 주장에 기반을 두고 있다. 즉, 파생상품이 위험도를 낮춤으로써 투자의 생산성을 올릴 수 있다는 논리다. 그러나 파생상품시장이 오히려 투기를 부추기고 금융 불안을 심화시킨 사례는 명확하게 존재한다. 예를 들어 신용부도스와프Credit Default

Swap: CDS와 외환파생상품Foreign Exchange Derivative은 특정 국가의 통화에 대한 투기를 훨씬 쉽게 만들었다. 실제로 여러 차례 해당 국가의 정부가 고정환율제를 포기해야만 했던 사례가 있었으며, 이러한 투기적 활동이 과열되면서 해당 국가의 통화가 외환평형을 회복하는 데 필요한 수준 이상으로 급격히 평가절하되는 경우가 발생했다.*

그러나 궁극적인 문제는 세계 경제가 지금보다 더 나은 방향으로 나아가기 위해서는, 파생상품에 수조 달러를 투자하는 대신 기후변화 대응 같은 생산적인 목적에 투자하는 것이 훨씬 바람직하다는 점이다. 예를 들어 이 자금이 화석연료 사용을 줄이거나, 빈번해지는 극단적인 기상이변 현상에 맞서 삶터를 회복력 있게 만드는 데 투입되었다면, 훨씬 더 긍정적인 사회적 효과를 가져왔을 것이다. 하지만 현재의 금융제도는 구조적으로 왜곡된 결과를 낳는다. 미국에서는 매년 막대한 양의 퇴직저축이 축적되지만, 그 자금의 대부분은 결국 기업 주식과 채권으로 흘러들어간다. 그러나 기업은 이미 재정적 자립이 가능한 상태이므로, 이러한 자금은 다시 자사주 매입의 형태로 부유층과 금융기관으로 되돌아간다. 그 결과, 이들 금융기관과 자산가들은 더 높은 수익률을 찾아 끊

---

* 고정환율제를 유지하기 위해서는 해당 국가의 정부가 상당한 규모의 외환보유고를 유지하고 있어야만 한다. 그러나 투기적인 외환 거래로 정부의 외환보유고가 바닥나면 고정환율제를 포기할 수밖에 없다.

임없이 투기적이고 비생산적이며 시장을 교란하는 투자에 자금을 투입하는 악순환이 반복되고 있다.

구조적인 자금 부족

이러한 투기적 논리 때문에 삶터 경제의 다섯 가지 핵심 분야가 합리적인 금리로 자금을 조달받지 못하는 상황이 동시에 일어나고 있다.

저렴한 주택 공급

정부가 주택 부문에 적극적으로 개입해 합리적인 금리로 주택 담보 대출을 지원하고 있지만 저렴한 주택 공급은 꾸준히 감소하고 있다. 한편으로 정부는 닉슨 행정부 시절 이후 공공주택 공급을 중단했다. 저소득층을 위한 주택 개발을 촉진하기 위해 세금 감면 혜택을 제공하고 있지만 해당 프로그램의 규모는 여전히 너무 작다.

핵심 문제는 현재의 실질 금리와 건설 프로젝트에 내재된 다양한 위험 요소를 고려할 때, 다가구주택 개발업자들이 고급 부동산 시장에 집중할 수밖에 없는 구조라는 점이다. 일부에서는 부유한 가구가 신규 주택으로 이사하면 기존의 오래된 주택이 자연스럽게 저소득층에게 공급될 것이라고 주장한다. 하지만 실제로는 정반대의 현상이 많은 도시에서 나타난다. 젠트리피케이션 gentrification이 진행되면서 부유한 가구들이 주택 가격과 부동산 세금을 끌어올리고, 그 결과 저소득층 가구는 기존 거주지에서 밀려나게 된다. 결국 이들은 소득의 절반 이상을 주거비로 지출해야 하는 상황을 맞게 되며, 그만큼 주거 불안정이 심해지고 있다.

사회기반시설

이미 살펴보았듯이, 주정부와 지방정부는 필요한 인프라 투자에 필요한 재원을 확보하지 못하고 있다. 또한 사회기반시설 대부분은 공공재의 성격을 띠기 때문에, 정부가 직접 투자하거나 상당한 보조금을 지급하지 않으면 민간 기업이 이러한 투자를 진행할 가능성은 희박하다. 따라서 특정한 기반시설 건설 계획이 상당한 경제적 이점을 가져올 것이라는 명확한 증거가 있더라도 연방정부나 주정부의 재정 지원이 없다면 실제로 추진되기 어렵다.

노동자 역량 강화

미국은 직업 기술 향상을 위해 여러 소규모 공공 프로그램을 운영하고 있지만, 미국과 영국 모두 유럽 여러 국가에서 시행하는 적극적인 노동시장 정책이 부족하다.[10] 그 결과, 노동자가 자신의 기술을 향상시키려면 대부분 스스로 비용을 부담해야 하며, 규제가 거의 없는 영리 목적의 직업훈련 산업과 맞닥뜨려야 한다. 이 산업은 종종 보장했던 취업 기회를 제대로 제공하지 못하는 경우가 많다. 미국 일부 지역의 지역 전문대학은 지역 노동시장의 수요와 연계된 직업교육 프로그램을 도입했다. 이러한 노력은 연방정부가 대규모 재정 지원을 통해 확대하는 것이 바람직하지만, 실제로는 이루어지지 않고 있다.

역설적인 점은 미국에서 공공 대출을 광범위하게 활용해 늘어나는 고등교육 비용을 감당해왔다는 것이다. 현재 전체 학자금 대출 규모는 1조 7,800억 달러에 달한다. 그러나 이는 공공 정책으로 볼 때 매우 비합리적인 방식이다. 많은 사람이 20대, 30대, 심지어 40대 이후까지도 막대한 학자금 대출을 상환해야 하는 부담을 안고 있다. 특히 저소득층 출신 청년들은 장기적인 부채에 부담을 느끼고 고등교육 진학을 포기하는 경우가 많다. 이에 대한 합리적인 공공 정책은 연방정부가 주정부에 재정을 지원해서 공립 전문대학과 대학교의 등록금을 저렴하게 유지하고, 저소득층 가정 출신 학생들의 교육 접근성을 보장하는 것이다.

비영리와 영리를 목적으로 하는 소규모 기업
소규모 기업, 특히 첨단 기술 분야의 스타트업 기업은 합리적인

---

10   Taylor, "Active labour market policy in a post-Covid UK."

금리로 자본을 조달하는 데 늘 어려움을 겪고 있다. 은행 부문이 대형화되면서 소규모 기업에 대출을 제공하는 은행의 수가 줄어들었다. 은행은 기업가들에게 20퍼센트가 넘는 높은 금리의 신용카드 대출을 이용하도록 권장하는 경우가 많다. 이와 대조적으로, 부동산 개발업자는 사업이 실패하더라도 대출을 상환할 수 있는 일종의 보험처럼 개발하던 토지나 건물을 담보로 제공할 수 있어 금융기관에서 대출을 받기가 상대적으로 쉽다.

이러한 문제를 해결하기 위해 연방정부는 중소기업청을 설립하고, 은행 대출 보증을 제공하는 정책을 운영하고 있다. 그러나 중소기업청의 연간 대출 보증 한도는 보통 440억 달러 수준에 머물러 있으며, 이는 약 3,300만 개에 달하는 중소기업의 현실을 고려할 때 매우 제한적인 금액이다. 2023년 기준으로 아주 운이 좋아 중소기업청 대출을 받을 수 있는 일부 기업은 8~13퍼센트의 높은 금리를 부담해야 한다. 이는 4~5퍼센트의 낮은 금리라면 충분히 대출을 감당할 수 있었던 많은 중소기업과 비영리 단체들이 중소기업청 대출을 이용할 수 없음을 의미한다.

예를 들어 보육센터를 설립하려는 비영리 단체나 창업자가 10만 달러의 대출을 받는다고 가정해보자. 이자율이 4퍼센트라면 연간 4,000달러만 이자로 지급하면 되지만, 이자율이 13퍼센트라면 이자로 지급해야 하는 금액은 1만 3,000달러에 달한다. 이 정도 차이라면 4퍼센트 이자율로 초기 대출 비용을 갚을 수 있을 만큼 이윤을 창출할 수도 있었던 사업 계획을 접어야 하는 상황이 만들어지기에 충분하다. 이와 유사한 이유로, 갤러리를 운영하거나 지역극단을 창설하려는 예술단체 역시 높은 금리 부담 때문에 계획을 포기하게 된다. 이러한 경우 수천 개의 창의적·사회적 사업이 실행되지 못하게 되며, 이는 결국 삶터 경제가 빈약해지는 결과로 이어진다. 다시 말해 필요한 자금이 지역사회를 위한 투자로 흘러들어가지 않고, 대신 암호화폐 같은 투기적 자산에 쏠리는 것이다.

합리적인 금리로 대출을 받을 수 있는 기회가 사라지면 소규모 창업을 통한 사회적 이동성 또한 제한된다. 앞서 언급했듯이, 이러한 시장의 일부는 이미 대기업이 장악했지만, 푸드트럭을 시작하거나 낡은 주택을 개조해 임대하는 등의 사업 기회는 여전히 남아 있다. 그러나 이러한 사업에는 상당한 초기 자본이 필요하기 마련이라 가족이나 친구한테 자금을 빌릴 수 없는 사람에게는 창업의 길이 막혀 있다.

특히 기술 스타트업의 경우, 저금리 대출의 부재가 더욱 심각한 문제로 작용한다. 매년 수천 개의 스타트업이 새로운 제품이나 서비스를 개발할 수 있는 소수 기술자의 아이디어를 바탕으로 창업한다. 연방정부는 이러한 기업을 지원하기 위해 소기업 혁신 연구SBIR 프로그램을 운영하며, 매년 약 7,000개 기업에 직접 자금을 지원한다. 그러나 이들 기업은 신청서를 제출한 4만~5만에 달하는 기업 중 엄격한 심사를 거쳐 살아남은 기업이다.

SBIR 프로그램에서 1단계와 2단계 보조금을 모두 받은 기업은 일반적으로 3년 동안 운영할 수 있는 자금을 확보할 수 있다. 그러나 제품을 개발하고 시장에서 실질적인 수익을 창출하는 데는 5~10년이 걸리는 경우가 많다. 따라서 SBIR 지원을 받더라도 많은 기업은 그 자금이 종료된 이후부터 상업적 수익이 발생할 때까지 죽음의 계곡을 버텨낼 방법을 찾아야 한다.[11]

이 중에서도 향후 매출이 급격하게 성장할 것으로 예상되는 일부 기업은 엔젤 투자자나 벤처캐피털로부터 자금을 조달할 수 있다. 이들은 기업이 기업공개initial public offering: IPO를 하거나 기존 기업에 인수될 경우 큰 수익을 기대할 수 있기 때문이다. 그러나 대부분의 SBIR 기업은 연간 20~30퍼센트의 성장률이 예상되는 틈새시장을 겨냥하고 있으며, 차세대 페이스북이나 구글처럼 폭발적인 성장을 이룰 가능성은 거의 없다. 이런 상황에서 많은 기업이 생존을 위한 유일한 수단으로 대기업에 인수되는 것을 선택한다. 하지만 앞서 언급했듯이, 이는 상당히 위험한 선택이다. 인수 기업이 최종적으로 해당 기술이나 제품을 시장에 출시하지 않기로 결정할 수도 있기 때문이다.

정책 입안자도 소규모 기술기업이 직면한 이러한 어려움을 잘

---

[11]   Keller & Block, "Explaining the transformation of the U.S. innovation system."

인식하고 있다. 이에 따라 많은 주정부는 SBIR 프로그램에서 성공한 기업이 죽음의 계곡을 극복할 수 있도록 지원금을 연계하는 프로그램을 운영하고 있다. 또한 2021년 바이든 행정부는 오바마 행정부 시절 주정부 수준에서 운영하던 소기업 신용 지원 프로그램State Small Business Credit Initiative: SSBCI을 재개하고, 여기에 추가로 100억 달러의 예산을 배정했다. 이 기금은 주정부를 통해 배분되었으며, 소규모 기업과 비영리 단체를 지원하기 위한 신용 대출, 대출 보증, 벤처캐피털 투자에 활용되었다. 그러나 이 지원은 코로나19를 극복하기 위한 경기 회복 정책의 하나로 시행된 일회성 정책이었다. 그 결과, 2023년 6월까지 자금 대부분이 이미 소진되었다.[12]

청정 에너지와 환경 보전

기후위기가 날로 심각해지는 상황에서, 화석연료 사용을 줄이기 위한 투자가 턱없이 부족하다는 것은 명백하다. 이는 청정 에너지 개발·보급과 에너지 효율 향상을 위한 노력이 충분하지 않다는 것을 의미한다. 기존 건물의 열효율을 개선하거나 LED 조명으로 교체하는 간단한 조치만으로도 3~4년 안에 투자 비용을 회수할 수 있다는 사실은 널리 알려져 있다. 그럼에도 은행과 금융기관들은

---

12 U.S. Department of the Treasury, "State Small Business Credit Initiative."

삶터를 책임지는 사회

가정이나 기업이 이러한 지출을 감당할 수 있도록 대출을 제공하는 데 거의 관심을 보이지 않고 있다. 이러한 금융 부문의 근시안적 태도는 태양광 패널 설치, 가스·석유 난방장치를 열펌프로 전환하는 작업 등에서도 마찬가지다. 그러나 전 세계적 기후이변과 지구온난화로 막대한 경제적 비용이 발생하면서, 이러한 자금 지원 부족이 일으키는 문제점이 점점 더 분명해지고 있다.

미국 일부 주에서는 녹색 금융green financing 프로그램을 통해 보조금과 대출 보증을 활용해 주택이나 기업의 청정 에너지와 에너지 절약 투자를 대규모로 확대하는 것이 가능하고 재정적으로도 건전하다는 점을 입증해왔다. 이러한 주정부 차원의 노력은 2022년 바이든 행정부의 인플레이션 감축법 통과로 이어졌다. 이 법안은 세금 감면, 대출 보증, 보조금을 대대적으로 활용해 친환경 투자를 촉진하는 데 중점을 두고 있다. 일부 분석에 따르면, 이 법안을 통해 향후 10년간 1조 달러 규모의 친환경 투자가 이루어질 가능성이 있다. 다만, 이 정책이 장기적으로 이어질지는 여전히 불확실하다. 하지만 인플레이션 감축법은 합리적이고 환경적으로 지속 가능한 금융 시스템이 지향해야 할 우선순위가 무엇인지 보여주는 중요한 사례라고 할 수 있다.

대안 금융

이전 장에서 정부가 이미 민간 부문과 거의 비슷한 규모로 총투
자를 감당하고 있다는 점을 살펴보았다. 인플레이션 감축법은 공
공 정책이 자금을 생산적인 경로로 유도하는 데 큰 역할을 할 수
있는 대안적 접근법을 제시한다. 그러나 이러한 길을 가로막는 두
가지 신화가 여전히 존재한다.

첫 번째 신화는 투자 가능한 자본이 희소하다는 믿음이며, 따라
서 막대한 자금을 보유한 부유층에게 높은 수익률을 보장해야만
한다는 논리다. 이는 소위 경제의 '낙수효과trickle-down'를 뒷받침
하는 핵심 주장이다. 즉, 기업이 높은 수준의 세후 수익률을 유지
해야만 필수적인 투자가 이루어질 것이라는 주장이다. 그러나 앞
서 살펴본 바와 같이, 지역사회와 정부가 대부분의 생산적 투자
를 담당하고 있으므로 이 주장은 명백하게 틀렸다. 더구나 기업은
대체로 금융 자립이 가능하다는 점을 고려하면 이 주장은 분명히
거짓이다. 그렇기 때문에 부유층의 막대한 저축과 대규모 퇴직저
축 자금의 상당 부분이 실제 생산적 투자로 흘러가는 것이 아니
라, 자산 가격 거품을 일으키거나 암호화폐 투기 시장으로 유입되
고 있다.

두 번째 신화는 은행과 금융기관이 단순한 금융 중개자라는 믿
음이다. 이 신화에 따르면, 금융기관은 예금자로부터 저축을 모

삶터를 책임지는 사회

아 투자자들에게 대출하는 역할을 한다. 이 개념은 자본은 희소하다는 믿음과 맞물려 작동한다. 다시 말해 공공 정책이 은행에 순응적인 태도를 보이지 않으면 은행이 중개 역할을 멈추고 경제가 마비될 것이라는 논리다. 그러나 현실은 이와 다르다. 은행과 금융기관은 정부의 허가를 받아 신용을 창출할 권한을 부여받은 기관이다. 이렇게 창출된 신용은 연방준비제도와 재무부 등의 정부 기관이 보증한다.

경제학자 로버트 호켓Robert Hockett이 설명한 바와 같이, 정부는 '화폐 창출'이라는 서비스의 프랜차이즈 본점이다.[13] 은행과 금융기관은 정부로부터 이 권한을 위임받은 프랜차이즈 가맹업체 역할을 맡는다. 맥도날드가 프랜차이즈 가맹점에 햄버거와 감자튀김을 만들 권한을 부여하는 것과 유사한 방식이다. 기업 세계에서 맥도날드는 가맹점이 본사의 엄격한 품질 기준을 준수하도록 철저하게 감시한다. 마찬가지로 정부도 금융기관이 적절한 규제를 따르도록 감독해야 한다. 하지만 금융의 중개자라는 신화가 존재하기 때문에 은행은 규제 완화를 강력하게 요구할 수 있는 명분을 얻는다.

은행이 높은 위험을 감수할수록 더 높은 이익을 얻을 수 있는 구조를 가지고 있다는 점은 어찌 보면 모순적이다.[14] 예를 들어 차

---

13   Hockett, "Finance without financiers."

입자의 신용도가 낮을수록 더 높은 이자를 부과한다. 또한 대출 규모가 커질수록 수익률이 증가한다. 금융기관이 수익 극대화를 목표로 운영되는 이상, 보유 자산의 위험도를 높이려는 유인은 항상 존재한다. 이를 통제할 수 있는 유일한 장치는 정부의 규제뿐이다. 그러나 만약 규제 당국이 금융권의 요구에 굴복해 규제를 완화하거나 영국처럼 느슨한 규제light touch 정책을 추진하면 금융 시스템의 위험도는 급격히 증가한다. 결국 위험을 감당하지 못하는 일부 은행은 파산위기에 몰리지만 정부는 금융 시스템 붕괴를 막기 위해 결국 은행을 구제할 수밖에 없는 상황에 놓이게 된다. 금융 시스템이 무너지면 그 여파가 너무 크기 때문이다.

우리는 수십 년 동안 이 불합리한 순환 속에 갇혀 있다. 1970년대 후반과 1980년대 초반, 거대 은행은 개발도상국에 지나치게 대출을 많이 제공한 탓에 너무 많은 위험을 감수했다. 그러나 정부가 이들을 구제했다. 1980년대에 저축대부조합savings and loan association: S&L은 정크본드를 대량 매입하며 과도한 위험을 떠안았지만 정부가 구제해주었다. 1990년대에 발생한 인터넷 주식 거품 현상은 다행히 은행이 깊숙이 개입하지 않았기 때문에 구제금융이 필요하지는 않았다. 2000년대 들어 은행과 금융기관은 부실한 부동산 담보 대출을 끌어모아 발행한 채권을 대량으로 사들여

---

14   Minsky, "The financial instability hypothesis."

과도한 위험을 감수했다. 정부는 2008~2009년에 이들을 구제했다. 2023년에도 일부 지역사회 은행은 채권 투자 비율을 과도하게 높여왔으나 금리 상승으로 가치가 하락하면서 또다시 위기에 몰렸다.* 정부는 또다시 구제했다. 2010년에 통과된 도드-프랭크Dodd-Frank 법안**이 '대마불사Too Big to Fail' 문제를 해결할 것으로 기대했지만, 그 이후로 대형 은행은 훨씬 거대해졌으며, 결국 구제금융이 더욱 필수적인 상황이 되었다.

이제 우리는 자본의 희소성과 은행의 금융 중개 역할이라는 신화를 거부해야 한다. 그러면 좀 더 합리적인 금융제도를 만들 수 있는 대안적 접근법이 눈에 들어온다. 현재 정부는 '화폐 창출'이라는 프랜차이즈 권한을 소수의 영리 기업에 집중적으로 부여하고 있다. 하지만 정부는 프랜차이즈를 소규모 비영리 조직으로 대폭 확대할 필요가 있다. 규제는 여전히 필요하겠지만, 이익 극대화의 강박에서 벗어난다면 이러한 기관들은 빈곤 완화, 온실가스 감축 등 더 넓은 사회적 목표를 달성하는 데 신용 창출 능력을 집중할 수 있다.

비영리 금융기관이 실현 가능하고 지속 가능하다는 증거는 충분하다.[15] 노스다코타 주립은행State Bank of North Dakota은 100년

---

* 채권의 가치는 해당 채권에 투자해 향후 받을 수 있는 이자로 결정된다. 즉, 미래에 발생하는 이자 수익을 현재의 금리로 할인하면 채권의 현재 가격이 된다. 시중 금리가 상승하면 이미 고정되어 있는 채권의 이자율이 상대적으로 저평가되며 채권의 가치는 떨어진다.
** 대형 금융기관에 대한 엄격한 규제와 청산절차를 마련한 법안이다.

이상 지역 경제를 떠받치며 가족 농민들을 지원해왔다. 신용조합, 지역사회 은행, 지역개발금융기관community development financial institution: CDFI은 경기침체를 여러 번 겪으면서도 대형 상업은행처럼 반복적으로 구제금융을 받지 않고 생존해왔다. 오바마 행정부는 에너지부 대출 보증 프로그램Loan Guarantee Program으로 청정 에너지 혁신을 위해 280억 달러 규모의 투자를 지원했다. 일부 실패 사례가 있었지만, 2014년 기준 이 프로그램의 손실 비용 총액은 22억 달러에 불과했다.[16] 이러한 성과를 바탕으로, 바이든 행정부는 인플레이션 감축법의 일환으로 이 프로그램의 대출 규모를 대폭 확대했다.

그러나 금융을 장악하고 있는 영리 금융제도에서 비영리 금융제도로 전환하는 과정에서는 **분권화, 경쟁, 민주적 참여**가 핵심 원칙이 되어야 한다. 현재 금융제도의 가장 큰 문제 중 하나는 대형 상업은행, 대형 자산운용사 같은 소수의 거대 기업에 권력이 집중되어 있다는 점이다. 이러한 구조에서는 대출을 받는 기업은 거대 금융기관의 이해관계와 지침에 일방적으로 따라갈 수밖에 없다. 특히 주주 이익 극대화 압력에 시달리는 기업 경영진이 단기적 주가 상승에 집중하게 되면 장기적 성장 가능성은 기대하기 어려워진다.

---

15 독일의 공립은행들은 중요한 사례다. Cassell, *Banking on the State*.
16 US Government Accountability Office, "DOE loan programs."

삶터를 책임지는 사회

비영리 금융제도라고 하더라도 지나치게 집중이 이루어진다면 같은 문제가 반복될 것이다. 예를 들어 국가가 중앙집중적 투자기관을 설립하는 방식으로 비영리 금융제도를 운영할 경우, 선택의 여지가 없는 잠재적 차입자는 해당 기관의 고정된 기준과 편향을 받아들일 수밖에 없게 된다. 또한 기존의 주류 기술과 다른 '비정통적' 기술을 개발하려는 기업은 투자를 받을 가능성이 줄어든다. 더 나아가 설령 중앙 금융기관이 초기에는 공공 이익을 최우선하는 직원으로 운영되더라도, 시간이 지나면서 권력을 가진 사람이 자신의 지위를 이용해 부와 명성을 축적할 개연성이 높다.

따라서 일부 중앙 조정 당국과 정보 공유는 필요하지만, 궁극적으로는 다양한 비영리 금융기관이 경쟁과 협력을 통해 운영되는 환경을 조성하는 것이 이상적이다. 경쟁을 통해 특정한 유형의 기반시설이나 기술 분야의 대출에 전문성을 확보한 전문 금융기관이 등장할지도 모른다. 협력도 필수적이다. 특히 대형 프로젝트의 경우, 여러 기관이 공동으로 자금을 조달해야 할 수도 있다. 이와 함께 상환 기간을 달리하는 다양한 금융상품이 필요하다. 차입자의 미래 수익의 일정 비율을 대출 상환 방식으로 설정하는 금융상품도 포함될 수 있다. 공익을 추구하는 고위험 대출에 대한 대출 보증도 필요하다.

결국 새로운 금융제도는 민주적 책임성을 전제로 해야 한다. 투자 자본의 흐름이 유권자의 선호와 일치하도록 보장해야 한다. 하지만 모든 금융기관에 단일한 제도를 적용하는 것은 현실적이지 않다. 신용조합과 지역개발금융기관 같은 소규모 금융기관은 회원 투표나 주민으로 구성된 이사회를 통해 운영진을 견제해야 한다. 도시나 주 단위의 공공 은행은 지역 주민을 대표하는 이사회를 두도록 의무화할 필요가 있을 수도 있다. 대형 공공 기반시설에 전문으로 투자하는 은행은 광범위한 대표성을 가진 자문위원회에 대출 승인 거부권을 부여할 수도 있다. 대안으로 한시적인 시민협의체를 구성해 대형 프로젝트의 승인 여부를 논의하는 방식도 가능하다.

이와 더불어 삶터에 대한 통제권을 강화하는 방법으로, 대규모 기반시설 건설 계획을 추진하기 전에 주민투표를 의무화하는 방안도 고려할 수 있다. 즉, 정부가 특정 프로젝트의 자금 조달을 진행하기 전에 지역 유권자들이 해당 프로젝트에 대한 사전 승인을 내리는 방식이다. 이 과정에서 시민으로 구성된 협의체가 우선순위를 조정하고, 많은 시민의 의견을 반영한 계획을 마련할 수도 있다.

협력 네트워크 생산 지원

나는 앞서 현재의 주식시장을 중심으로 만들어진 금융제도가 협력 네트워크 생산에 적대적인 구조를 가지고 있으며, 계층적 구조를 갖고 있는 기업을 강화하는 데 초점을 두고 운영될 수밖에 없기 때문이라는 점을 지적했다. 많은 스타트업 기업은 결국 기존 대기업에 인수될 수밖에 없으며, 그 과정에서 해당 기업의 기술이 시장에 도달하지 못할 위험이 상당히 크다. 이제는 소규모 틈새시장에 집중하면서도, 벤처캐피털이 집착하는 폭발적인 성장에 관심이 없는 중소기업을 지원할 수 있는 대체 금융제도가 절실히 필요하다.

미국과 해외에서는 높은 수준의 전문성을 구축해 지속적인 혁신과 제품의 뛰어난 품질을 유지해온 성공적인 중소기업이 많다. 역사적으로 미국의 공작기계 산업은 이런 기업이 주도했다. 독일의 제조업 성공 사례 역시 미텔슈탄트Mittelstand라 불리는 중소기업, 특히 가족 소유 기업이 혁신과 고품질 생산 역량을 축적해왔다. 이들 기업이 꾸준히 혁신을 이어올 수 있었던 중요한 요인 중 하나는 독일의 광범위한 비영리 은행 조직망이다. 특히 협동조합은행cooperative bank과 과거 지방정부가 소유했던 주립은행Landesbanken은 이러한 기업을 계속 지원해왔다.

혁신 분야에서도 기술자들이 백만장자나 억만장자가 되겠다는 기대 없이도 중요한 기술 발전을 이룰 수 있음을 보여주는 구체적인 사례들이 많이 있다. 예를 들어 PSI(Physical Sciences Inc.) 같은 노동자 소유 기업은 SBIR 보조금을 꾸준히 받으면서 새로운 기술을 개발하는 데 성공해왔다. 이들 기업은 SBIR 프로그램 자격을 유지하기 위해 고용 인원을 500명 이하로 유지하며, 새로운 기술이 시장에 출시될 준비가 되면 새로운 스타트업으로 분사시켜 제품을 개발한다. 이러한 제도적 구조는 과학자와 엔지니어가 자신의 작업 환경을 독립적으로 통제하면서 실용적인 기술 문제를 해결할 수 있도록 돕는다. 부와 권력의 위계는 혁신의 필수 조건이 아니다.

그러나 중소기업 중심의 협력 네트워크 생산 체제를 지속 가능하게 유지하려면 기존과는 다른 유형의 금융기관이 필요하다. 주식시장에 기반을 둔 금융은 기업의 안정성보다 성장을 우선시하기 때문에 피해야 한다. 가장 적합한 대안은 기업 대출과 일반 소매금융을 결합한 비영리 은행이다. 이러한 은행은 기업이 일상적인 금융 서비스를 제공받을 수 있도록 돕고, 일상적인 수익만으로는 감당할 수 없는 대규모 프로젝트를 위한 자본 조달을 지원한다. 대출의 규모가 크다면 여러 비영리 은행이 공동으로 참여하는 방식으로 이루어져야 한다.

이 시스템을 효과적으로 운영하려면 두 가지 추가적인 금융 혁신이 필요하다. 첫째, 자본 프로젝트를 위한 대출은 고정 금리와 함께 미래 수익의 일부를 대출기관에 제공하는 구조를 가져야 한다.[17] 이익을 공유하는 방식은 대출 채무를 감당하지 못하는 중소기업이 미래에 발생할 수도 있는 손실을 보전하는 역할을 한다.

삶터를 책임지는 사회

또한 각 은행은 자체 준비금으로 감당할 수 있는 수준에서만 위험도가 높은 대출을 제공해야 한다.

둘째, 스타트업 기업에 대출할 경우 상당한 위험이 수반되므로 이를 분산하기 위한 대출 보증 제도가 필요하다. 유럽의 여러 국가는 스타트업 대출 보증 체계를 도입해 대출기관뿐만 아니라 여러 기관이 위험을 분담하는 제도를 운영하고 있다. 이러한 제도는 투자 심사를 통해 성공 가능성이 낮은 기업을 걸러내야 하지만, 대출 보증 제도가 운영되고 있다는 사실 자체가 이러한 위험이 충분히 관리될 수 있음을 보여준다.

이러한 금융제도는 중소기업 중심의 협력 네트워크 생산을 지원하는 이상적인 모델이 될 것이다. 이는 현재의 생산 체계를 규정하고 있는 소득과 부의 불평등을 늘리지 않으면서도 지속적인 기술 혁신을 가능하게 할 것이다.

결론

현재의 금융제도는 사람들이 원하고 필요로 하는 삶터를 확보하는 데 여러 측면에서 걸림돌이 되고 있다. 현 금융제도는 주정부

---

17 이슬람권의 금융 대출 관행은 장기 대출을 기업의 미래 이익 흐름과 연계하는 방식이 실용적으로 운영될 수 있음을 보여주었다.

와 지방정부가 공공의 필요를 충족하는 데 필요한 재원을 공급하지 못할 뿐만 아니라, 지구를 위협하는 화석연료 산업에 계속 자금을 지원하면서도 청정 에너지와 에너지 절약을 위한 금융 지원은 소홀히 해왔다. 또한 기존 금융제도는 여러 차례 자산 가격 거품을 일으켜 금융위기를 불러왔으며, 결국 '대마불사'라는 논리로 민간 금융기관에 대한 고비용의 공적 구제금융을 초래했다.

그러나 삶터 개선과 협력 네트워크 생산을 지원하는 새로운 형태의 금융제도는 충분히 실현할 수 있다. 은행과 기타 금융기관의 신용 창출은 궁극적으로 중앙정부가 좌우한다는 점을 고려할 때, 정부는 점진적으로 이러한 신용 창출 권한을 비영리 금융중개기관으로 이전해야 한다. 이를 통해 생산적이고 환경적이며 지속 가능한 방향으로 자금 흐름을 바꿀 수 있을 것이다.

7장

삶터의
민주화

이 책은 삶터와 개선 사이에서 오랫동안 이어진 갈등을 조망하는 것을 목표로 했다. 기술 발전의 형태로 이루어진 개선은 종종 많은 사람의 삶터를 악화시키는 결과를 가져왔다. 그러나 나는 우리가 긍정적인 방향으로 개선을 유도해 모든 사람의 삶터를 실질적으로 향상시킬 가능성을 가지고 있음을 보여주고자 했다. 하지만 이러한 가능성은 현재의 정치적·경제적 제약 속에서는 실현되기 어렵다. 기존의 제도는 사람들이 자신의 공동체를 직접 형성해나갈 수 있는 능력을 극도로 제한하고 있기 때문이다. 지금 우리에게 가장 시급한 과제는 삶터의 민주화이며, 이를 위해서는 사람들이 자신이 사는 지역사회의 유·무형 인프라를 강력하게 통제할 수 있도록 하는 개혁이 필요하다.

기후위기가 고조되면서 삶터의 민주화라는 과제는 더욱 시급해지고 있다. 기후 과학자들은 수십 년 동안 온실가스 배출이 초래할 위험에 대해 경고해왔다. 그러나 2020년대에 들어서야 그 부정적인 결과가 명백하게 드러나고 있다. 극심한 폭염, 수천 킬로미터에 걸친 대형 산불, 파괴적인 가뭄, 더욱 강력해지는 허리케인과 태풍, 토네이도, 홍수, 기타 극단적인 기상 현상이 점점 더 잦아지고 있다. 이제 기후변화는 모든 사람의 삶터뿐만 아니라 생존 자체를 위협하고 있다.

이 위협에 대응하려면 두 가지 상호 연결된 조치가 필요하며, 삶터의 민주화는 이 과정을 가속화할 것이다. 첫 번째 조치는 에너지 절약과 재생 가능 에너지로 빠르게 전환해서 온실가스 배출을 신속하게 줄이는 것이다. 중앙정부 차원에서 시행되는 정책이 무엇이든 간에, 지역사회 구성원이 직접 나서서 화석연료 의존도를 낮추려는 움직임을 보일 때 이러한 변화는 더욱 빠르게 진행될 것이다. 또한 지역 차원의 이러한 노력은 중앙정부가 더욱 과감한 정책을 추진하고 재정 투입을 늘리도록 압박하는 역할을 할 것이다.

두 번째 조치는 지역사회의 회복력을 강화하는 것이다. 이를 통해 극심한 폭염, 홍수, 기타 기후 관련 재난에서 좀 더 효과적으로 사람들을 보호해야 한다. 이러한 조치는 대규모 사회기반시설을 건설해 수자원을 조절하는 것에서부터 냉방센터를 설치하는 등의 지역 단위에서 자조 네트워크를 구축하는 것에 이르기까지 다양하게 이루어진다. 더 나아가 기후 관련 재난에서 자신과 이웃을 보호하려는 사람들이 늘어나면, 이는 지역과 국가 차원의 공공기관에 더욱 강력한 회복력 강화 정책을 요구하는 압박으로 작용할 것이다. 또한 이러한 흐름은 화석연료 사용을 줄이기 위한 정책이 더욱 신속하게 시행될 수 있도록 촉진할 것이다.

기후변화 대응과 회복력을 위한 대규모 재정 지출의 비용-편익 분석을 살펴보면, 이러한 정책이 필요하다는 사실은 명백하다. 미국 국립환경정보센터National Centers for Environmental Information는 물가상승률을 반영해 재난 피해 규모가 10억 달러 이상인 기후 관련 재난 사건을 기록하는 데이터베이스를 운영하고 있다.[1] 2000년대에는 연평균 6.7건의 기후 관련 재난이 발생했다. 그러나 지난 5년 동안 연평균 18건으로 증가했으며, 2023년에는 28건이 기록되었다. 2022년, 이러한 재난으로 발생한 총피해액은 1,770억 달러에 달했지만, 향후 더욱 증가할 것으로 보인다. 특히 2017년에는 대도시를 강타한 세 차례의 초강력 허리케인으로 총비용이 물가상승률을 반영한 기준으로 3,837억 달러까지 치솟았다.

게다가 이러한 수치는 주로 물적 피해와 복구 비용에 초점을 맞춘 것이며, 재난에 따른 인명 피해, 정신건강 부담, 사랑하는 사람을 잃은 가족들에게 미치는 영향 등은 포함되지 않았다. 특히 폭염으로 사망한 사람의 수는 정확하게 추정하기 어렵다. 사망 진단서에는 보통 사망 원인이 심장병 같은 기저 질환으로 기록되며, 폭염이 직접적인 원인으로 명시되지 않는 경우가 많기 때문이다. 그러나 한 연구에 따르면, 2022년 유럽에서 발생한 기록적인 폭염으로 6만 2,000명이 추가 사망한 것으로 추정된다.[2] 이를 감안하면, 미국에서도 이에 대응하는 공공 정책이 마련되지 않을 경우, 연간 폭염 사망자가 10만 명을 넘길 가능성이 크다.

더 나아가 기후 관련 재난으로 가장 큰 위험에 처하는 사람들은

---

1 2023년까지 누적된 비용은 931억 달러였다. NOAA National Centers for Environmental Information (NCEI), "U.S. billion-dollar weather and climate disasters (2024)."

2 Ramirez, "Nearly 62,000 people died from record-breaking heat in Europe last summer."

삶터를 책임지는 사회

노인, 저소득층, 이민자 외에도 역사적으로 가장 심하게 인종차별 피해를 받아온 집단인 흑인, 라틴계, 아메리카 원주민이다. 이들은 에어컨 없이 열악한 환경에서 살아갈 가능성이 크며, 실외에서 일해야 하는 직업에 종사할 개연성 또한 높다.

이론적 측면

삶터 민주화는 대의민주주의의 한계와 위험성을 강조하는 여러 연구에 기반을 두고 있으며, 좀 더 참여적이고 숙의적인 형태의 민주적 지배 구조를 촉진할 것을 주장한다.[3] 정치 권력과 중요한 경제적 의사결정이 중앙정부에 집중된 상황에서, 시간이 갈수록 대의민주주의는 주요 정당에서 선출된 정치인으로 구성된 정치 계급과 자신이 정치적 결정에 실질적인 영향을 미칠 수 없다고 느끼는 일반 유권자 사이의 격차를 확대하는 경향이 있다. 이러한 정치 계급과 대중 간의 분리는 이미 100여 년 전 로버트 미헬스Robert Michels가 설명했다.[4] 선출된 공직자는 일반 유권자가 접

---

3 이 주제에 대한 연구는 방대하지만, 나는 특히 에릭 올린 라이트Erik Olin Wright와 아콘 펑Archon Fung이 발전시킨 "권한을 부여받은 참여적 지배 구조empowered participatory governance" 개념에 의존하고 있다. Fung & Wright의 *Deepening Democracy*와 Wright의 *Envisioning Real Utopias*를 참고할 것.

4 Michels, *Political Parties*.

근하기 어려운 정보와 조직적 자원을 보유하고 있으며, 이를 활용해 자신들의 권력을 유지한다. 특정 정당이 선거에서 승리하거나 패배하는 일은 있을 수 있지만, 실제로 권력을 차지하는 사람들은 결국 같은 정치 계급 내에서 돌고 돌 뿐이다.

이러한 구조는 부정적 순환 구조를 만들어낸다. 대다수 유권자는 2년 혹은 4년에 한 번씩 투표소에 가는 것 외에는 정치에 참여할 기회가 거의 없으며, 정치 과정이 어떻게 작동하는지 또는 자신의 목소리를 효과적으로 전달하는 방법을 배울 기회도 없다. 이론적으로는 지역정치가 일반 유권자와 정치 계급 간의 격차를 좁히는 훈련의 장이 되어야 한다. 그러나 현실에서는 극도로 제한된 자원을 둘러싼 제로섬 싸움과 부동산 개발업자와 대기업 같은 강력한 지역 이해관계자의 영향력이 지역정치를 지배하고 있다. 이러한 환경은 정치에 대한 냉소주의와 지역정치에 대한 무관심을 키울 뿐이다.

결국 대의민주주의에 대한 환멸이 부정적으로 되풀이되면서, "부패한 기성 정치 체제를 끝장내겠다"라고 주장하는 선동가에게 유권자들의 지지가 몰리게 된다. 정치에 소외감을 느끼고 기존 시스템이 자신에게 불리하게 조작되었다고 믿는 일부 유권자는 이러한 반反정치적 주장에 강하게 공감한다. 따라서 이들에게 "당신들이 선호하는 후보가 민주적 규범과 제도를 훼손할 것"이라고 경고하는 것은 별 의미가 없다. 이들은 이미 민주주의 자체에 대

삶터를 책임지는 사회

한 신뢰를 잃었기 때문이다.

이러한 비판을 바탕으로, 효과적인 대의민주주의 체제를 만들기 위해서는 시민이 의사결정 과정에 적극적으로 참여할 수 있도록 해야 한다. 이러한 참여를 통해 정치 과정에 대한 이해를 높이고, 자신의 이익을 효과적으로 주장하고 옹호할 수 있는 능력을 기를 수 있다. 시민의 참여를 확대하는 다양한 수단을 활용한다면 기존 정치 계급과 일반 유권자 사이의 중간 집단이 형성될 것이다. 이러한 풀뿌리 지도자는 기존 정치 계급과 거의 동등한 기술과 자원을 보유하게 되며, 유권자로 하여금 선출된 대표자가 유권자의 요구에 충실하도록 감시하는 데 중요한 역할을 하게 된다. 또한 기존 정치인이 유권자에게 책임을 다하지 않을 경우, 이 풀뿌리 지도자 각자가 기존 정치인을 대체할 후보군으로 나설 수도 있다.

이러한 정치 참여를 활성화할 수 있는 여러 가지 방법을 고려해볼 필요가 있다. 한 가지 아이디어는 법정에서 특정한 범죄에 대해 시민 배심원이 유죄 혹은 무죄를 결정하는 배심원 제도에서 착안해 숙의적 시민의회를 운영하는 것이다. 투자가 필요한 기반 시설의 입지와 방식, 선거구 획정 등 주요 공공 정책 사안에 대해 전문가들이 시민들에게 다양한 의견을 제공하고 숙의 과정을 거친 후 결정을 내리도록 하는 방식이다. 또한 숙의적 시민의회는 주민투표와 결합할 수도 있을 것이다. 예를 들어 시민의회가 여러 개의 정책안을 도출하면, 유권자들은 그중에서 자신의 지역사회 자원을 어떻게 활용할지 선택하는 방식으로 정치 과정에 직접 참여하는 방법이다.

참여예산제를 도입해 시민들이 직접 모여 다양한 선택지를 놓고 지역 예산의 우선순위를 결정하는 방식도 있다.[5] 이외에도 특정 분야의 지역 정책을 결정하는 시민위원회의 역할을 확대하는 방안도 고려할 수 있다. 예를 들어 일부 도시에서는 인종차별적인 경찰 폭력 사건에 대응해 시민이 선출하는 시민감찰위원회civilian review board를 설립해 경찰의 부적절한 행위를 감시하고 처벌할 수 있도록 했다. 이러한 모델을 응용해 지역보건위원회local health board, 기반시설위원회infrastructure board 등 다양한 분야에서 시민이 정책 결정 과정에 직접 참여하도록 할 수 있다.

그러나 시민 참여를 확대하려는 거의 모든 시도는 예산의 제약으로 좌절되어왔다. 지방정부는 기존의 재정적 의무를 이행하는 것조차 벅찬 경우가 많다. 따라서 시민이 정책 결정에 참여하게 되면 어느 한 지역이 다른 지역의 희생을 대가로 승리하는 제로섬 경쟁이 벌어지게 된다. 이러한 제로섬 갈등은 정치에 대한 냉소주의를 부채질하고, 정치 체제에 대한 소외감만 더 깊어지게 만들 뿐이다.

---

5   Baiocchi & Ganuza, *Popular Democracy*.

이러한 문제를 해결하기 위해 시민 참여 수단을 확대하는 동시에 지방정부의 재정을 늘리는 전략이 필요하다. 이를 위해서는 중앙정부의 세수를 지방정부로 이전하고, 지방정부가 낮은 금리로 대출을 받을 수 있는 접근성을 높이는 정책이 필요하다. 이러한 재정 확대 조치는 시민 참여의 실질적 효과를 키울 것이며, 자치에 대한 시민들의 적극적인 참여를 유도하는 긍정적 순환을 만들어낼 것이다.

삶터 민주화 전략의 본질

삶터에 대한 시민의 통제를 민주화하는 과정은 초기 단계에서 기후변화와 기후정의climate justice 문제를 중심으로 다루게 될 것이다. 그러나 이 전략은 인종적 불평등, 극단적인 경제적 불평등, 여성과 성소수자의 종속, 소외된 노동 등 현대 사회의 가장 시급한 문제들을 해결하는 데도 적용된다. 정치적 관점에서 볼 때, 이는 급진적 개혁주의radical reformism로 분류할 수 있다. 즉각적인 개혁이 후속 개혁의 기반을 만들어가는 점진적인 변화 과정으로 규정할 수 있기 때문이다. 이 프로젝트는 개방적이고 지속적인 과정인 민주화를 통해 사람들이 모든 수준의 정부에서 더 큰 목소리를 내고 더 큰 영향력을 행사하게 만든다. 더 많은 사람이 자기 자신을 통치하는 기술을 익히게 되면, 현재 일반 시민과 선출된 대표자 사이의 권력과 이해의 격차는 점차 줄어들 것이다.

이 프로젝트는 다층적으로 전개되어야 한다. 초기에는 대도시, 중소도시, 소규모 마을, 농촌 지역 등 지역사회를 조직하는 데 초점을 맞추겠지만, 동시에 주정부와 중앙정부에 영향을 미치는 활동도 병행해야 한다. 결국 공공 자금의 접근성을 통제하는 것은 이들 상위 정부에 달려 있기 때문이다. 또한 유럽연합, 북미의 미국-멕시코-캐나다 협정United States-Mexico-Canada Agreement: USMCA, 남미의 메르코수르Mercosur 같은 초국가적 지역 경제권 차원에서도 조직화와 동원이 필요할 것이다. 나아가 세계은행World Bank, 국제통화기금International Monetary Fund: IMF, 국제결제은행Bank for International Settlements: BIS, 세계무역기구World Trade Organization: WTO 같은 세계 경제를 규율하는 기관들의 운영방식을 점진적으로 개혁할 필요가 있다.

이 전략은 지역 수준에서 이루어지는 정치적·경제적 개혁이 상위 지배 구조의 영향으로 제한된다는 인식을 토대로 한다. 지역 수준의 운동은 연합을 형성해 주정부나 지방정부 차원에서 변화를 추진하고, 이러한 연합은 다시 중앙정부 차원의 정책 변화를 요구하는 동맹으로 발전할 것이다. 이러한 국가적 운동들이 결집하면 결국 초국가적 지배 구조와 국제기구의 정책을 재구성하는 데까지 나아갈 수 있다. 각 수준별 투쟁을 통해 확보할 수 있는

삶터를 책임지는 사회

재정 규모를 늘려 크고 작은 지역사회로 자금이 흐르도록 만드는 것을 목표로 할 것이다. 삶터가 형성되고 재창조되는 지역 수준에서 더 많은 자원과 더 많은 민주적 공간을 확보하는 과정은 반복적인 경쟁과 개혁이 되풀이되는 과정을 통해 이루어질 것이다.

  그러나 정치적 변화를 위한 모든 전략은 실행 가능성의 문제에 직면한다. 실행 가능성은 정치적 차원과 경제적 차원 모두 검토되어야 한다. 정치적 실행 가능성은 이 전략이 다른 대안적 전략보다 성공할 가능성이 크다는 점을 입증하는 데 달려 있다. 지난 50~60년 동안 급진적 개혁을 시도했던 많은 프로젝트가 패배하거나 실패로 끝났다. 그러나 토마 피케티에 따르면, 1914년부터 1970년까지 개혁 운동은 많은 선진 시장 경제에서 소득과 부의 불평등을 상당 부분 줄이는 데 성공했다.[6] 그럼에도 지난 반세기 동안 초부유층은 정치적 주도권을 다시 확보했으며, 미국과 영국 같은 국가에서는 19세기 이후 유례없는 수준의 소득과 부의 불평등이 다시 재현되었다. 또한 초국가적 경제 엘리트 집단은 정교한 조직 네트워크와 미디어에 막대한 투자를 하며 자신들의 정치적 권력을 유지하려는 전략을 펼치고 있다.

  피케티의 연구는 과거에도 초국가적 경제 엘리트 집단의 권력이 성공적으로 제압된 적이 있으며, 따라서 오늘날에도 거대한 장

---

6 Piketty, *Capital and Ideology*.

애물이 수없이 많지만 또다시 도전할 수도 있다는 점을 시사한다. 이러한 장애물을 고려할 때, 삶터 민주화 전략이 반드시 높은 성공 확률을 갖고 있음을 입증하는 것이 문제가 아니다. 더 중요한 점은, 이 전략이 다른 전략들보다 장점이 많음을 입증하는 것이다. 어떻게 하면 삶터 민주화를 기반으로 한 정치 전략이 다양한 지역에서 강력한 다수 연합을 형성할 수 있을까? 어떻게 하면 이 전략이 정치적 양극화의 논리를 극복할 수 있을까? 현재 좌파 정치 운동이 아무리 강력해 보여도 꾸준히 성장하는 극우 정당이나 극우 정치 세력이 선거에서 승리하며 여기에 대응하고 있을 뿐 아니라, 심지어 압도당하는 경우가 많다.

경제적 실행 가능성은 이 정치적 전략이 다수가 체감할 수 있는 실질적이고 지속적인 삶의 질 향상을 가져올 수 있음을 입증하는 데 초점을 맞춘다. 이것이 급진적 개혁을 시도한 지도자들, 예를 들면 칠레의 아옌데Allende 정부나 프랑스의 미테랑Mitterrand 정부에서 직면했던 가장 어려운 과제였다. 기업과 부유층의 강한 저항은 경제적 혼란을 초래했고, 정부가 추진하던 정책을 철회하도록 강요하거나 심지어 군사 쿠데타로 이어졌다. 소득 하위 50퍼센트에 속하는 사람들에게 혜택을 약속하는 정치 운동 역시 인플레이션, 실업 증가, 공급 부족 등으로 경제가 혼란에 빠지게 되면 정치적 지지를 상당 부분 잃을 가능성이 크다. 앞선 장들에서 논의한 분석을 바탕으로, 나는 삶터 민주화 전략이 이러한 정치적·경

삶터를 책임지는 사회

제적 도전들에 대해 다른 전략보다 우위를 갖는다는 점을 주장할 것이다.

정치적으로 우월한 측면

현재의 극심한 정치적 양극화는 1930년대와 유사한 점이 있다. 당시 파시스트 준군사 조직은 여러 나라에서 공산주의·사회주의 운동가들과 거리에서 충돌했다. 그때나 지금이나 양측은 상대의 승리를 존재론적 위협으로 인식한다. 예를 들어 트럼프는 자신의 지지자를 결집하기 위해 민주당이 사회주의자이자 공산주의자이며, 국가 권력을 이용해 다문화적 가치를 강제로 주입하려 한다고 주장한다. 이와 동시에 트럼프에 반대하는 쪽은 그가 블라디미르 푸틴을 본보기로 삼아 반대 세력을 체계적으로 탄압하고 시위를 금지하는 권위주의적 정권을 수립하지 않을까 깊이 우려하고 있다.

이러한 두려움은 비합리적인 것이 아니다. 좌파 정권과 우파 정권 모두 체계적으로 인권을 침해한 사례가 있기 때문이다. 그러나 이 두려움은 정상적인 정치 시기에 나타나는 일반적인 의견 차이와는 놀라울 정도로 거리가 있다. 통상적인 좌우 간의 논쟁은 정부가 사회에서 얼마나 큰 역할을 해야 하는지, 적절한 세금 수준이 어느 정도인지, 정부가 얼마나 적극적으로 소득과 부의 재분배를 추진해야 하는지 같은 현실의 문제를 중심으로 이루어진다. 그러나 양극화가 심해지면, 이러한 논쟁은 점차 뒷전으로 밀려난다. 좌파와 우파 모두 정부의 역할을 확대하는 노선을 지지하며, 특정한 형태의 재분배 정책을 선호하기 때문이다.[7]

양극화가 불러온 이러한 존재론적 두려움은 생활비나 노동시장 상황 같은 일상적인 경제 문제와는 동떨어져 있다. 그럼에도 코로나19 팬데믹 기간에 정치적 양극화가 얼마나 쉽게 일상적인 문제로 번질 수 있는지 생생히 보았다. 예를 들어 마스크 착용 여부, 백신 접종 여부, 심지어 가축용 구충제(이버멕틴ivermectin)를 코로나 치료제로 쓸 것인지에 대한 논쟁에서 정치적 성향에 따라 입장이 갈라졌다. 실제로 백신이 공급된 이후 공화당이 우세한 지역에서 코로나19로 사망한 비율이 민주당이 우세한 지역보다 상당히 높았다는 증거가 있다.[8]

이 사실은 정치적 양극화를 완화하고 정상적인 정치적 논쟁으로 돌아가는 것이 얼마나 어려운 과제인지를 보여준다. 과거 정치적 양극화가 극단으로 치달았던 시기에는, 세계대전이라는 거

---

7   예를 들어 트럼프는 사회보장제도와 메디케어 같은 프로그램에 대한 전통적인 공화당의 반대 입장에서 한발 물러선 태도를 보였다. 더 나아가 이민자들을 대상으로 트럼프는 히틀러가 유대인을 타깃으로 삼았던 방식에서 볼 수 있듯이, 일종의 재분배적 약속을 포함하고 있다. 즉, '진정한' 국민들에게 더 많은 일자리와 자원을 제공하겠다는 메시지를 전달하는 것이다.

8   Wallace, Goldsmith-Pinkham & Schwartz, "Excess death rates for Republican and Democratic registered voters in Florida and Ohio during the Covid-19 pandemic."

대한 사건이 벌어지고 나서야 파시즘을 물리치고 정치의 주변부로 밀어낼 수 있었다. 따라서 향후 2~5년 동안 안정적으로 경제가 성장하는 것만으로는 극우 지도자들에게 충성하는 지지층을 분리해내기는 어려울 가능성이 크다. 특히 좌파 권위주의의 위협에서 자신을 보호해줄 가장 강력한 지도자로 극우 정치인을 염두에 두고 있는 유권자라면 더욱 그러하다. 이러한 상황에서 두려움을 조장하고 이를 확대하고 있는 언론매체가 갑자기 극단적인 메시지를 완화할 가능성도 기대하기 힘들다.

결과적으로, 대부분의 좌파 전략은 양극화를 더욱 심화시킬 가능성이 크며, 극우 세력에 대한 지지를 떨어뜨리는 임계점에 도달할 가능성은 별로 없다. 예를 들어 바이든 행정부는 뉴딜 정책이후 어떠한 민주당 정권보다 적극적으로 백인 노동 계층을 위한 정책을 추진했다. 그럼에도 3년이 넘는 동안 주의회와 상·하원의 공화당 정치인들은 여전히 도널드 트럼프와 그가 내세우는 "미국을 다시 위대하게Make America Great Again: MAGA" 운동에 강하게 결속되어 있다. 만약 바이든 행정부가 의회진보 코커스Congressional Progressive Caucus*의 정책이었던 상식적인 총기 규제, 학자금 대출 탕감, 돌봄 경제 지원 확대 등의 정책을 과감하게 채택했다면 우파의 반발은 더욱 거셌을 것이다.

---

* 미국 민주당 내의 진보주의 정파를 가리킨다.

삶터 민주화 전략이 양극화를 해결할 마법 같은 해법은 아니다. 오히려 이 전략이 추진되자마자 우파 미디어는 이를 "좌파 전체주의 정책의 또 다른 형태"로 낙인찍을 가능성이 크다. 그러나 이 전략은 양극화를 완화할 수 있는 몇 가지 잠재력을 가지고 있다. 첫째, 이 전략은 지역사회 수준에서 주민이 자신의 삶을 직접 통제할 수 있도록 권한을 부여하는 것에 초점을 맞추고 있다. 이는 연방정부 권력으로 흑인·여성·이민자·성소수자의 권리를 강화하려 했던 1960년대 민권 운동 이후 좌파의 전통적인 접근법과는 중요한 차이를 보인다. 우파는 역사적으로 연방정부의 권한이 강화되는 것을 반대해왔기 때문에, 일부 보수 성향 유권자들은 지역사회의 자율성을 강조하는 이 운동에 관심을 가질 수도 있다.[9]

둘째, 삶터 민주화 운동이 저렴한 주택 공급 확대와 극단적 기후 관련 재난에 대한 회복력 강화 같은 구체적인 사안에 초점을 맞춘다면 양극화로 발생한 이념적 갈등을 비켜갈 수 있다. 예를 들어 트럼프 지지자라 할지라도 홍수 피해를 막고자 하며, 이 문제를 해결하기 위해 반대 진영의 사람들과 협력할 의향이 있을 수 있다. 또한 공통의 목표를 위해 사람들이 함께 일하는 과정에서 대화와 우정이 쌓여 정치적 양극화를 완화하는 데 기여할 가

---

9 이러한 가능성은 1960년대에 이미 예견된 바 있다. 당시 신좌파가 지역 차원에서 사람들에게 권한을 부여하는 것에 집중했던 흐름과, 자유지상주의를 내세운 우파의 일부 흐름이 일정 부분 충돌했던 사례가 있었기 때문이다. Gerstle, *The Rise and Fall of the Neoliberal Order*, ch. 3.

능성도 있다.

셋째, 삶터 민주화 전략은 지방정부의 재정을 대폭 확대하는 것을 전제로 한다. 이를 통해 현재 진행 중인 갈등을 해결하는 과정에서 공통의 이익을 도출할 수 있는 해결책을 마련할 가능성이 커진다. 예를 들어 도시에서 주택 비용을 낮추려면 주택 밀도를 높여야 하지만 단독주택 지역 주민의 반발을 불러일으킬 수 있다. 그러나 고밀도 주거 건물을 교통량이 많은 주요 도로변에 집중적으로 배치하고, 해당 도로를 경전철이나 버스 노선으로 활용하는 방식을 적용하면, 단독주택 지역은 기존 형태를 유지하면서도 더욱 편리한 대중교통망을 얻게 되는 식으로 서로 이익이 되는 해결책을 마련할 수 있다. 이처럼 갈등을 심화시키지 않으면서 다양한 계층과 지역이 이익을 공유할 수 있는 절충안을 모색하는 과정이 이루어진다면, 양극화를 부추기는 요인을 줄일 수 있다. 또한 삶터 민주화는 역사적으로 인종차별 때문에 소외되고 양질의 공공 서비스가 부족했던 지역들을 개선하는 것을 필요로 한다. 그러나 이러한 개선이 새로운 재정 지원을 통해 이루어진다면 기존 주민들 사이에서 불만이 커지는 상황을 방지할 수 있을 것이다.

넷째, 가장 극심한 정치적 양극화는 대도시와 농촌 지역, 소규모 마을 사이에서 발생했다. 도널드 트럼프는 미국 전역의 농촌 지역에서 80퍼센트 이상의 지지를 얻었으며, 거의 모든 대도시는 민주당을 강하게 지지했다. 이러한 차이는 물질적 요인으로 설명할 수 있다. 농촌 마을은 납부한 세금보다 더 많은 연방정부와 주정부의 혜택을 받지만 최근 수십 년 동안 경제적으로 많은 변화를 겪어왔다. 전체 인구에서 이들이 차지하는 비중은 수십 년에 걸쳐 꾸준히 감소했으며, 양질의 교육과 의료 서비스가 대체로 부족하다. 더 나아가 많은 농촌 지역에서는 초고속 인터넷이나 이동통신망에 접근할 수 없는 경우가 많고, 공장 폐쇄와 가족 농장의 쇠퇴로 고용 기회도 줄어들었다. 이러한 상황은 불만을 증폭시켰고 위대한 미국의 재건을 내세우는 공화당에 대한 지지로 연결되었다.

그러나 삶터 민주화를 위한 정치 전략은 도시와 농촌 지역 간의 협력관계를 발전시켜 양측의 삶터를 함께 개선하는 것을 목표로 한다. 이에 따라 농촌 지역에 초고속 인터넷과 이동통신 서비스를 제공하기 위한 노력이 가속화될 것이며, 농촌 지역의 의료와 교육을 개선하기 위한 지원도 늘어나게 될 것이다. 또한 새로운 금융 지원 방식을 통해 농촌 지역의 기업가들에게 더 많은 기회를 제공할 수 있다. 농촌 지역의 개활지를 풍력 발전 단지와 대규모 태양광 발전 시설로 활용해 해당 지역 주민들의 수익을 창출하는 한편, 인구 밀집 지역에 전력을 공급할 수도 있다. 더 나아가 주정부와 지방정부 차원에서 아직 개발되지 않은 농촌 지역의 자연환경을 보존하기 위한 보조금을 체계적으로 지원해서 관광·레크리에이션 산업을 기반으로 한 고용 기회를 창출할 것이다. 또한 보조금은 환경적으로 지속 가능한 소규모 농업을 부활시키는 데도 활용될 수 있다.

도시-농촌 간 양극화가 단기간에 해소되지는 않겠지만, 이러한 노력을 통해 양극화를 완화하고, 상당수 지역에서 인구 감소 현상을 역전시킬 수 있다. 다른 정치적 주장들과 비교했을 때, 점점 더 많은 농촌 지역 주민이 삶터 민주화 전략이야말로 자신의 이해관계와 필요에 부합하는 정치 전략이라는 점을 인식하게 될 것이다.

경제적으로 우월한 측면

5장에서 투자에 대한 분석을 통해 삶터 민주화 전략이 경제적으로 타당한 이유를 설명했다. 그 장에서 나는 생산적 투자의 대부분을 담당하는 주체는 기업이 아니라 정부, 지역사회, 가계, 비영리 단체라는 점을 보여주었다. 삶터 민주화의 핵심은 정부, 가계, 비영리 단체가 생산적 투자를 늘릴 수 있도록 자원을 확대하는 데 있다. 또한 이들의 지출 증가는 사회기반시설, 청정 에너지, 돌봄과 공동체 형성 같은 무형의 투자와 공동체를 위한 시설 등에 집중될 가능성이 크다. 이러한 투자는 환경에 추가적인 부담을 주지 않으면서도 경제의 생산성을 높이는 역할을 한다.

6장에서 설명한 새로운 금융 구조는 협력 네트워크 생산을 강화해 중소기업의 경제적 역할을 확대할 것이다. 이는 거대 기업이 지배하는 경제보다 혁신의 속도를 높이는 데 도움이 된다. 앞서 언급했듯이, 대기업은 종종 자사의 시장을 위협할 가능성이 있는 혁신을 제거하기 위해 신생 기업을 인수한다. 그러나 새로운 금융 제도가 도입되면 이러한 신생 기업이 독자적으로 생존할 가능성이 커진다. 또한 이러한 대안 금융제도가 기존의 금융 체계를 대체하면서 파생상품이나 암호화폐 같은 투기적 투자에 대한 자금 흐름이 줄어들 것이다. 그 결과, 사회의 자본이 기후변화 대응과 인적 역량 강화 같은 더욱 중요한 과제에 투입될 수 있다.

삶터 민주화는 필연적으로 조세 수입의 증대를 수반한다. 경제 분석국이 측정한 미국의 국내총생산 대비 조세 비율은 2021년 기준 26.6퍼센트로 경제협력개발기구 국가 평균인 34.1퍼센트보다 현저히 낮다. 특히 미국은 다른 국가보다 국방과 안보에 훨씬 더 많은 예산을 지출하기 때문에, 실질적인 조세 격차는 더욱 크다. 삶터 민주화가 사회기반시설, 청정 에너지, 환경보전, 저렴한 주택 공급, 교육, 연구·개발, 돌봄 서비스 지원, 도시-농촌 격차 해소 등에 대한 공공 지출을 대폭 확대하는 것을 포함한다는 점에서, 이는 세수가 상당히 증가하지 않으면 실현될 수 없다.

이와 같은 증세는 10년 이상의 기간에 걸쳐 단계적으로 시행해야 한다. 단기적으로는 지난 40년간 상위 1퍼센트 가구가 축적한 막대한 부를 회수해 필요한 재원의 일부를 마련하는 방법도 있다.

삶터를 책임지는 사회

이를 위해 초부유층에게 유리한 세금 감면 조항을 폐지하고, 엘리자베스 워런Elizabeth Warren이 제안한 부유세wealth tax를 도입하는 것도 방법 중 하나다.[10] 만약 부유세가 현실적으로 어려운 경우에는 고소득층이 소유한 주식을 대상으로 미실현 자본 이익에 대해 세금을 부과하는 방안도 고려할 수 있다. 이는 일부 억만장자들이 거의 소득을 올리지 않으면서도 거대한 금융자산을 담보로 대출을 받아 생활비를 충당하는 관행을 끝낼 것이다.

그러나 광범위한 세원 확대를 위해 재화와 서비스에 대한 부가가치세를 도입하는 것도 생각해보아야 한다.* 유럽의 사례를 보면, 부가가치세는 상당한 세수를 확보하면서도 정치적 저항은 비교적 적다.[11] 또한 소비세의 잠재적인 역진성**은 저소득층을 위한 포괄적인 지원 정책을 도입해 상쇄할 수 있다. 초기에는 5퍼센트 정도의 낮은 세율로 도입하고, 판매세sales tax 감소에 따른 주정부와 지방정부의 세수 손실을 보전하기 위해 복잡한 보상방식을 도입해야 할 것이다. 그러나 10년에 걸쳐 다양한 지역의 판매세 구조를 통합해 더 높은 연방 차원의 부가가치세로 전환하고,

---

10 워런이 제안한 부유세는 5,000만 달러를 초과하는 자산에 대해 연 2퍼센트, 10억 달러 초과 자산에 대해 연 6퍼센트의 세금을 부과하는 방안이다. 이 세금은 10년 동안 총 3조 7,500억 달러의 세수를 확보할 것으로 예상된다. Warren for Senate, "Ultra-millionaire tax."

* 미국의 경우 주 단위로 판매세를 부과하고 있다. 이를 대신해 연방 차원에서 부가가치세를 도입하자는 주장이다.

11 Lindert, *Growing Public.*

** 부자든 가난한 사람이든 똑같은 상품이나 서비스에 대해 같은 금액의 세금을 내기 때문에 소득 대비 가난한 사람에게 더 많은 세금을 부과하는 결과가 나타난다.

이를 주정부·지방정부와의 포괄적인 재정 공유 정책으로 통합하는 방안을 검토해야 한다.

국내총생산 대비 세금 부담을 높이는 정책이 경제에 해롭다는 주장은 기업이 지출하는 투자가 경제적 번영의 핵심이라는 잘못된 가정 때문이다. 사실, 정부 지출 증가의 상당 부분은 경제의 생산 능력을 확장하기 위한 투자로 이루어질 것이다. 이는 결국 기업, 가계, 비영리 단체의 투자 증가로 이어질 가능성이 크다. 더 나아가 시민들이 삶터가 개선되는 것을 직접 경험하고, 주정부와 지방정부 차원에서 재정운용 방식에 대한 발언권을 더 많이 갖게 된다면 세금에 대한 거부감도 점차 줄어들 것이다.

전환기 침체

삶터 민주화 접근 방식은 급진적 개혁을 추진하는 데 있어 걸림돌이 될 장애물을 우회할 수 있다. 과거를 볼 때, 급진적 의제를 내건 좌파 정부가 집권하면 기업은 투자를 중단(자본 파업capital strike)하거나 자금을 해외로 빼돌리는(자본 도피capital flight) 방식으로 경제를 방해해왔다. 좌파 정당은 주로 소득 하위 50퍼센트의 삶을 개선하겠다는 공약을 내걸어 선출되지만, 자본 파업과 자본 도피로 실업과 화폐 구매력 하락을 초래해 오히려 그들에게 가장 크게 피해를 입히는 결과를 낳았다. 에릭 올린 라이트는 이를 탈자본주의 경제로의 전환 과정에서 발생하는 전환기 침체transition trough라고 불렀다.[12] 침체가 길고 깊을수록 집권 정부는 급진적 개혁 의제를 철회하거나 결국 정권을 빼앗길 가능성이 커진다.

그러나 삶터 민주화 전략은 뿌리 깊은 이해관계에 얽힌 강력한 반발이 일어나기 전에 제도적 권력을 선제적으로 구축함으로써 이러한 전환기 침체를 더 얕고 짧게 만들 수 있다. 이 전략의 첫 번째 단계는 약 10년간 지속될 것으로 보이며, 주요 목표는 지역 사회가 활용할 수 있는 자원을 확대하고 주민들로 하여금 자신이 살아가는 환경에 대해 더 큰 영향력을 행사할 수 있도록 하는 것이다. 이 과정에서 기후변화 대응, 주택에 대한 경제적 접근성 향상, 인종 정의 실현이 핵심 과제가 될 것이다. 특히 기존 금융 체계와 병행해서 성장할 수 있는 강력한 비영리 금융기관 체계를 구축하는 것이 최우선 과제가 될 것이다.[13]

6장에서 논의한 대로 중앙정부는 이러한 비영리 금융기관 네트워크 구축을 지원하도록 압박을 받게 될 것이다. 정부는 초기 자본과 대출 보증을 제공함으로써 저비용 대출을 공급하는 이들 기관의 연결망을 확장할 수 있을 것이다. 이들은 사회기반시설 건

---

12   Wright, *Envisioning Real Utopias*.
13   이에 대해서는 다음 논문에 더욱 자세히 설명되어 있다. Block, "Financial democratization and the transition to socialism."

설, 청정 에너지, 저렴한 주택 개발, 비영리 서비스 지원 등에 필요한 재원을 낮은 비용으로 대출해줄 수 있을 것이다.

전략의 두 번째 단계에서는 부유층과 기득권 기업을 대상으로 한층 더 적대적인 정책이 시행될 것이다. 그러나 이 시점에서 전략에 반대하는 세력들은 자본 파업과 자본 도피의 효과가 상당히 줄어들었음을 깨닫게 될 것이다. 이 정도 진행된 이상 민간 부문의 투자는 이미 공공 투자와 지역사회 투자보다 중요성이 낮아진 상태일 것이다. 따라서 민간 부문에서 의도적으로 투자를 줄인다 하더라도 공공 부문의 지출 확대와 가계, 비영리 단체, 공공 부문에 대한 대출 증가로 충분히 상쇄할 수 있다. 더 나아가 연방준비제도와 비영리 금융기관은 해외 차입을 확대해 자본 도피에 따른 충격을 완화할 수 있다. 이러한 조치는 전환기 침체를 더욱 얕고 짧게 만들 수 있다. 대중의 지속적인 지지가 유지된다면 대기업과 영리 금융기관에 대한 규제를 더욱 강화할 수 있는 길이 열릴 것이다.

요약하자면, 궁극적인 목표는 경제 전반에 대한 확고한 민주적 통제를 확립하는 것이다. 민간 부문의 이윤 추구는 일정 기간 계속되겠지만, 영리 기업은 약탈적 행위를 멈추고 소비자 요구에 더욱 충실하도록 만드는 강력한 규제를 받게 될 것이다. 또한 영리 기업의 의사결정 과정과 이윤 분배에 노동자가 참여하는 것이 의무화될 것이다. 그뿐만 아니라 중소기업을 강화하는 금융 구조와

삶터를 책임지는 사회

공공·비영리 기업의 성장 덕분에 다양한 시장에서 실질적인 경쟁이 회복될 것이다. 현재 시장을 지배하는 거대 IT 기업은 공공재적 성격을 인정받아 공공 서비스로 규제될 가능성이 크며, 이 과정에서 기업이 규제기관을 장악하는 규제포획regulatory capture을 방지하기 위한 민주적 장치들이 마련될 것이다. 여기서 가장 큰 과제는 기업과 비즈니스 규제의 방식 자체를 더욱 민주적으로 개편하는 것이다. 이를 통해 기득권 세력이 규제기관을 장악할 수 있는 기회를 줄여야 한다.[14]

노동자 역량 강화

대다수가 삶터를 조성하는 일에 종사하는 만큼, 삶터 민주화 프로젝트는 필연적으로 직장에서 노동자의 발언권을 강화하는 방안을 포함해야 한다. 그러나 직장의 규모, 조직 유형, 노동자의 헌신 수준, 전문지식의 역할 등에 따라 환경이 크게 다르므로 민주적 직장 운영에 있어 획일적인 접근방식은 적절하지 않다. 새로운 금융 구조를 통해 좀 더 급진적으로 민주적 운영방식을 도입하는 협동조합이나 노동자 소유 기업이 경제에서 더 큰 역할을 할 기

---

14   Rahman, *Democracy Against Domination*.

회가 늘어나더라도,[15] 공공 부문 조직의 경우, 선출된 공직자가 정책과 방향을 결정하므로 이러한 방식이 적합하지 않을 수 있다. 또한 소규모 사업체, 다수의 비영리 단체, 영리 기업 등 다양한 방식으로 운영되는 기업을 대상으로 동일한 접근방식을 적용하는 것은 현실적이지 않다. 그럼에도 모든 형태의 고용 환경에서 노동자의 발언권을 확대할 수 있는 다양한 정책과 제도가 존재한다. 그중 필수적인 조치는 '임의 해고'에 취약한 노동자의 비율을 급격히 줄이는 것이다. 6개월의 수습 기간 등 일정한 직무 수행 기간을 거친 모든 노동자는 해고 전에 반드시 적절한 절차를 거칠 권리를 가져야 한다. 이 조치만으로도 고용주의 자의적인 권력을 상당 부분 줄이고, 노동자가 경영진에 대해 좀 더 집단적인 영향력을 행사할 수 있도록 만들 것이다. 또한 기업이 노동자를 '독립 계약자independent contractor'로 가장해서 직장 내 권리를 전혀 보장하지 않는 관행을 대폭 제한하는 것도 중요한 조치다.

또 하나의 중요한 조치는 일정 규모 이상의 모든 조직이 법적으로 노동자협의회works council를 설립하도록 의무화하는 것이다. 이 협의회의 구성원은 노동자들이 직접 선출하며, 그들은 정기적으로 경영진과 회의를 진행할 권한을 갖고 조직의 주요 정보에 접근할 수 있어야 한다. 독일의 노동자협의회 사례를 보면, 이러

---

15 Meyers, *Working Democracies*.

삶터를 책임지는 사회

한 제도가 고용주와 노동자 간의 협력관계를 증진하는 동시에 기업의 생산성을 높이는 데도 기여하는 것으로 나타났다. 향후 추가적인 개혁으로, 민간 기업의 노동자들이 이사회에 자신의 대표를 선출할 수 있도록 하는 방안도 고려해볼 수 있다.[16]

그러나 노동자협의회가 주로 고용주와 노동자 간 협력에 초점을 맞춘 제도라면, 경영진에 대한 노동자의 견제력 강화를 위해 노동조합의 역할도 확대할 필요가 있다. 하지만 미국과 영국에서는 노동조합 조직률이 꾸준히 감소해왔으며, 기업이 합법적·불법적 수단을 총동원해 노동조합 설립을 저지하고 있다. 이에 대응하려면 해고, 지연 전술, 강제 청취 회의captive audience meeting* 등과 같은 기업의 노동조합 와해 전략을 막을 수 있도록 노동법 개혁이 시급하다.

이러한 모든 조치는 경영진이 노동자를 단순한 소모품으로 간주하며, 가능한 한 낮은 임금으로 대체 가능한 존재로 취급하는 경향을 뒤집기 위한 것이다. 모든 일터에서 노동자는 조직 운영에 대한 발언권을 가질 필요가 있으며, 이는 더 높은 수준의 성과를 창출하기 위한 필수 조건이기도 하다.

16　예를 들면 이자벨 페라라스Isabel Ferraras는 "기업 민주화Democratizing the corporation"에서 이중의회 기업bicameral firm 모델을 제안했다.

*　고용주가 근무시간 중에 강제로 노동자들을 불러 모아 노동조합 결성에 반대하는 메시지를 전하는 방식.

전 세계적 차원으로 확장하기

개별 국가에서 삶터 민주화 프로젝트가 성공하려면, 현재 세계 경제를 지배하는 제도와 규칙을 바꾸는 일에서도 상당한 진전이 이루어져야 한다. 현재의 세계 경제를 형성하는 규칙과 기관들은 기업 투자가 경제 번영의 핵심이라는 잘못된 주류 경제학적 정설을 강화하는 방향으로 작동하고 있다. 따라서 기존의 경제 원칙과 다른 정책을 추진하려는 정부는 투기적인 환율 공격과 정부 채권 금리 상승이라는 경제적 압박을 받게 된다.

그럼에도 세계 경제 질서를 개혁할 수 있는 가능성은 단기적으로도 충분히 존재한다. 오랫동안 지배해온 시장자유주의, 신자유주의가 실패했다는 국제적 공감대가 형성되고 있기 때문이다. 신자유주의는 생활 수준을 높이는 데도, 기후변화에 대응하는 데도 실패했다. 특히 금융 규제 완화와 시장자유주의는 2008~2009년 세계 금융위기의 주요 원인이 되었으며, 이는 1930년대 대공황이 재연될 뻔한 심각한 사태였다. 그러나 글로벌 경제 붕괴가 가까스로 차단된 이후, 다시 기존 경제 질서가 유지되었고, 각국 정부는 균형 재정을 우선시하도록 압박받았다. 그 결과, 지난 10년간 경제성장률은 평균 이하에서 머물렀다. 반면, 코로나19 팬데믹 기간에 정부 지출이 경제위기를 관리하는 데 성공적으로 활용된 사례는 기존 경제 원칙에 대한 재검토를 촉진했다. 또한 코로나19로 공급망이 무너지자 각국 정부로 하여금 생산기지를 해외로 옮기는 방안의 장단점을 다시 평가하도록 만들었다.

미국은 기존 세계 경제 질서의 주된 설계자이자 수호자였지만, 바이든 행정부는 과거의 일부 핵심 경제 원칙을 분명히 거부하는 입장을 취하고 있다. 이러한 변화는 인플레이션 감축법, 반도체와 과학법에서 명확히 드러난다.[17] 정부 대출, 세액 공제, 연구·개발 보조금, 국내 생산 장려 규정 등을 통해 미국 정부는 정부가 해외 수입보다 자국 생산을 우선해서는 안 된다는 기존 국제 규범을 정면으로 거스르고 있다. 더욱이 미국은 이에 대한 국제적 비판에 대해 동맹국들도 유사한 산업 정책을 채택할 것을 권장하며 대응하고 있다. 미국은 또한 세계은행이 기후변화 대응과 회복력 강화를 위한 대출을 대폭 확대할 것을 강력히 요구하면서 광범위한 전 세계적 경제 개혁에 관심을 보이고 있다.

그에 더해 지구온난화와 기후 관련 재난의 위협이 심각해지면서, 전 세계적으로 기후변화 대응과 인구 보호를 위한 공공 지출을 크게 확대하는 방향으로 국제 경제를 재구성해야 한다는 필요성이 분명해졌다. 이러한 요구는 미국이 세계은행 대출 확대를 추진하는 것에서도 명확하게 나타나지만, 기후변화 상황에서 인류를 구하고 온실가스 감축을 가속화할 수 있는 급진적인 투자 확

---

17 Block, Keller & Negoita, "Revisiting the hidden developmental state;" Keller & Block, "New levers of state power."

대 조치가 필요하다.

마지막으로 세계 경제 질서를 재편해야 하는 지정학적 이유가 있다. 1930년대와 마찬가지로 전 세계적인 경제의 압박은 여러 국가에서 권위주의적 정치 체제를 강화하는 요인이 되고 있다. 특히 러시아와 중국 간의 긴밀한 협력이 권위주의 국가 간의 국제적 연대를 형성할 가능성이 있으며, 군사적 갈등이 고조될 위험을 내포하고 있다. 세계 경제 질서를 개혁하면 이러한 위험을 완화할 수 있다. 구체적으로, 중국의 경제적 부상을 인정하고, 미국이 아무런 제한 없이 패권을 행사하는 구조를 완화하는 방향으로 개혁이 이루어질 수 있다.

이러한 이유로, 수십 년간 논의되어온 세계적 차원의 경제 개혁 구상들이 실현될 가능성이 커지고 있다.[18] 그 첫 번째 중요한 단계는 1940년대 케인스가 제안한 국제청산연합International Clearing Union의 현대적 버전을 도입하는 것이다. 이는 비교적 적은 개혁으로도 국제통화기금 내에서 실현될 수 있다. 케인스의 핵심 아이디어는 국제기구가 발행하는 국제 통화를 통해 국가 간의 유동성을 공급하는 것이다. 이렇게 하면, 국제 통화량이 금 공급량이나 달러·유로 같은 기축통화를 관리하는 중앙은행에 의존하지 않고

---

18 세계 금융 개혁에 대한 토론은 다음을 볼 것. Eatwell & Taylor, *Global Finance at Risk*; Block, "Breaking with market fundamentalism"; United Nations, *Report of the Commission of Experts of the President of the United Nations General Assembly on Reforms of the International Monetary and Financial System*.

국제적으로 공동 관리될 수 있다. 또한 케인스는 국제청산연합이 최후의 대부자lender of last resort라는 역할을 수행해야 한다고 보았다. 국제 수지 문제를 겪는 국가가 높은 실업률을 수반하는 긴축 정책을 강요받지 않고도 경제를 회복할 수 있도록 지원하는 역할을 해야 한다는 것이다.

사실, 국제통화기금은 1970년대에 이미 국제 통화와 유사한 개념을 도입했다. 특별인출권Special Drawing Rights: SDR이라는 형태로, 사실상 국제 통화 역할을 하는 자산을 창설한 것이다. 그러나 1981년 이후 특별인출권의 신규 발행이 중단되었다가 2009년 세계 금융위기 당시 갑작스럽게 부활했다. 2009년에는 1,612억 달러 규모의 특별인출권이 국제통화기금 회원국에 할당되어 세계적 경기침체를 완화하는 데 쓰였다. 이후 특별인출권 프로그램은 다시 중단되었으나, 2021년 코로나19 팬데믹으로 불거진 경제적 혼란을 해결하기 위해 4,565억 달러 규모의 특별인출권이 배포되었다. 현재 기후변화 대응을 위한 정부 조치를 가속화하기 위해 대규모 특별인출권 추가 발행이 필요하다는 제안이 나오고 있지만, 아직 실행되지 않은 상태다.

매년 상당한 규모의 특별인출권을 배정하기로 결정한다면 기존 세계 질서에서 긴축 정책에 대한 편향을 줄이는 중요한 조치가 될 것이다. 최근 수십 년간 각국 정부는 자국 통화에 대한 투기적 공격으로부터 스스로를 보호하기 위해 막대한 외환보유고를 축적해왔다. 2022년 기준, 세계 각국이 축적하고 있는 외환보유고는 약 12조 달러에 달했다. 그러나 특별인출권에 대한 접근성이 확대되고 국제통화기금 자원을 좀 더 적극적으로 활용할 수 있게 된다면, 각국 정부는 이러한 외환보유고를 점진적으로 줄이고 이를 기후 회복력과 청정 에너지 분야에 투자할 수 있을 것이다.

특별인출권 사용이 증가하면 세계 경제에서 달러가 차지하는 기축통화 역할이 축소될 것이다. 이는 현재 진행 중인 미·중 간의 긴장을 완화하는 데 기여할 것이며, 동시에 미국이 지속 불가능한 규모로 운영하고 있는 해외 군사기지 체계를 축소하도록 압력을 가할 것이다. 또한 월스트리트로 유입되는 국제적 자금의 흐름을 줄여 각종 투기적 금융 투자에 들어가는 자본을 감소시킬 것이다.

두 번째 개혁 조치는 외환시장과 다양한 파생상품 거래의 규모를 상당히 축소할 수 있는 국제 금융거래세financial transaction tax를 도입하는 것이다. 현재 외환시장의 일일 거래량은 5조 달러에 달하는데, 이는 무역·투자·해외송금·관광 등 실물 경제에서 필요한 수준을 훨씬 초과하는 규모다. 이러한 대규모 거래는 낮은 거래 비용과 비교적 예측 가능한 통화 흐름을 바탕으로 수익을 창출할 수 있기 때문에 지속되고 있다. 그러나 이렇게 막대한 거래량은 현재의 국제 금융시장 원칙에서 벗어난 정책을 시행하는 국가에 강력한 투기적 압박을 가하는 원인이 된다. 특별인출권 확대와 금융거래세 도입을 결합하면 각국 정부가 활용할 수 있는 경제 정책의 범위가 더욱 넓어질 것이다. 그럼으로써 삶터 민주화 의제를 추구하는 일은 훨씬 수월해질 것이다.

지역 차원의 구조 개편

국가적, 초국가적, 전 세계적 차원에서 제안된 개혁들은 모두 지역 차원의 효과적인 민주적 지배 구조를 촉진하기 위해 설계된 것이며, 이를 통해 대도시, 대도시 주변, 소도시, 농촌 지역의 주민이 자신의 삶터를 적극적으로 형성할 수 있는 능력을 갖추게 될 것이다. 이러한 변화는 다음과 같은 몇 가지 확실한 방법을 통해 이루어질 것이다.

1. 규제 강화와 경쟁 확대를 통해 금융 서비스, 의료 서비스, 주택, 공공시설, 기타 재화와 서비스를 제공하는 기업이 소비자 요구에 더 적극적으로 대응하게 될 것이다.
2. 지방정부의 재원을 늘려 청정 에너지 전환을 추진하고, 사회기반시설과 저렴한 주택을 건설하며, 보육, 다양한 의료 서비스, 교육, 노인 돌봄을 포함한 더 강력하고 개선된 돌봄 경제를 구축할 수 있을 것이다.
3. 소규모 기업, 협동조합, 비영리 단체가 더 많은 자원을 활용할

수 있게 되어 지역사회에 필수적인 시설과 서비스를 제공할 수 있을 것이다.

4. 유권자가 지방 공무원에게 더 강한 압력을 행사할 수 있는 권한을 갖게 되며, 이를 통해 공공 서비스의 질을 개선하고 지역 간 형평성을 더욱 보장할 수 있을 것이다.

이를 실현하기 위해서는 지방정부 차원에서 민주적 참여를 활성화하고 강화하기 위한 다양한 실험적 접근방식이 필요하다. 예를 들어 세계 여러 도시에서는 참여예산제를 도입해 주민들이 공공 예산 배분 과정에 목소리를 키울 수 있도록 하고 있다. 그러나 이러한 실험은 주민들이 실제로 영향을 미칠 수 있는 예산의 비율, 그리고 정책 시행 과정에서 그들의 의견이 꾸준히 반영되는 정도에서 상당한 차이를 보인다. 그럼에도 이러한 실험은 주어진 자원이 충분히 중요하다면 많은 시민이 정책 결정 과정에 적극적으로 참여할 가능성이 있음을 보여준다.[19]

더 나아가 시민 참여를 확대하는 또 다른 방법으로 시민의회나 시민배심제citizen jury를 활용할 수 있다. 이 제도는 형사재판의 배심원단trial jury이나 대배심grand jury의 운영방식과 유사한 원칙을 따른다. 무작위로 선정된 시민들이 대규모 사회기반시설의 입지

---

19 Baiocchi & Ganuza, *Popular Democracy*.

선정 같은 특정 주제를 연구하도록 구성된다. 참가자들은 일정 기간 숙의를 진행하며, 다양한 시각을 가진 전문가들에게 질문할 기회를 갖는다. 이후 충분한 논의를 거친 뒤 가장 적절한 방안을 놓고 투표를 하게 된다.[20] 또한 시민배심제는 국민투표의 구성을 위한 도구로도 활용될 수 있다. 즉, 유권자들이 여러 가지 정책 대안 중에서 선택할 기회를 가질 수 있도록 하는 방식이다.

또 다른 가능성은 투표로 위원회를 구성해 시민이 정부의 의사결정에 더 큰 영향을 미치도록 하는 것이다. 일부 도시에서는 경찰 노동조합의 강한 반대를 무릅쓰고 경찰의 인종차별 행위나 기타 문제 행동을 조사하기 위한 목적으로 투표로 위원을 선출하는 시민감찰위원회를 도입했다. 보건의료, 보육, 또는 임대인-세입자 분쟁을 관리하는 기관을 감독하는 용도로도 이와 유사한 위원회를 설립할 수 있다. 이러한 제도적 장치는 시민이 정부기관에 대한 영향력을 확대할 수 있도록 하면서도, 시간만 소모하는 회의가 지나치게 잦아지는 문제를 피하는 방식으로 운영될 수 있다.[21] 효과적인 민주화란 모든 시민이 모든 지역 문제에 대한 최신 정보를 유지하고, 정치적 운영방식에 대해 깊이 있는 이해를 갖추는 것만을 의미하지 않는다. 대신, 더 많은 사람이 비공식적인 지역

---

20 Gilman & Eisenstein, "It's like jury duty, but for getting things done."

21 오스카 와일드Oscar Wilde는 "사회주의의 문제는 저녁시간을 너무 많이 빼앗긴다는 것이다"라고 말했다고 한다.

사회 지도자로 성장해 이웃에게 투표를 독려하거나 정치적 행동에 참여하라고 설득할 수 있도록 하는 것이 핵심이다. 더 나아가 지방정부가 직접 관리하는 경제적 자원이 늘어나게 되면, 이러한 신뢰받는 비공식적 지도자들이 더욱 늘어날 것이다.

그러나 이러한 지역 중심의 정치 전략은 기존의 불평등 구조, 특히 인종적 불평등을 악화시킬 위험이 있다. 이를 방지하기 위해, 법원을 포함한 중앙정부기관은 지역사회에서 이루어지는 변화를 면밀히 감시해야 하며, 새롭게 확보된 지역 자원이 인종과 민족 간, 다양한 지역 간 불평등을 완화하는 방향으로 쓰이고 있는지를 확인할 필요가 있다. 삶터 민주화를 추진하는 이들은 불평등을 해소하고 포용적인 정책을 따르지 않는 지역에 대한 규제와 제재를 최우선 과제로 삼아야 한다.

또한 도시, 변두리의 저소득층 밀집 지역, 부유한 도시 주변 지역 간의 관계를 조정할 수 있는 새로운 대도시 지배 구조 방식을 실험할 필요가 있다. 이미 부유한 교외 지역의 유권자들이 자신의 거주 지역 내 저렴한 주택 건설을 거부하는 움직임을 보인다. 더 나아가 이들 부유한 교외 지역은 학생 1인당 교육비를 더 많이 지출할 수 있는 재정적 여건을 갖추고 있는 경우가 많다. 이러한 부유한 지역사회가 자신의 관심사와 필요에 따라 경제적 장벽을 형성하고, 상대적으로 덜 부유한 이웃 지역의 문제를 외면하는 구조를 깨뜨리기 위해서는 일련의 개혁이 필요하다.

결론

여기서 전개된 논지는 삶터 민주화 전략이 현대 선진 사회의 현실적인 문제에 대한 합리적이고 타당한 대응방식이라는 것이다. 이 전략은 다양한 계층과 집단 간 연대를 형성할 수 있는 잠재력을 가지고 있으며, 사회 구성원의 삶의 질을 크게 높일 수 있다. 그러나 이 전략이 현재 진행 중인 경제적 변화들에 대한 대응이라는 점을 강조했지만, 역사적 필연성에 따라 자연스럽게 추진될 수 있는 것은 아니다. 오히려 현실은 과두적 권력이 국가 차원의 민주적 제도를 잠식하고 있으며, 지방정부는 대다수 주민의 삶터를 개선할 자원과 역량이 부족한 상황이다.

  삶터 민주화를 실현하려면 많은 사람이 조직되고, 이 의제를 중심으로 결집해야 한다. 그러나 이러한 운동이 작은 개혁이라도 성취할 수 있다면, 그것이 사회를 근본적으로 변화시키는 계기가 될 수 있다는 점에서 희망이 있다. 지역사회를 조직해온 활동가 집단에서 회자되는 오래된 격언에 따르면, 운동은 승리할 가능성이 있는 작은 목표부터 시작해야 한다. 예를 들어 교통사고 위험이 많은 교차로에 신호등을 설치하는 것 같은 현실적인 목표를 설정하는 것이다. 사람들이 작은 승리를 경험하면, "더 나은 변화를 이끌어낼 수 있다"는 확신을 갖게 된다. 횡단보도를 안전하게 건널 수 있도록 바꾸는 작은 변화로 더 큰 변화를 향한 동기를 부여할 수 있다. 이러한 초기 성취는 약탈적 임대업자에 맞선 임대료 거부 운동이나 저렴한 주택을 요구하는 광범위한 집단행동으로 확산될 수 있다.

사람들이 현대 사회에서 당연한 것으로 여겨온 불합리한 선택지들, 예를 들어 비싼 주거비, 대규모 노숙자 문제, 열악하고 값비싼 보육 서비스와 노인 돌봄 서비스, 약탈적 기업의 일상적 착취 같은 문제들을 받아들일 필요가 없다는 사실을 깨닫게 된다면, 전혀 다른 사회를 상상하기 시작할 것이다. 빈곤과 노숙자가 존재하지 않는 공동체를 생각해보라. 모든 사람이 주거·음식·의료 서비스에 접근할 수 있도록 보장된 사회에서 살아가는 모습을 떠올려보라. 절망 속에서 살아가는 사람들이 크게 줄어 범죄와 약물 중독이 훨씬 덜한 사회를 상상해보라. 로봇과 AI 같은 신기술이 대량 실업과 고용 불안을 초래하는 것이 아니라, 원하는 사람에게 더 짧은 노동시간을 제공하는 사회를 그려보라. 일론 머스크가 2,150억 달러를 축적하는 대신, 모든 사람을 위한 돌봄 서비스를 개선하는 데 2,140억 달러를 쓰는 사회를 상상해보라.

요약하자면, 우리 대부분이 삶터를 만들고, 모두가 그것을 소비하는 사회에서 더 나은 세상은 충분히 가능하다. 그런 세상에서는 기후변화라는 실존적 위협을 해결할 수 있다. 또한 선진국과 개발도상국 간의 생활 수준 격차를 좁힐 수 있다. 폭력·빈곤·가뭄을 피해 북미·유럽·호주로 목숨을 걸고 이주하는 사람이 줄어들도록 이주의 근본 원인을 해결할 수 있다. 민주주의가 독재보다 우월하다는 사실을 확실히 입증할 수 있다. 한마디로 삶터 민주화는 수많은 사람이 이 의제를 중심으로 조직되고 행동할 때에만 실현될 수 있다. 물론 보장된 것은 아무것도 없다. 하지만 한 가지는 확실하다. 산업 시대의 경제 분석과 해결책만을 반복하는 민주적·평등주의적 운동은 실패할 수밖에 없다. 세상이 너무 많이 변한 탓에 100년 된 구호를 재활용하는 것으로는 정치적으로 효과를 거두기 어렵다. 우리는 우리의 조부모, 그들의 조부모가 살았던 세상과는 전혀 다른 세계에서 살고 있다. 이 역사적 순간의 도전에 맞서려면, 새로운 정치 전략과 담론이 필요하다.

이 책의 원제는 'The Habitation Society'다. 그대로 번역하면 '주거 사회' 혹은 '거주 사회'가 된다. 저자는 새로운 개념을 도입할 때는 익숙하지 않은 용어를 쓰는 편이 오히려 낫다고 말한다. 이 대목에서 번역에 대한 고민이 시작되었다. '주거'나 '거주'는 이미 우리에게 익숙한 단어다. 문득 낚시터, 빨래터, 활터 등의 단어가 떠올랐다. 이러한 장소는 낚시, 빨래, 활쏘기 등의 활동을 할 수 있는 기반시설이 마련되어 있는 곳이다. 그곳에 모이는 사람들은 공통의 관심사를 가지고 있을뿐더러, 각별한 공동체 의식을 공유한다. 미끼를 서로 나눠 쓰기도 하고, 빨랫비누를 빌려주기도 한다. 잘못된 활쏘기 자세를 고쳐주기도 하고, 새로운 정보를 공유하기도 한다. 그 연장선에서 '삶터'라는 단어가 다가왔다. 우리는 모두 각자의 삶을 살아가고 있고, '삶터'는 그 삶이 이루어지는 장소를 가리키므로 'habitation'의 번역어로서 적절하다는 생각이 들었다. 우리의 '삶터'에서는 서로 더 나은 삶을 살아갈 수 있도록 도와야 하고, 타인이 제대로 살아갈 수 있도록 돕는 것이 당연한 것 아닌가?

대한민국 역시 산업 사회를 지나서 새로운 사회로 진입한 지 오래되었다. 국내총생산에서 제조업이 차지하는 비중은 2000년 34.8퍼센트에서 2022년 31.7퍼센트로 떨어졌다. 반면, 같은 기간 서비스업의 비중은 51.6퍼센트에서 58퍼센트로 높아졌다.[1] 2022년 서비스 산업에서 종사하는 인구는 1,300만 명으로 전체 노동자의 71퍼센트에 달한다.[2] 고용률은 2003년 63퍼센트에서 2024년 69.5퍼센트로 늘어났지만, 전체 노동자에서 비정규직 노동자가 차지하는 비율 역시 2003년 32.6퍼센트에서 2024년 38.2퍼센트로 늘었다.[3] 산업 사회를 상징하는 안정적인 일자리는 점점 사라지고 있다.

책에서 지적하는 탈산업 사회의 양상은 대한민국에서도 분명하게 드러나고 있다. 1990년대 후반 IMF 구제금융으로 대표되는 신자유주의 물결이 경제 전반을 덮치면서 노동 안정성은 급격히 떨어지고, 비정규직은 늘어났으며, 소득의 불평등은 심해지기 시작했다. 이후 21세기 들어 재벌 중심의 경제 체제가 확고해지고 부동산 가격 폭등, 코로나19가 더해져 불평등은 더욱 심해졌다. 그

---

1 통계청, https://kosis.kr/edu/visualStats/detail.do?menuId=M_05&ixId=564.
2 고용노동부, 사업체 노동 실태 현황, 2024년 3월 29일.
3 산업연구원, 주요산업동향지표, 2024년 6월.

결과, 경제협력개발기구 회원국 가운데 우리나라가 가장 빠른 속도로 소득 불평등이 심해지고 있는 나라 가운데 하나가 되었다.[4]

더욱 심각한 것은 정치적으로 극단적인 주장이 늘어나고 있다는 점이다. 비상식적인 이유로 현직 대통령이 친위 쿠데타를 벌이고, 여기에 동조하는 세력들이 곳곳에서 등장하고 있다. 날이 갈수록 불평등이 더 심해지면서 사회적 이동성이 지극히 제한되자 좌절에 빠진 사람들이 논리도 없고 근거도 없는 선동에 넘어가고 있다. 저자의 이야기는 우리에게 더 크게 다가올 수밖에 없다.

사람들이 자신의 공동체를 형성할 수 있는 실질적인 기회를 얻지 못하면, 정치는 대중에게서 멀어지고, 정치 과정에 대한 이해는 부족해지며, 정치인에 대한 깊은 불신이 생기게 된다. 이는 기존 정치 구조를 무너뜨리겠다고 장담하는 외부 선동가들이 성장할 수 있는 비옥한 토양이 된다.

"자신의 공동체를 형성할 수 있는 실질적인 기회"란 무엇일까? 저자는 산업 사회에서 삶터 사회로 바뀐 지금의 사회를 공동체를 형성할 수 있는 실질적인 기회라고 보고 있다. 시장을 중심으로 표준화된 상품을 대량으로 생산하던 산업 사회에서 모든 사람이

---

4 류이근, 『한겨레』, "한국 소득 불평등, OECD 2번째로 빠르다", 2023년 4월 10일자.

삶터를 책임지는 사회

자기의 삶터를 위해 생산하고 소비하는 삶터 사회가 되었지만, 우리의 경제제도와 사회 구조는 여전히 산업 사회 시대에 만들어진 제도와 구조를 벗어나지 못하고 있다고 지적한다.

이러한 문제의식은 현재 한국 사회가 직면한 현실을 그대로 대변하고 있다. 최근의 정치적 격변과 민주주의의 위기는 단순히 특정 정부나 정권의 문제가 아니라, 산업 사회에서 삶터 사회로의 전환이 가로막힌 결과이기 때문이다. 모든 재화와 서비스가 개인에게 맞춤 제공되는 상황에서 오히려 개개인은 고립되고 스스로를 틀 속에 갇혀버렸다. 대의정치라는 명분이 오히려 개인의 자리를 빼앗아버렸다. 자기 자리를 찾지 못한 청년들은 깊은 소외를 경험하고, 그 불만이 결국 기존 체제를 완전히 부정하는 선동적 메시지에 쉽사리 휩쓸리게 되었다. 이는 청년들만의 문제만은 아니다. 나이가 많다거나 쓸모가 없어졌다거나 하는 이런저런 이유로 거대한 생산이라는 틀에서 튕겨져 나온 중장년층의 문제이기도 하다. 모든 것을 부정하고, 존재하지도 않는 적을 내세워 민주주의의 질서를 거부하도록 선동하는 목소리는 이들에게 솔깃하게 들릴 수밖에 없다.

이 책은 단순한 경제·사회 이론서가 아니다. "우리가 함께 살아가는 공간을 어떻게 만들고 운영할 것인가?"라는 근본적인 질문을 던지고 있기 때문이다. 저자는 삶터 경제를 민주화하고, 시민에게 삶터와 지역사회를 직접 형성하고 운영할 권한과 자원을 돌려주는 것이야말로 민주주의를 회복하는 길이라고 말한다. 이는 단순한 경제 정책이나 정치적 운영방식을 바꾸는 것을 뛰어넘어, 우리가 살아가는 방식 자체를 바꾸는 일이기도 하다. 그 출발점은 바로 우리가 살아가고 있는 '삶터'를 직시하고, 이를 개선하고 바꿀 수 있는 일들을 찾아서 실천하는 것이라는 저자의 주장이 큰 울림을 주는 이유이기도 한 것이다.

나는 '양극화'라는 표현은 전혀 적절하지 않다고 생각한다. 작금의 우리 사회를 재단하는 '보수'와 '진보'라는 기준은 구분도 모호할 뿐 아니라 현상을 호도하고 있다. 정치와 경제 전반에서 소외당하고 갈 곳을 찾지 못하고 있는 시민 대다수와, 소외를 견디지 못해 극단적·부정적 선동에 함몰된 사람들로 구분하는 편이 오히려 제대로 상황을 이해할 수 있다고 생각한다. 기존의 정치경제 엘리트와 대기업에 집중되어 있던 자원을 시민 대중의 삶터로 돌리자는 의미로 본다면, 이 책의 주장은 지극히 진보적이다. 그러나 본문에서 저자가 언급한 대로, '삶터'를 중심으로 두고 정치적·경제적 지배권을 최대한 개개인의 영역으로 돌려놓는 작업은 진보와 보수를 가르는 기존의 이념을 뛰어넘을 수 있다. 어찌 보면 진보와 보수라는 가르마 역시 산업 사회에서 넘쳐나는 잉여물을 누가 차지할 것이냐에 대한 낡은 잣대인지도 모른다.

이 책이 독자들에게 현재의 위기를 넘어 새로운 공동체를 상상할 수 있는 기회를 제공할 수 있기를 바란다. 우리가 거주하는 공

삶터를 책임지는 사회

간을 단순한 소비재가 아니라 공동의 삶을 위한 공간으로 바라볼 때, 비로소 우리 사회의 미래를 스스로 설계할 수 있을 것이다. 끝으로 이 책이 한국어로 빨리 출간될 수 있도록 기회를 주신 여문책 출판사에 감사드린다. 독자 여러분이 이 책을 통해 새로운 관점을 발견하고, 우리 사회가 나아갈 방향을 함께 고민할 수 있기를 희망한다.

이동구

참고문헌

AAPA/The Harris Poll. *The Patient Experience: Perspectives on Today's Healthcare*. The Harris Poll, 2023. https://www.aapa.org/download/113513/?tmstv=1684243672.

Abraham, K. & J. Mallatt. "Measuring human capital." *Journal of Economic Perspectives* 36: 3 (2022): pp. 103~130.

Allegretto, S. "The teacher pay penalty has hit a new high: trends in teacher wages and compensation through 2021." Economic Policy Institute, 16 August 2022. https://www.epi.org/publication/teacher-pay-penalty-2022.

American Automotive Policy Council. State of the U.S. Automotive Industry, 2020. https://www.americanautomakers.org/us-economic-contributions.

American Society of Civil Engineers (ASCE). "Infrastructure investment gap 2020 – 2029." https://infrastructurereportcard.org/resources/investmentgap-2020-2029.

Anderson, E. *Hijacked: How Neoliberalism Turned the Work EthicAgainst Workers and How Workers Can Fight Back*. Cambridge: Cambridge University Press, 2023.

Baiocchi, G. & E. Ganuza. *Popular Democracy: The Paradox of Participation*. Stanford, CA: Stanford University Press, 2017.

Bell, D. *The Coming of Post-Industrial Society: A Venture in Social Forecasting*. New York: Basic Books, 1973.

Berger, S. *Making in America: From Innovation to Market*. Cambridge, MA: MIT Press, 2013.

Berk, G. & A. Saxenian. "Rethinking antitrust for the cloud era." *Politics & Society* 51: 3 (2023): pp. 409~435.

Berman, S. *The Primacy of Politics: Social Democracy and the Making of*

Europe's Twentieth Century. Cambridge: Cambridge University
Press, 2006.

Bhattacharya, T. (ed.). *Social Reproduction Theory: Mapping Class,
Recentering Oppression*. London: Pluto, 2017.

Bipartisan Policy Center. "Childcare is a business affair." 2021 Final
Report. https://bipartisanpolicy.org/download/?file=/wp-content/
uploads/2021/12/Child-Care-Business-Affair-2021_Final-Report-
1.pdf.

Block, F. "Swimming against the current: the rise of a hidden
developmental state in the United States." *Politics & Society* 36: 2
(2008): pp. 169~206.

Block, F. "Read their lips: taxation and the right-wing agenda." In I.
Martin,

A. Mehrotra & M. Prasad (eds), *The New Fiscal Sociology: Taxation
in Comparative and Historical Perspective*, pp. 68~85. Cambridge:
Cambridge University Press, 2009.

Block, F. *Postindustrial Possibilities*. Berkeley, CA: University of California
Press, 1990.

Block, F. *Capitalism: The Future of an Illusion*. Oakland, CA: University
of California Press, 2018.

Block, F. "Financial democratization and the transition to socialism." In
Block & Hockett, *Democratizing Finance*, pp. 80~118.

Block, F. "Breaking with market fundamentalism: toward domestic and
global reform." In J. Shefner & P. Fernandez-Kelly (eds),
Globalization and Beyond: New Examinations of Global Power and
Its Alternatives, pp. 210~227. University Park, PA: Pennsylvania
University Press, 2011.

Block, F. & R. Hockett (eds). *Democratizing Finance: Restructuring
Credit to Transform Society*. New York: Verso, 2022.

Block, F. & M. Keller. "Where do innovations come from?
Transformations in the U.S. economy, 1970 – 2006." *Socio-
Economic Review* 7: 3 (2009): pp. 459~483.

Block, F. & M. Keller (eds). *State of Innovation: The U.S. Government's
Role in Technology Development*. Abingdon: Routledge, 2011.

Block, F., M. Keller & M. Negoita. "Revisiting the hidden developmental
state." *Politics & Society* 52: 2 (2024): pp. 208~240.

Block, F. & M. Somers. *The Power of Market Fundamentalism: Karl Polanyi's Critique.* Cambridge, MA: Harvard University Press, 2014.

Bonvillian, W. & P. Singer. *Advanced Manufacturing: The New American Innovation Policies.* Cambridge, MA: MIT Press, 2017.

Bourdieu, P. "The forms of capital." In J. Richardson (ed.), *Handbook of Theory and Research for the Sociology of Education,* pp. 241~258. Westport, CT: Greenwood, 1986.

Brandt, P. & J. Whitford. "Fixing network failures: the contested case of the manufacturing extension partnership." *Socio-Economic Review* 15: 2 (2017): pp. 331~357.

Braun, B. "Exit, control, and politics: structural power and corporate governance under asset manager capitalism." *Politics & Society* 50: 4 (2022): pp. 630~654.

Braverman, H. *Labor and Monopoly Capital: The Degradation of Work in the 20th Century.* New York: Monthly Review Press, 1974.

Brzezinski, Z. *Between Two Ages: America's Role in the Technetronic Era.* New York: Viking, 1970.

Bureau of Economic Analysis (BEA). "Improved estimates of the National Income and Product Accounts for 1959 – 95: results of the Comprehensive Revision," Survey of Current Business, Jan – Feb 1996: pp. 1~31.

Burgin, A. *The Great Persuasion: Reinventing Free Markets Since the Depression.* Cambridge, MA: Harvard University Press, 2012.

Butler, S. & P. Germanis. "Achieving social security reform: a 'Leninist' strategy." *CATO Journal* 3: 2 (1983): pp. 547~561.

Calvert, G. & C. Niemann. *A Disrupted History: The New Left and the New Capitalism.* New York: Random House, 1971.

Cassell, M. *Banking on the State: The Political Economy of Public Savings Banks.* Newcastle upon Tyne: Agenda, 2021.

Chandler, A. *Scale and Scope: The Dynamics of Industrial Capitalism.* Cambridge, MA: Harvard University Press, 1990.

Childcare Aware of America. "The US and the high price of child care: an examination of a broken system." 2019. https://www.childcareaware.org/ our-issues/research/the-us-and-the-high-price-of-child-care-2019/.

Christophers, B. *Banking Across Borders: Placing Finance in Capitalism.*

Hoboken, NJ: Wiley-Blackwell, 2013.

Congressional Budget Office. "Fair-value estimates of the cost of federal credit programs in 2019," Congressional Budget Office, June 2018, https://www. cbo.gov/publication/54095.

Congressional Research Service. "A visual depiction of the shift from defined benefit (DB) to defined contribution (DC) pension plans in the private sector," 27 December 2021. https://crsreports.congress.gov/product/pdf/IF/IF12007.

Corrado, C., C. Hulten & D. Sichel. "Measuring capital and technology: an expanded framework." In C. Corrado, J. Haltiwanger & D. Sichel (eds), Measuring Capital in the New Economy, pp. 11~46. Chicago, IL: University of Chicago Press, 2005.

Corrado, C., C. Hulten & D. Sichel. "Intangible capital and U.S. economic growth." Review of Income and Wealth 55: 3 (2009): pp. 661~685.

Cox, D. et al. "Public places and commercial spaces: how neighborhood amenities foster trust and connection in American communities." Survey Center on American Life, 20 October 2021. https://www.americansurveycenter.org/research/public-places-and-commercial-spaces-howneighborhood-amenities-foster-trust-and-connection-in-americancommunities/.

Crotty, J. Keynes Against Capitalism: His Economic Case for Liberal Socialism. Abingdon: Routledge, 2019.

Dayen, D. "Amazon continues preying on third-party sellers: another roundof fees on transactions reveals what increasingly looks like a predatory scheme." The American Prospect, 23 August 2022. https://prospect.org/power/amazon-continues-preying-on-third-party-sellers.

Denison, E. Accounting for Economic Growth, 1929–1969. Washington, DC: Brookings Institution Press, 1974.

Dunlavy, C. Small, Medium, Large: How Government Made the U.S. into a Manufacturing Powerhouse. Cambridge: Polity, 2024.

Eatwell, J. & L. Taylor. Global Finance at Risk: The Case for International Regulation. New York: The New Press, 2000.

Ehrenreich, B. "The new right attack on social welfare." In F. Block et al. (eds), The Mean Season: The Attack on the Welfare State, pp. 161~195. New York: Pantheon, 1987.

Eisner, R. *The Total Income System of Accounts*. Chicago, IL: University of Chicago Press, 1989.

Epstein, S. *Impure Science: Aids, Activism, and the Politics of Knowledge*. Berkeley, CA: University of California Press, 1996.

Esping-Anderson, G. *Three Worlds of Welfare Capitalism*. Princeton, NJ: Princeton University Press, 1990.

Esping-Anderson, G. *Social Foundations of Postindustrial Economies*. Oxford: Oxford University Press, 1999.

Ferraras, I. "Democratizing the corporation: the bicameral firm as real utopia." *Politics & Society* 51: 2 (2023): pp. 188~224.

Fisk, C. *Working Knowledge: Employee Innovation and the Rise of Corporate Intellectual Property, 1800 – 1930*. Chapel Hill, NC: University of North Carolina Press, 2009.

Folbre, N. "The unproductive housewife: her evolution in nineteenth-century economic thought." *Signs* 16: 3 (1991): pp. 463~484.

Folbre, N. (ed.), *For Love or Money: Care Provision in the U.S.* New York: Russell Sage, 2012.

Folbre, N. & J. Heintz. "Investment, consumption, or public good? Unpaid work and intra-family transfers in the macro-economy." *Ekonomiaz* 91: 1 (2017): pp. 103~123.

Foundational Economy Collective. *The Foundational Economy: The Infrastructure of Everyday Life*. Manchester: Manchester University Press, 2018.

Fraser, N. "Can society be commodities all the way down? Post-Polanyian reflections on capitalist crisis." *Economy and Society* 43: 4 (2014): pp. 541~558.

Fraser, N. "Crisis of care? On the social-reproductive contradictions of contemporary capitalism." In Bhattacharya, *Social Reproduction Theory*, pp. 21~36.

Freiberger, P. & J. Swaine. *Fire in the Valley: The Making of the Personal Computer*. Berkeley, CA: Osborne, 1984.

Fung, A. & E. O. Wright (eds), *Deepening Democracy: Institutional Innovations in Empowered Participatory Governance*. London: Verso, 2003.

Garritzmann, J., S. Hausermann & B. Palier (eds), *The World Politics of Social Investment*, vols I and II. Oxford: Oxford University Press,

2022.

Gay, E. "The Midland Revolt of 1607." *Transactions of the Royal Historical Society* 18 (1904): pp. 195~244.

Gemici, K. "Beyond the Minsky and Polanyi moments: social origins of the foreclosure crisis." *Politics & Society* 44: 1 (2016): pp. 15~43.

Gerstle, G. *The Rise and Fall of the Neoliberal Order: America and the World in the Free Market Era.* New York: Oxford University Press, 2022.

Gertner, J. *The Idea Factory: Bell Labs and the Great Age of American Innovation.* New York: Penguin, 2012.

Gilman, H. & A. Eisenstein. "It's like jury duty, but for getting things done." *Boston Globe*, 18 August 2023. https://www.bostonglobe.com/2023/08/18/opinion/citizens-assemblies/.

Goldin, C. & L. Katz. *The Race Between Education and Technology.* Cambridge, MA: Harvard University Press, 2008.

Gray, M. & S. Suri. *Ghost Work: How to Stop Silicon Valley from Building a New Global Underclass.* Boston, MA: Houghton Mifflin Harcourt, 2019.

Hacker, J. *The Great Risk Shift.* New York: Oxford University Press, 2006.

Haskel, J. & S. Westlake. *Capitalism Without Capital: The Rise of the Intangible Economy.* Princeton, NJ: Princeton University Press, 2018.

Hassett, K. "Investment." https://www.econlib.org/library/Enc/Investment.html.

Häusermann, S., J. Garritzmann & B. Palier. "The politics of social investment: a global theoretical framework." In Garritzmann, Häusermann & Palier, *The World Politics of Social Investment*, vol. I, pp. 59~105.

Heintz, J. "Public investments and human investments: rethinking macroeconomics from a gender perspective." In D. Elson & A. Seth (eds), *Gender Equality and Inclusive Growth: Economic Policies to Achieve Sustainable Development*, pp. 107~122. New York: UN Women, 2019.

Hemerijck, A. (ed.) *The Uses of Social Investment.* Oxford: Oxford University Press, 2017.

Hemerijck, A., S. Ronchi & I. Plavgo. "Social investment as a conceptual framework for analyzing well-being and reforms in the 21st century." *Socio-Economic Review* 21: 1 (2023): pp. 479~500.

Hendren, N. & B. Sprung-Keyser. "A unified welfare analysis of government policies." *Quarterly Journal of Economics* 135: 3 (2020): pp. 1209~1318.

Hoare, Q. & G. Nowell Smith (eds). *Selections from the Prison Notebooks of Antonio Gramsci*. New York: International Publishers, 1971.

Hockett, R. "Finance without financiers." In Block & Hockett, *Democratizing Finance*, pp. 23~79.

Hoyert, D. "Maternal morality rates in the United States 2021." National Center for Health Statistics. https://www.cdc.gov/nchs/data/hestat/maternal-mortality/2021/maternal-mortality-rates-2021.htm.

Jacobs, M. *Short-Term America: The Causes and Cures of Our Business Myopia*. Boston, MA: Harvard Business School Press, 1991.

Johns Hopkins Bloomburg School of Public Health. "Cost of clinical trials for new drug FDA approval are fraction of total tab." 24 September 2018. https://publichealth.jhu.edu/2018/cost-of-clinical-trials-for-new-drug-FDAapproval-are-fraction-of-total-tab.

Jorgenson, D. & B. Fraumeni. "The output of the education sector." In Z. Griliches(ed.), *Output Measurement in the Service Sector*, pp. 303~341. Chicago, IL: University of Chicago Press, 1992.

Keller, M. & F. Block. "Explaining the transformation of the U.S. innovation system: the impact of a small government program." *Socio-Economic Review* 11: 4 (2013): pp. 629~656.

Keller, M & F. Block. "The new levers of state power." *Catalyst* 7: 1 (2023): pp. 9~43.

Kendrick, J. *The Formation and Stocks of Total Capital*. New York: Columbia University Press, 1976.

Kenworthy, L. *Social Democratic Capitalism*. New York: Oxford University Press, 2019.

Keynes, J. M. *The General Theory of Employment, Interest, and Money*. New York:

Harcourt, Brace & World, 1964 [1936].

KFF. "KFF survey on affordability of long-term care and support service." May 2022. https://files.kff.org/attachment/Topline-

KFF-Survey-on-Affordabilityof-Long-Term-Care-and-Support-Service.pdf.

Kidder, T. *The Soul of a New Machine*. New York: William Morrow, 1983.

Kitschelt, H. & P. Rehm. "Polarity reversal: the socioeconomic reconfiguration of partisan support in knowledge societies." *Politics & Society* 51: 4 (2023): pp. 520~566.

Kuhn, T. *The Structure of Scientific Revolutions*. Chicago, IL: University of Chicago Press, 1962.

Kulish, N., S. Kliff & J. Siver-Greenberg. "The U.S. tried to build a new fleet of ventilators. The mission failed." *New York Times*, 29 March 2020. https://www.nytimes.com/2020/03/29/business/coronavirus-us-ventilatorshortage.html.

Landefeld, S., J. Shaunda Villones & A. Holdren. "GDP and beyond: priorities and plans." *Survey of Current Business* 100: 6 (June 2020).

Landivar, L., N. Graf & G. Rayo. "Childcare prices in local areas." U.S. Department of Labor, Women's Bureau, Issue Brief (2023). https://www.dol.gov/sites/dolgov/files/WB/NDCP/WB_IssueBrief-NDCP-final.pdf.

Lester, R. & M. Piore. *Innovation: The Missing Dimension*. Cambridge, MA: Harvard University Press, 2004.

Lindert, P. *Growing Public: Social Spending and Economic Growth Since the Eighteenth Century*. Cambridge: Cambridge University Press, 2004.

Mazzucato, M. *The Entrepreneurial State*. New York: Anthem, 2013.

Mazzucato, M. *The Value of Everything: Making and Taking in the Global Economy*. New York: Public Affairs, 2018.

McDonough, W. & M. Braungart. *Cradle to Cradle: Remaking the Way We Make Things*. New York: North Point Press, 2002.

McGee, H. *The Sum of Us: What Racism Costs Everyone and How We Can Prosper Together*. New York: One World, 2021.

McMichael, C. "3 next-gen helmet designs that could curb concussions in the NFL." Digital Trends, 16 February 2022. https://www.digitaltrends.com/news/nfl-helmet-challenge-winners-technology/.

Meyers, J. *Working Democracies: Managing Inequality in Worker*

Cooperatives. Ithaca, NY: Cornell University Press, 2022.

Michels, R. *Political Parties: A Sociological Study of the Oligarchic Tendencies of Modern Democracy*. New York: The Free Press, 1962 [1911].

Minsky, H. "The financial instability hypothesis: an interpretation of Keynes and an alternative to 'standard' theory." *Challenge* 20: 1 (1977): pp. 20~27.

Mirowski, P. & D. Plehwe (eds). *The Road from Mont Pelerin: The Making of the Neoliberal Thought Collective*. Cambridge, MA: Harvard University Press, 2009.

Mizruchi, M. *The Fracturing of the American Corporate Elite*. Cambridge, MA: Harvard University Press, 2013.

Molotch, H. "The city as a growth machine: toward a political economy of place." *American Journal of Sociology* 82: 2 (1976): pp. 309~332.

Morning Consult. "State of childcare in the United States." June 2023. https://production-tcf.imgix.net/app/uploads/2023/06/20210511/TCF_Childcare_Jun23.pdf.

Morel, N., B. Palier & J. Palme (eds). *Towards a Social Investment Welfare State? Ideas, Policies*, Challenges. Bristol: Policy Press, 2012.

Mudge, S. *Leftism Reinvented: Western Parties from Socialism to Neoliberalism*. Cambridge, MA: Harvard University Press, 2018.

Muro, M. & S. Liu. "As the digitalization of work expands, place-based solutions can bridge the gaps." Brookings Metro, 7 February 2023. https://www.brookings.edu/articles/as-the-digitalization-of-work-expands-placebased-solutions-can-bridge-the-gaps/.

National Research Council. *Funding a Revolution: Government Support for Computing Research*. Washington, DC: The National Academies Press, 1999.

Newfield, C. *The Great Mistake: How We Wrecked Public Universities and How We can Fix Them*. Baltimore, MD: Johns Hopkins University Press, 2016.

NOAA National Centers for Environmental Information (NCEI). "U.S.billion-dollar weather and climate disasters (2024)." https://www.ncei.noaa.gov/access/billions/.

OECD Family Database. "Public spending on family benefits." Updated
    February 2023. https://www.oecd.org/els/soc/PF1_1_Public_spendi
    ng_on_family_benefits.pdf.
Palladino, L. & W. Lazonick. "Regulating stock buybacks: the $6.3 trillion
    dollar question." *International Review of Applied Economics* 38:
    1 – 2 (2022): pp. 243~267.
Parker, R. & B. Grimm. "Recognition of business and government
    expenditures for software as investment: methodology and
    quantitative impacts, 1959 – 1998." Bureau of Economic Analysis,
    2000. https://www.bea.gov/research/papers/2000/recognition-
    business-and-government-expendituressoftware-investment.
Pew Research Center. "Inflation, health costs, partisan cooperation
    among the nation's top problems." 21 June 2023.
    https://www.pewresearch.org/politics/2023/06/21/inflation-
    health-costs-partisan-cooperation-amongthe-nations-top-
    problems/.
Piketty, T. *Capital in the Twenty-First Century*. Trans. A. Goldhammer.
    Cambridge, MA: Harvard University Press, 2014.
Piketty, T. *Capital and Ideology*. Trans. A. Goldhammer. Cambridge, MA:
    Harvard University Press, 2020.
Polanyi, K. *The Great Transformation: The Political and Economic Origins
    of Our Time*. Boston, MA: Beacon Press, 2001 [1944].
Polanyi, K. "The economy as instituted process." In G. Dalton (ed.),
    Primitive, Archaic, and Modern Economies. Boston, MA: Beacon
    Press, 1968.
Putnam, R. *Bowling Alone: The Collapse and Revival of American
    Community*. New York: Simon & Schuster, 2001.
Rabinowitz, B. *Defensive Nationalism: Explaining the Rise of Populism
    and Fascism in the 21st Century*. New York: Oxford University
    Press, 2023.
Rama, A. "National health expenditures, 2018: spending growth remains
    steady even with increases in private health insurance and Medicare
    spending." Policy Research Perspectives, American Medical
    Association. https://www.ama-assn.org/system/files/2020-08/prp-
    annual-spending-2018.pdf.
Ramirez, R. "Nearly 62,000 people died from record-breaking heat in

Europe last summer. It's a lesson for the US, too." CNN, 14 July
2023. https://www.cnn.com/2023/07/10/world/deadly-europe-
heatwave-2022-climate/index.html.

Rich, A. *Think Tanks, Public Policy and the Politics of Expertise.*
Cambridge: Cambridge University Press, 2004.

Sabeel Rahman, K. Democracy Against Domination. New York: Oxford
University Press, 2017.

Schrank, A. & J. Whitford. "The anatomy of network failure." *Sociological
Theory* 29: 3 (2011): pp. 151~177.

Schultz, T. "Investment in human capital." American Economic Review
51: 1 (1961): pp. 1~17.

Schumpeter, J. *Capitalism, Socialism and Democracy.* Third edn. New
York: Harper, 1962 [1942].

Slobodian, Q. *Globalists: The End of Empire and the Birth of
Neoliberalism.* Cambridge, MA: Harvard University Press, 2018.

Smarth Growth America/Hattaway Communications, *American
Attitudes on Transportation Spending.* Survey Findings Report.
https://smartgrowthamerica.org/wp-content/uploads/2023/07/
FINAL-June-2023-Full-Survey-Data-for-release-1.pdf.

Smith, A. *The Theory of Moral Sentiments.* Ed. K. Haakonssen.
Cambridge: Cambridge University Press, 2002 [1759].

Smith, A. *The Wealth of Nations.* Ed. E. Cannan. Chicago, IL: University
of Chicago Press, 1976 [1776].

Smith, D. & R. Alexander. *Fumbling the Future: How Xerox Invented,
Then Ignored, the First Personal Computer.* New York: Morrow,
1988.

Soloveichik, R. & D. Wasshausen. "Copyright-protected assets in the
National Accounts." *Bureau of Economic Analysis, 2013.
https://www.bea.gov/research/papers/2013/copyright-protected-
assets-national-accounts.*

Solow, R. "Technical change and the aggregate production function."
Review of Economics and Statistics 39: 3 (1957): pp. 312~320.

Suh, J. & N. Folbre. "Valuing unpaid child care in the U.S.: a prototype
satellite account using the American time use survey." *Review of
Income and Wealth* 62: 4 (2015): pp. 668~684.

Taylor, A. "Active labour market policy in a post-Covid UK: moving

beyond a 'work first' approach." City-REDI blog, University of
Birmingham. https://blog.bham.ac.uk/cityredi/active-labour-
market-policy-in-a-post-covid-ukmoving-beyond-a-work-first-
approach/.

Toffler, A. *Future Shock*. New York: Random House, 1970.

Tooze, A. *Crashed: How a Decade of Financial Crises Changed the
World*. New York: Viking, 2018.

Toupin, L. *Wages for Housework: A History of an International Feminist
Movement, 1972 – 1977*. Vancouver, BC: University of British
Columbia Press, 2018.

Touraine, A. *The Post-Industrial Society*. Trans. L. Mayhew. New York:
Random House, 1971.

Tyson, A., C. Funk & B. Kennedy. "What the data says about Americans'
views of climate change." Pew Research Center, 9 August 2023.
https://www.pewresearch.org/short-reads/2023/08/09/what-the-
data-says-aboutamericans-views-of-climate-change/.

United Nations. Report of the Commission of Experts of the President
of the United Nations General Assembly on Reforms of the
International Monetary and Financial System, 21 September 2009.
https://www.un.org/en/ga/econcrisissummit/docs/
FinalReport_CoE.pdf.

US Government Accountability Office. "DOE loan programs." GAO-15-
438, 27 April 2015. https://www.gao.gov/products/gao-15-438.

U.S. Department of the Treasury. "State Small Business Credit Initiative."
Fact sheet June 2023. https://home.treasury.gov/system/files/256/
State-Small-Business-Credit-Initiative-SSBCI-Fact-Sheet.pdf.

Vogel, L. *Marxism and the Oppression of Women: Toward a Unitary
Theory*. New Brunswick, NJ: Rutgers University Press, 1983.

Wallace, J., P. Goldsmith-Pinkham & J. Schwartz. "Excess death rates for
Republican and Democratic registered voters in Florida and Ohio
during the Covid-19 pandemic." *JAMA Internal Medicine* 183: 9
(2023): pp. 916~923.

Warren for Senate. "Ultra-millionaire tax." https://elizabethwarren.com/
plans/ultra-millionaire-tax.

Whitford, J. & A. Schrank. "The paradox of the weak state revisited:
industrial policy, network governance, and political

decentralization." In F. Block & M. Keller (eds), *State of Innovation: The U.S. Government's Role in Technology Development*, pp. 261~281. Boulder, CO: Paradigm, 2011.

Womack, J., D. Jones & D. Roos. *The Machine that Changed the World: The Story of Lean Production*. New York: HarperCollins, 1991.

Wright, E. O. *Envisioning Real Utopias*. New York: Verso, 2010.

찾아보기

[ㄱ]

삶터를 책임지는 사회

삶터를 책임지는 사회